Menti Ibride

Pensare con le macchine nell'era dell'intelligenza artificiale

Per millenni abbiamo pensato con altri esseri umani.
Oggi impariamo a pensare con le macchine.

Pierpaolo Marturano

Prima edizione — Giugno 2026

Core Matrix S.r.l. – Edizioni

Menti Ibride
Pensare con le macchine nell'era dell'intelligenza artificiale

Core Matrix S.r.l. – Edizioni
Viale Monza, 347 – 20126 Milano (MI)
www.corematrix.it

Risorse online
Sito del libro: www.mentiibride.it
Sito dell'autore: www.pierpaolomarturano.it

Autore: Pierpaolo Marturano
p.marturano@corematrix.it

Prima edizione: Giugno 2026
ISBN: 979-12-82528-35-1

Nota sui casi e sui nomi

Gli esempi e i casi presentati in questo libro a scopo illustrativo, e le persone che vi compaiono, sono di fantasia o frutto di ricostruzioni composite: i nomi propri sono inventati e ogni riferimento a persone reali è puramente casuale. Fanno eccezione gli autori, i ricercatori, le opere, le aziende e gli eventi storici realmente esistenti, citati con il loro nome reale.

Questo libro non costituisce consulenza professionale. Le informazioni contenute sono fornite a scopo educativo e informativo. Gli strumenti e le tecnologie descritti evolvono rapidamente; l'autore e l'editore non possono garantire l'accuratezza delle informazioni al momento della lettura. Consultare sempre fonti aggiornate e, dove pertinente, professionisti qualificati.

Prefazione

Ho cominciato a pensare a questo libro un pomeriggio in cui mi sono accorto di non sapere più scrivere una mail difficile senza aprire prima una finestra di chat con un'intelligenza artificiale. Non perché non ne fossi capace: per vent'anni ho scritto contratti, relazioni tecniche, lettere delicate a soci e clienti. Ma quel giorno, davanti a una mail che mi pesava, il mio primo gesto non è stato pensare. È stato chiedere. E mentre rileggevo la bozza che la macchina mi aveva restituito—buona, educata, un po' anonima—mi sono fatto una domanda che da allora non mi ha più lasciato: *di chi è questo pensiero?*

Non è una domanda nostalgica. Non rimpiango la macchina da scrivere, non credo che la tecnologia ci stia rendendo stupidi, non sono tra quelli che annunciano la fine dell'intelligenza umana a ogni nuova versione di un modello. Sono un informatico e un imprenditore: costruisco software da una vita, e l'IA è uno degli strumenti più potenti che abbia mai visto. Ma proprio perché lo uso ogni giorno, e perché vedo come lo usano le persone che lavorano con me, ho smesso di pensare all'intelligenza artificiale come a uno *strumento*. Uno strumento lo prendi e lo posi. Questo, invece, ti risponde. Ti propone. Ti corregge. Discute. E lentamente, senza che tu te ne accorga, comincia a pensare *insieme* a te.

Perché questo libro, e perché adesso

Per quasi tutta la storia della nostra specie, pensare è stato un atto sociale ma profondamente umano: pensavamo *con* altri esseri umani—maestri, colleghi, amici, libri scritti da altre persone. Negli ultimi due anni è successo qualcosa di nuovo. Centinaia di milioni di persone hanno iniziato a pensare *con una macchina*: a usarla per ricordare, decidere, scrivere, imparare, persino per sentirsi meno sole. Non come si usa una calcolatrice, ma come si dialoga con un interlocutore.

Da questa cooperazione nasce ciò che in questo libro chiamo *mente ibrida*: un sistema cognitivo composto da una persona e da un'intelligenza artificiale che lavorano insieme. Non l'uomo *contro* la macchina dei film. Non la macchina *al posto* dell'uomo dei titoli allarmisti. Qualcosa di più sottile e più interessante: un pensiero che, sempre più spesso, non è del tutto nostro e non è del tutto suo.

Scrivo adesso perché siamo nel momento esatto in cui questa abitudine si sta formando. Le abitudini, quando si depositano, diventano invisibili. Tra cinque anni pensare con le macchine ci sembrerà naturale come oggi ci sembra naturale cercare su Internet invece che andare in biblioteca. Ho voluto fermarmi prima che diventasse invisibile, per guardarla bene mentre è ancora strana.

Cosa troverai

Il libro segue un percorso. Nella prima parte racconto come è nata la mente ibrida: come siamo passati dal computer-strumento all'IA-interlocutore, e perché trattiamo una macchina che parla come se fosse una presenza. Nella seconda entro nel cuore della questione cognitiva—delega, memoria, creatività, decisioni—per capire cosa guadagniamo e cosa rischiamo di perdere quando pensiamo in due. La terza parte affronta il territorio più intimo: le relazioni con compagni artificiali, la solitudine, i bambini che crescono parlando con agenti intelligenti. La quarta porta tutto questo nel lavoro e nelle organizzazioni. L'ultima parte è la più pratica: i rischi reali, l'*igiene cognitiva* per restare autori del proprio pensiero, e la questione di chi dovrebbe governare tutto questo.

Lungo il cammino propongo una bussola: il framework **M.E.N.T.I.**—cinque principi per usare l'intelligenza artificiale senza esserne usati. Non è un decalogo morale né una checklist tecnica. È il modo in cui ho imparato io, sbagliando, a non lasciare che la macchina pensasse al posto mio.

Cosa non troverai

Non troverai un manuale: non ti insegnerò a scrivere prompt migliori, e tra sei mesi i dettagli tecnici di oggi sarebbero comunque vecchi. Non troverai una profezia: non so dirti se finiremo in una simbiosi felice o in una dipendenza triste, e diffido di chi lo sa con certezza. E non troverai una posizione comoda, né quella di chi celebra ogni novità né quella di chi la teme. Provo a stare nel punto difficile in mezzo, quello in cui si può ancora scegliere.

Questo libro l'ho pensato, scritto e riscritto io. In alcuni passaggi ho discusso con la macchina, come faccio ogni giorno e come probabilmente fai anche tu. Il giudizio, gli errori e le opinioni che leggerai sono miei. È esattamente la condizione di cui parla il libro: una mente ibrida che cerca, fino all'ultima riga, di restare l'autrice di sé stessa.

Pierpaolo Marturano
Milano, Giugno 2026

Come usare questo libro

A chi è rivolto

A chiunque usi l'intelligenza artificiale e voglia capire cosa stia facendo al proprio modo di pensare. Non servono competenze tecniche: se sai dialogare con un assistente come ChatGPT, Gemini o Claude—o anche solo se ti è capitato di provarci—hai tutto ciò che ti serve. Il libro parla a professionisti, dirigenti, insegnanti, genitori, studenti e a chi semplicemente legge saggistica per capire il proprio tempo.

Prerequisiti

Nessuno, se non la curiosità. Do per scontato che tu abbia usato almeno una volta un assistente conversazionale e che segua, anche di sfuggita, il dibattito pubblico sull'intelligenza artificiale. Tutto il resto lo costruiamo strada facendo, con esempi prima delle definizioni.

Percorsi di lettura

Il libro è pensato per essere letto dall'inizio alla fine: ogni parte prepara la successiva. Ma non sei obbligato.

- Se ti interessa soprattutto l'**effetto sul pensiero**, leggi le Parti I e II e poi salta alla Parte V.
- Se ti interessano le **relazioni con l'IA**, la Parte III si regge anche da sola.
- Se ti interessano **lavoro e organizzazioni**, parti dalla Parte IV, tornando al Capitolo 4 per la nozione di delega cognitiva.
- Se vuoi solo gli **strumenti pratici**, vai al Capitolo 15 e all'Appendice B sul framework M.E.N.T.I.

I box

Lungo il libro troverai box ricorrenti, ciascuno con un significato preciso:

- **Concetto chiave** — l'idea da portarsi via dalla sezione.
- **Esempio** — un caso concreto.
- **Caso studio** — una vicenda reale o realistica raccontata per esteso.
- **Attenzione** — un rischio cognitivo da non sottovalutare.
- **Errore comune** — un fraintendimento diffuso sull'IA, e perché lo è.
- **Best Practice** — un consiglio operativo di igiene cognitiva.
- **Confronto** — alternative messe a confronto.
- **Sintesi del capitolo** — il riepilogo in chiusura di ogni capitolo.
- **Checklist** — liste operative, soprattutto in appendice.

Il framework M.E.N.T.I.

Cinque lettere che incontrerai più volte: **M**antieni l'autonomia cognitiva, **E**samina le risposte, **N**on delegare totalmente, **T**raccia le fonti, **I**ntegra senza sostituire. Non è una regola da imparare a memoria: è una bussola a cui tornare. L'Appendice B la sviluppa in pratiche concrete.

Risorse complementari

- `www.mentiibride.it` — articoli, aggiornamenti, errata corrige, domande di discussione e materiale per club del libro e formazione.
- `p.marturano@corematrix.it` — segnalazioni di errori, obiezioni, esperienze da raccontare.

INDICE

Prefazione v

Come usare questo libro ix

Indice xi

I La nascita delle menti ibride 1

1 Cos'è una mente ibrida 3

1.1 Non la somma di due intelligenze . . . 3
1.2 La mente è sempre stata estesa . . . 5
1.3 Cosa cambia quando lo strumento risponde . . . 8
1.4 Perché proprio adesso . . . 9
1.5 Una giornata, tre tipi di ibridazione . . . 11
1.6 Un caso che vale per tutti . . . 12
1.7 Cinque lettere per non perdersi . . . 13
1.8 Restare l'autore di sé . . . 14

2 Dal computer all'interlocutore 17

2.1 Una lunga marcia verso la nostra lingua . . . 18
2.2 Quando lo strumento parla la nostra lingua . . . 20
2.3 Lo strano caso di Eliza . . . 22
2.4 Eliza aveva poche righe. Oggi ne ha miliardi . . . 23
2.5 Usare e dialogare non sono la stessa cosa . . . 25
2.6 La mappa di chi sa cosa . . . 27
2.7 L'ultimo intermediario . . . 29

3 La macchina come presenza sociale 31

3.1 Quando il computer entra nella stanza sociale . . . 31
3.2 Gentili con le macchine, per davvero . . . 33
3.3 Perché il cervello cade sempre nella stessa trappola . . . 34

3.4 Il design che ci tende la mano 35
3.5 Il salto pericoloso: dalla simpatia alla fiducia 37
3.6 Disinnescare il riflesso 39
3.7 Qualcuno che non c'è 40

II Pensare con le macchine 43

4 Delega cognitiva 45
4.1 Cosa significa scaricare un pensiero 45
4.2 Perché delegare è razionale 47
4.3 L'effetto Google: ricordare dove, non cosa 49
4.4 Nicholas Carr e il prezzo del deskilling 51
4.5 Lo spettro della delega 53
4.6 Quando la delega libera e quando atrofizza: un caso 55
4.7 Delegare in salute 56
4.8 Restare il mandante 57

5 Memoria estesa 61
5.1 La memoria non è un archivio 62
5.2 Una lunga storia di memorie affidate ad altri 64
5.3 Cosa guadagniamo 66
5.4 I rischi: quando la memoria estesa si ritorce 67
5.5 Igiene della memoria ibrida 70
5.6 Stranieri alla propria storia 71

6 Creatività aumentata 73
6.1 Cos'è davvero la creatività 74
6.2 La macchina come partner di ricombinazione 75
6.3 Il rischio: l'omologazione 77
6.4 Ciò che resta umano: voce e intenzione 79
6.5 Il processo creativo ibrido sano 80
6.6 Aumentare chi ha già qualcosa da dire 82

7 Decisioni condivise 85
7.1 Dal supporto alla decisione condivisa 85
7.2 Quando il Sistema 1 fa il lavoro del Sistema 2 87
7.3 Due bias che la macchina amplifica 88

7.4 Chi risponde, quando decidono in due? 91
7.5 La scatola nera e i pregiudizi che eredita 93
7.6 Tenere l'umano nel loop, non nell'anticamera 94
7.7 Una checklist per le decisioni che contano 96
7.8 Restare il decisore, non il ratificatore 98

III Relazioni ibride **101**

8 Companion AI **103**
8.1 Macchine fatte per la compagnia 103
8.2 Perché funzionano: le tre leve 105
Disponibilità totale 105
Assenza di giudizio 105
Effetto specchio 106
8.3 Come nasce un legame verso il nulla 107
8.4 L'ambivalenza, detta con onestà 110
8.5 M.E.N.T.I. nelle relazioni 112
8.6 Lo specchio e la finestra 113

9 Solitudine ed empatia simulata **115**
9.1 Riconoscere un'emozione, non provarla 115
9.2 Perché ci basta così poco 117
9.3 La solitudine come terreno fertile 119
9.4 Quando aiuta e quando isola 121
9.5 Dove finisce il conforto e comincia il danno 123
9.6 Le parole giuste non bastano 125

10 Bambini e agenti intelligenti **129**
10.1 La mente che attribuisce mente 129
10.2 Crescere con un interlocutore sempre disponibile 131
10.3 Le opportunità sono reali 133
10.4 I rischi che un genitore deve conoscere 134
10.5 Cosa possiamo fare: il co-uso e l'alfabetizzazione precoce . . 137
10.6 La prima generazione nativa 139

IV Lavoro e società 143

11 Professionisti aumentati 145
11.1 L'IA non sostituisce le professioni: ne ricompone i compiti . 145
11.2 Il modello del centauro 148
11.3 La velocità non è valore 150
11.4 Un professionista aumentato, con luci e ombre 151
11.5 Aumento o atrofia: il bivio del deskilling 152
11.6 Il valore che resta umano, e quello che nasce 154
11.7 Le pratiche del professionista aumentato 156
11.8 Restare l'autore del proprio mestiere 157

12 Organizzazioni ibride 159
12.1 L'azienda è già un sistema cognitivo 159
12.2 Conoscenza esplicita e conoscenza tacita 161
12.3 Processi, ruoli e cultura 163
12.4 Un'adozione realistica, con luci e ombre 165
12.5 Governare l'IA dentro l'organizzazione 166
12.6 Intelligenza collettiva o mediocrità automatizzata 168

13 Educazione aumentata 171
13.1 La promessa: un tutor per ognuno 171
13.2 La scorciatoia che svuota 174
13.3 La crisi del compito e dell'esame 176
13.4 Il pensiero critico come obiettivo numero uno 178
13.5 L'insegnante non sparisce: si sposta 179
13.6 Due scuole, e il problema dell'equità 181
13.7 Imparare a farne a meno 182

V Governare le menti ibride 185

14 Rischi cognitivi 187
14.1 La forma del rischio: lenta, invisibile, comoda 187
14.2 Atrofia: il muscolo che non si usa 189
14.3 Dipendenza: quando non si sa più operare da soli 190
14.4 Omologazione: la deriva verso la media 191
14.5 Manipolazione e sorveglianza: l'attenzione come merce . . . 193

14.6 Erosione della verità: quando il vero non si distingue più . . 195
14.7 Polarizzazione: le bolle che ci rinchiudono 197
14.8 Chi ci guadagna, e perché non è inevitabile 198

15 Igiene cognitiva 203
15.1 Né monaci né tossici 203
15.2 M — Mantieni l'autonomia cognitiva 206
15.3 E — Esamina le risposte 207
15.4 N — Non delegare totalmente 209
15.5 T — Traccia le fonti 210
15.6 I — Integra senza sostituire 211
15.7 Una giornata igienica, senza diventarne schiavi 212
15.8 Gli errori da evitare 213
15.9 Rispetto, non diffidenza 215

16 Governance uomo-macchina 217
16.1 Tre livelli che reggono insieme 217
16.2 Il livello individuale: governare la propria mente 219
16.3 Il livello organizzativo: le regole della casa 220
16.4 Il livello collettivo: leggi, standard, istituzioni 221
16.5 Il problema del contenimento 222
16.6 L'etica che arriva prima della legge 224
16.7 La responsabilità che non deve sparire 225
16.8 Cosa può fare un cittadino 226
16.9 L'equilibrio onesto 227
16.10Comincia da come governi te stesso 228

17 Il futuro delle menti ibride 231
17.1 Un'idea più vecchia delle macchine che la realizzano 231
17.2 Tre futuri possibili 234
La simbiosi 235
La dipendenza 236
La divergenza 237
17.3 Cosa decide quale futuro 238
17.4 Cosa coltivare 240
17.5 La consolazione della storia 241
17.6 Restare l'autore di sé 243

VI Appendici 247

A Glossario 249

B Il framework M.E.N.T.I. 257

B.1 M — Mantieni l'autonomia cognitiva 259
B.2 E — Esamina le risposte 260
B.3 N — Non delegare totalmente 260
B.4 T — Traccia le fonti 262
B.5 I — Integra senza sostituire 263
B.6 M.E.N.T.I. in una pagina 264

C Domande per il lettore 265

D Bibliografia commentata 275

L'autore 281

Parte I

La nascita delle menti ibride

Capitolo 1

Cos'è una mente ibrida

Sono le sette e dieci del mattino e Marta non ha ancora pensato un solo pensiero da sola. La sveglia del telefono ha deciso per lei l'istante del risveglio, calcolato su un algoritmo che osserva le sue fasi di sonno. Mentre prepara il caffè, una voce dall'altoparlante le legge i tre appuntamenti più importanti della giornata, selezionati—non da lei—fra i ventidue eventi del calendario. Sul tragitto verso l'ufficio, un'applicazione le suggerisce una strada diversa dal solito: c'è traffico, dice, e lei si fida. Alle nove, davanti alla mail difficile che rimanda da due giorni, apre una finestra di chat con un assistente artificiale e scrive: "aiutami a rispondere con fermezza ma senza rompere il rapporto". In quindici secondi ha una bozza. La rilegge, cambia due frasi, preme invio. Buona mail. Educata, ferma, efficace.

Una domanda, però, resta sospesa nell'aria di quell'ufficio: *quel pensiero, di chi era?* Non era della macchina, che non sapeva nulla del collega a cui la mail era diretta. Non era del tutto di Marta, che non avrebbe scelto quelle parole. Era di tutti e due. Era il prodotto di un sistema cognitivo che non esisteva fino a pochi anni fa, e che oggi—quasi senza nome—governa una parte crescente di ciò che pensiamo. Questo libro a quel sistema un nome lo dà: *mente ibrida.*

1.1 Non la somma di due intelligenze

La tentazione, davanti alla scena di Marta, è di descriverla come una persona che *usa* degli strumenti. Una sveglia intelligente, un navigatore, un assistente di scrittura: arnesi, sia pure sofisticati. In quest'ottica c'è Marta da una parte, intera e sovrana, e dall'altra una collezione di attrezzi che lei prende e posa a piacimento. È una descrizione rassicurante. È anche, credo, sbagliata.

Una mente ibrida non è la somma di un'intelligenza umana e di una intelligenza artificiale messe una accanto all'altra. È ciò che emerge quando le due si intrecciano al punto che il confine tra dove finisce il pensiero dell'una e comincia quello dell'altra diventa difficile da tracciare. Marta non ha *usato* l'assistente come si usa un martello. Ci ha pensato *insieme*. Gli ha affidato un pezzo del problema—trovare il tono giusto—e ha tenuto per sé un altro pezzo—decidere se quel tono andava bene. Il risultato non appartiene per intero a nessuno dei due perché è nato dalla loro interazione.

Concetto chiave

Una **mente ibrida** è un sistema cognitivo composto da uno o più esseri umani e una o più intelligenze artificiali che cooperano nella produzione di conoscenza, memoria, creatività, decisioni e relazioni. La sua proprietà decisiva è l'*emergenza*: il sistema produce pensieri che nessuna delle parti, da sola, avrebbe prodotto allo stesso modo.

La parola chiave è *sistema*. In ingegneria, un sistema è un insieme di parti le cui interazioni generano comportamenti che le singole parti non hanno. Un'ala non vola; un aereo sì. Un neurone non pensa; un cervello sì. Allo stesso modo, Marta più il suo assistente non sono semplicemente "Marta con uno strumento in più": sono un'unità cognitiva nuova, con capacità e fragilità che né l'una né l'altro possiedono separatamente. Sa scrivere mail più in fretta di Marta. Sa giudicare le relazioni umane meglio dell'assistente. E sbaglia in modi che né Marta da sola né la macchina da sola sbaglierebbero—per esempio fidandosi di una frase ben costruita ma falsa.

Conviene insistere su questo punto, perché è la chiave di tutto il libro. Quando due parti formano un sistema, le proprietà che contano non stanno più nell'una o nell'altra: stanno nel modo in cui si parlano. Cambiare il modo in cui Marta interroga l'assistente—quanto gli affida, quanto controlla, cosa accetta senza verificare—cambia il pensiero che ne esce, anche se Marta e l'assistente restano gli stessi. È per questo che non basta chiedersi quanto sia "brava" un'IA o quanto sia "competente" una persona. La domanda giusta riguarda l'incastro fra le due: dove finisce il contributo dell'una e comincia quello dell'altra, e chi presidia quel confine.

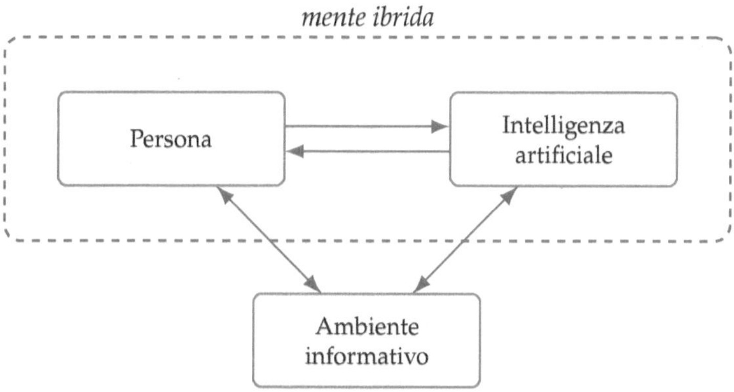

Figura 1.1: *La mente ibrida come sistema: una persona e un'intelligenza artificiale in dialogo continuo, immerse in un ambiente informativo. Le proprietà che contano emergono dalle interazioni fra le parti, non dalle parti prese una alla volta.*

Questa è la prospettiva da cui guarderemo l'intelligenza artificiale in tutto il libro. Non come una tecnologia che arriva da fuori e ci minaccia o ci salva, ma come una parte che entra dentro il nostro modo di pensare e lo trasforma dall'interno. La domanda non sarà mai "cosa fa l'IA?", ma sempre "cosa facciamo noi e l'IA, insieme?".

1.2 La mente è sempre stata estesa

Se l'idea di una mente che si estende oltre i confini del cranio vi sembra inquietante, ho una notizia che può rassicurare o turbare a seconda dei punti di vista: lo facciamo da sempre. Nel 1998 due filosofi, Andy Clark e David Chalmers, pubblicarono un saggio breve e fortunato dal titolo *The Extended Mind*. La loro tesi: la mente non si ferma alla pelle. Quando uso un taccuino per ricordare un indirizzo, quel taccuino sta svolgendo, fuori dalla mia testa, la stessa funzione che la memoria svolgerebbe dentro. Se il taccuino fa il lavoro della memoria, sostengono, allora fa parte—a tutti gli effetti funzionali—della mia mente.

Il loro esempio è diventato celebre. Immaginate Otto, un uomo con problemi di memoria, che annota tutto su un quaderno che porta sempre con sé. Quando vuole andare al museo, consulta il quaderno per ricordare l'indirizzo, esattamente come Inga, una donna senza problemi di memoria, consulterebbe il proprio ricordo. Se diciamo che Inga "sapeva" dove fosse il museo anche prima di pensarci, perché non dovremmo dire lo stesso di Otto? Il quaderno, per Otto, non è uno strumento esterno: è una parte della sua mente.

L'argomento di Clark e Chalmers regge su una mossa precisa, ed è la mossa che vale la pena tenere a mente per tutto il libro. Si chiama *principio di parità*: se un processo che si svolge fuori dalla testa fa esattamente il lavoro che faremmo dentro—e lo fa in modo affidabile, disponibile, accettato senza riserve—allora non c'è motivo di trattarlo diversamente solo perché accade fuori. Quel che conta non è *dove* avviene il pensiero, ma quale *funzione* svolge nel sistema. Per Inga il ricordo è dentro; per Otto è sul quaderno; ma in entrambi i casi è informazione disponibile, fidata, integrata nel modo di agire. Il confine della mente, in questa lettura, non è la pelle: è la linea, molto più mobile, che separa ciò di cui ci fidiamo al punto di incorporarlo dal resto del mondo. È una linea che ciascuno di noi sposta in continuazione, spesso senza accorgersene—e che con l'IA, vedremo, si sposta più in fretta che mai.

Esempio

Gli esempi di mente estesa sono ovunque, e in gran parte invisibili a forza di essere ovvi: la scrittura, che esternalizza la memoria; le dita che contano, che esternalizzano il calcolo; l'agenda, che esternalizza l'intenzione; la mappa, che esternalizza il senso dell'orientamento. Nessuno di questi oggetti "pensa". Ma tutti partecipano al nostro pensiero.

Non è un'idea isolata. Pochi decenni prima, l'ingegnere Douglas Engelbart—l'uomo che inventò il mouse—aveva dedicato la vita a un'idea che chiamò *augmenting human intellect*: aumentare l'intelletto umano. Nel 1962 mise quell'idea per iscritto in un rapporto rimasto storico, dove sosteneva una tesi allora eretica: il computer non era una macchina calcolatrice per specialisti, ma uno strumento per rendere più capaci gli esseri umani alle prese con i problemi complessi. Per Engelbart non si trattava di sostituire il pensiero, ma di amplificarlo, come una leva amplifica la forza del braccio.

Importante: l'amplificazione non riguardava il singolo gesto, ma l'intero sistema—l'essere umano, il suo linguaggio, i suoi metodi, le sue macchine presi insieme. Sei anni dopo, in quella che è passata alla storia come "la madre di tutte le dimostrazioni", mostrò dal vivo il mouse, le finestre, il testo modificabile sullo schermo, il lavoro a distanza fra più persone. Non stava presentando dei gadget: stava mostrando un essere umano potenziato dalla macchina mentre pensava. Le menti ibride hanno qui uno dei loro antenati più diretti.

E ancora prima Marshall McLuhan, studioso dei media, aveva intuito che ogni tecnologia di comunicazione è "un'estensione" dei nostri sensi e delle nostre facoltà: la ruota estende il piede, il libro estende l'occhio e la memoria, il circuito elettrico estende il sistema nervoso. Ma McLuhan diceva qualcosa di più scomodo. L'estensione, sosteneva, non è mai neutra: ogni medium ha una sua "grammatica" che ci riorganizza dall'interno, indipendentemente dai contenuti che vi facciamo passare. La stampa non ci ha solo dato più libri: ci ha resi lettori solitari, lineari, abituati a ragionare per argomenti consequenziali. Da qui la formula spesso associata al suo pensiero: "noi plasmiamo i nostri strumenti, e poi i nostri strumenti plasmano noi". È un avvertimento che pesa su questo libro più di ogni altro. Adottiamo l'IA per fare ciò che già facciamo, solo più in fretta; ma mentre la usiamo, lei ci rimodella—il modo in cui scriviamo, in cui ricordiamo, in cui decidiamo cosa vale la pena pensare da soli. Il prezzo di un'estensione non si paga al momento dell'acquisto. Si paga dopo, e in moneta che non sempre riconosciamo.

Se la mente è sempre stata estesa, allora l'intelligenza artificiale è solo l'ultimo di una lunga serie di prolungamenti, e non c'è motivo di allarmarsi più di quanto Socrate si allarmasse per la scrittura—e Socrate, in effetti, si allarmava. Ma fermarsi qui sarebbe un errore, perché qualcosa, in questo nuovo prolungamento, è davvero diverso. E capire *cosa* è diverso è il primo passo per capire le menti ibride.

1.3 Cosa cambia quando lo strumento risponde

Il taccuino di Otto ha un limite meraviglioso: è stupido. Contiene esattamente ciò che Otto ci ha scritto, niente di più. Non aggiunge indirizzi, non corregge le sue note, non gli suggerisce musei che potrebbero piacergli, non ha opinioni sul fatto che dovrebbe uscire di più. È un deposito passivo. Tutta l'intelligenza, nel sistema Otto-più-taccuino, sta da una parte sola: in Otto.

L'intelligenza artificiale generativa rompe questa simmetria. L'assistente a cui Marta ha chiesto aiuto non è un deposito: è un interlocutore. Non le ha restituito ciò che lei aveva messo dentro; ha prodotto qualcosa di nuovo. Ha interpretato una richiesta vaga ("con fermezza ma senza rompere il rapporto"), ha attinto a un'immensa quantità di testi scritti da altri esseri umani, e ha generato parole che Marta non aveva mai scritto né pensato. Per la prima volta nella storia, l'estensione della mente non è passiva. *Pensa anche lei*—o almeno fa qualcosa che le assomiglia abbastanza da cambiare le regole del gioco.

Concetto chiave

La novità dell'IA generativa non è la potenza di calcolo, né la quantità di dati. È che per la prima volta uno strumento cognitivo *prende iniziativa*: propone, interpreta, completa, corregge, dissente. La mente estesa, finora un monologo dell'uomo verso i suoi strumenti, diventa un dialogo.

Questa differenza ha conseguenze profonde. Con un taccuino, il rischio è di perderlo. Con un interlocutore, il rischio è di credergli. Un deposito passivo può solo dimenticare; un interlocutore attivo può anche persuadere, suggerire, deviare. Quando lo strumento risponde, smettiamo di essere gli unici autori del pensiero che ne esce, e cominciamo a condividere quella paternità con qualcosa che non ha intenzioni, non ha responsabilità e non ha—questo è cruciale—alcun modo di sapere se ciò che dice è vero.

Errore comune

"L'intelligenza artificiale è solo uno strumento, come tutti gli altri." È la frase più rassicurante e più fuorviante che si senta sull'IA. Uno strumento, nel senso classico, è inerte: esegue, non propone. L'IA generativa propone. Trattarla come un martello porta ad abbassare la guardia proprio dove servirebbe alzarla: nel momento in cui accettiamo, senza esaminarlo, un pensiero che non è nostro. Non è uno strumento. È un collaboratore: bravissimo, instancabile, e privo di giudizio.

C'è poi una seconda differenza, più sottile. Il taccuino non ci somiglia. Nessuno è mai stato tentato di ringraziare il proprio quaderno, di scusarsi con lui o di sentirsene compreso. L'assistente conversazionale, invece, parla la nostra lingua, usa il nostro tono, ricorda ciò che gli abbiamo detto, sembra interessato. Ci somiglia abbastanza da farci scattare, automaticamente, gli stessi riflessi sociali che usiamo con gli altri esseri umani. È un fenomeno che esploreremo nel Capitolo 3, ma vale la pena anticiparlo qui: pensiamo con le macchine in modo diverso da come pensavamo con i taccuini perché le macchine, oggi, ci sembrano *qualcuno*.

1.4 Perché proprio adesso

A questo punto è lecita un'obiezione. Se la mente è sempre stata estesa, e se l'idea di amplificare l'intelletto con le macchine ha più di mezzo secolo, perché parlare di menti ibride proprio oggi? Cosa è cambiato fra il rapporto di Engelbart e la mattinata di Marta? La risposta non sta in una singola invenzione, ma in un cambiamento di *scala*—e la scala, oltre una certa soglia, cambia la natura delle cose.

La prima novità è l'**ubiquità**. Per decenni l'IA, dove c'era, è rimasta chiusa in luoghi specializzati: laboratori, sistemi industriali, software per addetti ai lavori. Oggi è nel telefono in tasca, nella casella di posta, nel motore di ricerca, nell'editor di testo, nell'app di messaggistica. Non bisogna andare a cercarla: arriva da sé, integrata in strumenti che usavamo già. Otto doveva decidere di aprire il taccuino. Marta, molto spesso, non decide niente: l'estensione è già accesa, già in ascolto, già pronta a proporre.

La seconda è il **linguaggio naturale**. Tutte le estensioni della mente del passato chiedevano un pedaggio: bisognava imparare a leggere e scrivere, a leggere una mappa, a maneggiare un'interfaccia. Engelbart sognava di abbattere questa barriera, ma i suoi strumenti restavano per iniziati. L'IA generativa l'ha abbattuta davvero: le si parla. Nella propria lingua, a parole proprie, senza un manuale. Questo sposta la soglia d'accesso quasi a zero, e con essa sposta il numero di persone che possono pensare con la macchina: non più i tecnici, ma chiunque sappia formulare un desiderio a voce.

La terza è la **velocità di adozione**. Strumenti che hanno cambiato il modo di pensare di intere civiltà—la scrittura, la stampa, persino internet nei suoi primi anni—hanno impiegato generazioni a diffondersi. Gli assistenti conversazionali sono passati, nel giro di pochi mesi, da curiosità per pochi a strumento quotidiano di centinaia di milioni di persone. Non c'è stato il tempo che di solito separa l'arrivo di una tecnologia dalla maturazione delle norme, delle abitudini e degli anticorpi culturali che ne governano l'uso. Abbiamo adottato la mente ibrida prima di avere il vocabolario per descriverla, e di gran lunga prima di avere il discernimento per maneggiarla con cura.

Concetto chiave

Quel che è nuovo nelle menti ibride non è un'idea, ma una *soglia*. Ubiquità (l'IA è ovunque, sempre accesa), linguaggio naturale (le si parla, senza imparare nulla) e velocità di adozione (centinaia di milioni di persone in pochi mesi) hanno trasformato un'estensione rara e faticosa in un'estensione di massa, istantanea e quasi invisibile. La differenza di scala è diventata differenza di natura.

Messe insieme, queste tre spinte producono un effetto che nessuna estensione precedente aveva: l'ibridazione cessa di essere una scelta deliberata e diventa una condizione di fondo. Non decidiamo più, ogni volta, di estendere la mente, come Otto decideva di aprire il taccuino. Lo facciamo di continuo, per abitudine, spesso senza nemmeno notarlo. Ed è esattamente quando qualcosa diventa invisibile per abitudine che smettiamo di esercitare il giudizio su di essa. Questo libro nasce dal tentativo di rendere di nuovo visibile ciò che la comodità ha reso trasparente.

1.5 Una giornata, tre tipi di ibridazione

Torniamo a Marta, perché nella sua mattinata ci sono in realtà tre forme diverse di mente ibrida, ed è utile distinguerle.

La prima è l'**ibridazione invisibile**. La sveglia che sceglie l'istante del risveglio, il navigatore che decide il percorso: qui l'IA agisce senza che Marta partecipi alla decisione. Lei riceve un risultato e si adegua. È la forma più comoda e la più insidiosa, perché non sembra nemmeno collaborazione: sembra che le cose "vadano così". La delega è totale e silenziosa.

La seconda è l'**ibridazione dialogica**. La mail: Marta chiede, la macchina propone, Marta giudica e corregge. Qui c'è un vero scambio, un andirivieni tra due contributi. È la forma più ricca e, come vedremo, la più feconda—a patto che il giudizio finale resti umano.

La terza, che nella mattinata di Marta non c'è ancora ma che incontreremo spesso in questo libro, è l'**ibridazione relazionale**: quando l'IA non è un collaboratore di lavoro ma un interlocutore con cui si stabilisce un legame—un compagno, un confidente, un sostegno emotivo. È il territorio della Parte III, e il più delicato di tutti.

Confronto

Tre modi di pensare con le macchine.

- *Invisibile* — la macchina decide, l'umano si adegua. Massima comodità, minima consapevolezza. (La sveglia, il navigatore, il feed.)
- *Dialogica* — la macchina propone, l'umano giudica. Massima ricchezza, richiede attenzione. (La mail, la ricerca, la bozza.)
- *Relazionale* — la macchina accompagna, l'umano si lega. Massima intimità, massimo rischio. (Il compagno artificiale, il confidente.)

La stessa persona, nella stessa giornata, attraversa tutte e tre senza accorgersene. Riconoscere in quale ci si trova è già metà del lavoro.

Queste tre forme non sono peggiori o migliori in assoluto. Affidare la scelta del percorso al navigatore è quasi sempre saggio: ne sa più di me sul traffico, e non perdo nulla di importante delegandogli quella decisione. Il problema nasce quando l'ibridazione invisibile colonizza territori che dovrebbero restare dialogici—quando smetto di giudicare ciò che la macchina propone perché ho preso l'abitudine di adeguarmi—o quando quella relazionale prende il posto di legami umani che la macchina può imitare ma non sostituire. Tutto il libro, in fondo, è un tentativo di rispondere a una domanda: *dove deve passare il confine?*

1.6 Un caso che vale per tutti

Per quanto la mattinata di Marta sia inventata, la dinamica che descrive è documentata e diffusa. Prendiamone una versione più ad alta posta in gioco.

Caso studio

Nel 2023 un avvocato di New York presentò in tribunale una memoria difensiva costruita con l'aiuto di un assistente conversazionale. La memoria citava diverse sentenze a sostegno della propria tesi, complete di numeri di riferimento e passaggi testuali. C'era un solo problema: alcune di quelle sentenze non esistevano. La macchina le aveva *inventate*—generando citazioni dall'aspetto perfettamente plausibile, perché il suo compito non è dire il vero ma produrre testo verosimile. L'avvocato non aveva controllato: si era fidato. Quando il giudice scoprì l'inganno, la sanzione fu pubblica e imbarazzante.
La cosa interessante non è che la macchina abbia sbagliato. Le macchine sbagliano, gli esseri umani anche. La cosa interessante è *come* il sistema ibrido abbia fallito. L'avvocato, da solo, non avrebbe mai inventato sentenze: non ne aveva motivo e ne conosceva il rischio professionale. La macchina, da sola, non avrebbe fatto danni: era solo un generatore di testo. È stata la loro combinazione mal calibrata—competenza umana che abdica al giudizio, fluidità artificiale che simula competenza—a produrre il disastro. Un fallimento tipicamente *ibrido*.

Vale la pena notare *dove*, esattamente, si è rotto il sistema. Non nella generazione: una macchina che produce testo verosimile sta facendo il suo mestiere, e produrre citazioni dall'aria credibile è esattamente ciò che le riesce meglio. Si è rotto nel passaggio di consegne: nel punto in cui la proposta della macchina avrebbe dovuto incontrare il giudizio dell'umano, e invece l'ha scavalcato. La fluidità del testo ha funzionato da anestetico. Più una risposta suona competente, meno sentiamo il bisogno di verificarla—ed è una trappola crudele, perché premia proprio le macchine migliori. Questo, in miniatura, è il meccanismo che ritroveremo lungo tutto il libro: il rischio non sta nell'errore della macchina, ma nella facilità con cui un essere umano smette di esercitare la funzione che soltanto lui può svolgere.

Questo caso contiene in miniatura tutta la tesi del libro. La mente ibrida non è buona né cattiva: è potente. E come ogni sistema potente, può produrre risultati straordinari o errori che nessuna delle due parti avrebbe commesso da sola. La differenza la fa il modo in cui il confine tra umano e macchina viene gestito: chi propone, chi giudica, chi si assume la responsabilità di ciò che esce. Dove quel confine è chiaro e presidiato, l'ibridazione amplifica le nostre capacità. Dove è confuso o abbandonato, le erode.

1.7 Cinque lettere per non perdersi

Se questo libro avesse una sola cosa da lasciarvi, sarebbe una bussola. Non un elenco di divieti, non una nostalgia dei tempi senza macchine, ma cinque principi da tenere a portata di mano ogni volta che si pensa insieme a un'IA. Li ho riassunti in una parola che è anche il tema del libro: **M.E.N.T.I.**

- **M — Mantieni l'autonomia cognitiva.** La capacità di pensare da solo è un muscolo: si atrofizza se non lo si usa. Delegare è legittimo, dipendere no.
- **E — Esamina le risposte.** La macchina produce testo verosimile, non testo vero. Ogni affermazione che conta va verificata prima di farla propria.
- **N — Non delegare totalmente.** Affida alla macchina i pezzi, mai l'intero. Soprattutto: non delegare mai il giudizio finale e la responsabilità.
- **T — Traccia le fonti.** Sapere da dove viene un'informazione, e se viene da qualche parte, è la prima difesa contro l'errore e la manipolazione.
- **I — Integra senza sostituire.** L'obiettivo è una mente umana *aumentata*, non rimpiazzata. L'IA deve aggiungersi alle nostre facoltà, non prenderne il posto.

Non è un caso che quattro di queste cinque lettere riguardino il lato umano del sistema, non quello artificiale. È una scelta deliberata. Sulla macchina, come singolo, abbiamo poco controllo: la prende chi la costruisce. Sul *modo* in cui ci pensiamo insieme abbiamo, invece, tutto il controllo che serve. La bussola M.E.N.T.I. non chiede di capire come funziona un modello: chiede di presidiare il confine. Torneremo su ciascuna lettera lungo tutto il libro, e nell'Appendice B le trasformeremo in pratiche concrete. Per ora bastano come promemoria di un'idea semplice: si può pensare con le macchine senza smettere di pensare. Anzi, è l'unico modo per farlo che valga la pena.

1.8 Restare l'autore di sé

La scena con cui abbiamo aperto—Marta che alle sette e dieci non ha ancora pensato un pensiero da sola—non è una distopia. È una descrizione neutra di una giornata normale, nel 2026, per centinaia di milioni di persone. Il punto non è se questa condizione sia desiderabile: è già qui, e in larga parte è perfino comoda e utile. Il punto è se, dentro questa condizione, riusciremo a restare gli autori del nostro pensiero invece di diventarne i semplici esecutori.

Una mente ibrida ben governata è una delle cose più potenti che la nostra specie abbia mai costruito: un pensiero umano che attinge, in tempo reale, a quasi tutto ciò che l'umanità ha scritto, e che lo fa restando capace di dubitare, scegliere, dissentire. Una mente ibrida abbandonata a sé stessa è qualcosa di molto meno nobile: un essere umano che ha smesso di giudicare, che accetta ciò che gli viene proposto perché è comodo, e che lentamente disimpara a fare a meno di chi pensa al posto suo. Tra queste due possibilità non decide la tecnologia. Decidiamo noi, una scelta alla volta. Questo libro parla di come scegliere.

Sintesi del capitolo

- Una **mente ibrida** è un sistema cognitivo composto da esseri umani e intelligenze artificiali che cooperano: non la somma delle parti, ma un'unità nuova con capacità e fragilità proprie. Ciò che conta non sta in una parte o nell'altra, ma nell'incastro fra le due.

- La mente umana è *sempre stata estesa* da strumenti (scrittura, taccuino, mappa). La tesi della mente estesa (Clark, Chalmers) e il suo *principio di parità* lo dicevano già: conta la funzione del pensiero, non dove avviene.
- "Aumentare l'intelletto" (Engelbart, 1962) e i media come "estensioni" (McLuhan) sono gli antenati delle menti ibride. McLuhan avverte: plasmiamo gli strumenti, poi gli strumenti plasmano noi.
- La novità decisiva: l'IA generativa non è un'estensione passiva ma un *interlocutore* che propone, interpreta e prende iniziativa. La mente estesa diventa un dialogo.
- *Perché proprio adesso*: ubiquità, linguaggio naturale e velocità di adozione di massa hanno trasformato un'estensione rara e faticosa in una condizione di fondo, istantanea e quasi invisibile. La scala è diventata natura.
- Trattare l'IA come "solo uno strumento" fa abbassare la guardia: a differenza di un martello, propone pensieri verosimili ma non necessariamente veri.
- Esistono tre forme di ibridazione: *invisibile* (la macchina decide), *dialogica* (la macchina propone, l'umano giudica), *relazionale* (la macchina accompagna). Riconoscere in quale ci si trova è metà del lavoro.
- I fallimenti tipici sono *ibridi*: nascono dove la proposta della macchina scavalca il giudizio umano, perché la fluidità del testo funziona da anestetico (il caso delle sentenze inventate).
- La bussola del libro è il framework **M.E.N.T.I.**: Mantieni l'autonomia, Esamina, Non delegare totalmente, Traccia le fonti, Integra senza sostituire. Quattro lettere su cinque guardano l'umano, non la macchina.
- La tecnologia non decide se la mente ibrida ci potenzia o ci erode. Lo decidiamo noi, una scelta alla volta.

Capitolo 2

Dal computer all'interlocutore

Il mio primo computer è stato un Apple IIe: quarantotto kilobyte di memoria, un monitor a fosfori ambra e un cursore che lampeggiava su uno schermo quasi nero. Avevo nove anni, e su quella macchina ho imparato a programmare prima ancora di capire bene che cosa stessi facendo. Niente icone, niente finestre, niente disegni: solo una riga di testo e l'attesa di un comando. Per fare qualunque cosa—elencare i file di un dischetto, caricare un programma, far partire il codice che avevo scritto—bisognava sapere la parola giusta e digitarla senza un errore. Una lettera fuori posto, una parentesi dimenticata, ed ecco la risposta più gelida che una macchina sappia dare: *?SYNTAX ERROR*. Errore di sintassi. Non ti spiegava cosa volevi dire, non provava a indovinare, non si scusava. Ti restituiva esattamente il tuo errore e ti lasciava lì, davanti al cursore ambra che lampeggiava, paziente e muto.

Quarant'anni dopo, mia figlia chiede a un altoparlante che ore sono in Giappone e ottiene la risposta in italiano corrente, completa di un commento sul fuso orario. Tra quei due gesti—digitare *CATALOG* per vedere cosa c'era su un dischetto e dire "che ore sono a Tokyo?"—c'è la storia di questo capitolo. È la storia di come, nel giro di pochi decenni, le macchine hanno smesso di pretendere che imparassimo la loro lingua e hanno cominciato, faticosamente, a imparare la nostra. E la storia di cosa succede dentro di noi quando uno strumento, finalmente, ci risponde a parole.

2.1 Una lunga marcia verso la nostra lingua

Per buona parte della loro esistenza, i computer hanno preteso che fossimo noi ad adattarci a loro. La prima generazione di macchine non si "programmava" nemmeno con un linguaggio: si programmava con il cacciavite e con i cavi, o con schede di cartone in cui dei fori, disposti in posizioni precise, rappresentavano istruzioni e dati. Quelle schede perforate non erano un'invenzione dell'informatica: derivavano dai telai meccanici di inizio Ottocento, in cui cartoni bucati comandavano la trama dei tessuti, e furono adottate per i censimenti americani di fine secolo prima ancora che esistessero i computer elettronici. Chi lavorava con quelle macchine doveva pensare come pensava la macchina: in colonne, in fori, in sequenze rigidissime. Una scheda piegata o infilata al contrario, e il calcolo di ore andava perduto. C'è un'immagine che riassume quell'epoca meglio di mille descrizioni: programmatori che attraversavano i corridoi reggendo scatole di cartone piene di schede ordinate, e che pregavano di non inciamparci—perché far cadere il mazzo significava perdere l'ordine, e con l'ordine il programma. L'uomo era al servizio del linguaggio della macchina, non viceversa.

La riga di comando—il cursore ambra della mia infanzia—fu già un enorme passo avanti. Almeno si scrivevano parole, non si bucavano cartoni, e la macchina rispondeva all'istante invece di restituire un tabulato il giorno dopo. Ma erano parole della macchina: comandi abbreviati, sintassi inflessibile, nessuna tolleranza per l'ambiguità. Bisognava ricordarli a memoria. Il computer non veniva incontro a te; eri tu che dovevi sapere cosa dire e come dirlo, alla lettera. Per usarlo davvero serviva un piccolo apprendistato, e quell'apprendistato divideva il mondo in due: chi conosceva i comandi e chi restava fuori.

Esempio

Pensate alla differenza tra chiedere un'informazione a uno sportello e doverla cercare in un archivio sconosciuto. Allo sportello dite "mi serve il certificato di residenza" e qualcuno traduce la vostra richiesta vaga in azioni precise. Nell'archivio dovete sapere voi in quale cassetto, in quale faldone, sotto quale sigla. La riga di comando era l'archivio: potentissima per chi conosceva la mappa, impenetrabile per tutti gli altri.

La svolta arrivò da un'intuizione semplice e geniale: e se invece di descrivere a parole ciò che vogliamo, potessimo *indicarlo*? Negli anni Sessanta Douglas Engelbart—lo stesso che abbiamo incontrato nel Capitolo 1 con la sua idea di "aumentare l'intelletto umano"—inventò, nel suo laboratorio in California, un piccolo blocco di legno con due rotelle e un filo, che per la sua forma fu soprannominato *mouse*. Il 9 dicembre 1968, davanti a un migliaio di addetti ai lavori a San Francisco, tenne una dimostrazione di poco più di un'ora che la storia avrebbe chiamato "la madre di tutte le demo". In quella sessione comparvero, per la prima volta tutti insieme, elementi che oggi diamo per scontati: un puntatore che si muove sullo schermo, il testo che si modifica in tempo reale, documenti collegati l'uno all'altro da rimandi, perfino una finestra di videoconferenza con un collega a chilometri di distanza. Era il 1968: gran parte del pubblico programmava ancora con le schede perforate. Engelbart non stava mostrando un prodotto, stava mostrando un'idea di rapporto tra l'uomo e la macchina. Quell'idea avrebbe impiegato vent'anni a entrare nelle case.

Il seme germogliò qualche anno dopo nei laboratori dello Xerox PARC, a Palo Alto, dove un gruppo di ricercatori—molti dei quali venivano proprio dalla cerchia di Engelbart—costruì il primo vero ambiente grafico: finestre, icone, menu, la scrivania virtuale con i suoi documenti e i suoi cestini. Non più comandi da ricordare, ma oggetti da vedere e spostare con il puntatore. La metafora era geniale nella sua modestia: invece di insegnare all'uomo il linguaggio della macchina, si dava alla macchina l'aspetto di qualcosa che l'uomo già conosceva, una scrivania. Xerox, per una delle ironie più celebri della storia dell'industria, non capì cosa aveva tra le mani: era un'azienda di fotocopiatrici e vedeva i computer come una curiosità di laboratorio. Lo capì invece un giovane imprenditore che visitò quei laboratori nel 1979 e ne uscì folgorato: si chiamava Steve Jobs, e quell'idea sarebbe diventata il Macintosh, il computer che nel 1984 portò l'interfaccia grafica nelle case di chi non aveva mai scritto un comando in vita sua. Per la prima volta si poteva usare un computer senza sapere una sola parola del suo linguaggio. Bastava guardare e indicare.

Concetto chiave

La storia dell'interfaccia uomo-macchina è la storia di una distanza che si accorcia. Schede perforate, riga di comando, interfaccia grafica, web, touchscreen, voce, conversazione: ogni tappa ha spostato lo sforzo di traduzione dalle nostre spalle a quelle della macchina. Non abbiamo imparato a parlare con i computer. Li abbiamo costretti, passo dopo passo, a imparare a parlare con noi.

Da lì la marcia non si è più fermata, e ogni tappa ha tolto un intermediario. Il web, negli anni Novanta, trasformò il computer da scrivania isolata a finestra su un mondo: bastava cliccare un collegamento—un'altra eredità diretta della demo di Engelbart—per saltare da un documento all'altro, senza sapere dove fossero fisicamente né come ci si arrivasse. Il telefono che tocchiamo, dal 2007 in poi, eliminò perfino il mouse: il dito diventò il puntatore, e l'azione e l'intenzione si avvicinarono fino quasi a coincidere. Vuoi ingrandire una foto? Allarghi le dita, come faresti con un oggetto reale, e la fotografia si comporta come si comporterebbe la realtà. Poi venne la voce: dire "imposta una sveglia alle sette" invece di toccare schermate. A ogni passaggio cadeva un'astrazione, una cosa da imparare, un manuale da leggere. Finché restava un ultimo intermediario da abbattere, il più antico e il più resistente di tutti: il linguaggio stesso, con la sua libertà e la sua ambiguità.

2.2 Quando lo strumento parla la nostra lingua

L'ultimo passo di questa marcia è quello che stiamo vivendo. Non più indicare, non più toccare, non più pronunciare comandi prestabiliti: *parlare*. Scrivere o dire ciò che vogliamo nella nostra lingua di tutti i giorni, con le sue imprecisioni, i suoi sottintesi, le sue frasi a metà, e ottenere una risposta che a quella lingua è perfettamente adeguata. È un cambiamento che sembra piccolo—in fondo scriviamo da sempre nelle caselle di ricerca—ma è il più radicale di tutti, perché abbatte l'ultima soglia tecnica tra noi e la macchina. La casella di ricerca, infatti, esige ancora che pensiamo per parole chiave; l'interfaccia conversazionale accetta la frase intera, con i suoi se e i suoi ma.

Per cinquant'anni, usare un computer ha significato *tradurre.* Avevo un'intenzione—"voglio sapere quante mail mi ha mandato un certo collega questo mese"—e dovevo tradurla nel formato che la macchina capiva: aprire il programma giusto, impostare un filtro, scrivere una stringa di ricerca con la sintassi corretta. La fatica non era nel pensiero, era nella traduzione. Era un lavoro nascosto, continuo, che facevamo senza più accorgercene, come chi parla una lingua straniera così a lungo da dimenticare di tradurre. L'interfaccia conversazionale promette di togliere proprio quella traduzione: dico la mia intenzione a parole, e qualcun altro—qualcosa d'altro—si occupa di convertirla in azioni.

Confronto

Due modi di chiedere la stessa cosa.

- *Con un'interfaccia classica:* apro il programma, seleziono il menu giusto, imposto i parametri di ricerca uno per uno, interpreto i risultati. Devo sapere *come* si fa.
- *Con un'interfaccia conversazionale:* scrivo "trovami i documenti su questo tema dell'anno scorso" e attendo. Devo sapere solo *cosa* voglio.

La prima mi chiede competenza tecnica e mi lascia il controllo di ogni passaggio. La seconda mi chiede solo di esprimere un desiderio, e affida alla macchina tutti i passaggi intermedi—compresi quelli che non vedo.

Questa comodità ha un prezzo, e il prezzo è invisibile proprio perché tutto è diventato facile. Abbassare la soglia d'accesso significa che chiunque, senza alcuna competenza, può ottenere risultati che prima richiedevano anni di pratica. È una democratizzazione vera, e in larga parte buona: lo strumento più potente mai costruito diventa accessibile a un bambino e a un anziano allo stesso modo, senza corsi né manuali. Ma significa anche che usiamo lo strumento senza capire come funziona, e che il confine tra "ho chiesto" e "ho fatto" si fa sempre più sottile. Quando dico a parole ciò che voglio e la macchina lo esegue, è facile dimenticare quanti passaggi—e quante possibilità di errore—stanno nel mezzo. La traduzione non è scomparsa: è solo passata dall'altra parte, dove non possiamo più controllarla.

C'è poi un effetto più profondo, che è il vero tema di questo capitolo. Uno strumento che parla la nostra lingua non ci sembra più uno strumento. Ci sembra un interlocutore. E nel momento in cui qualcosa ci parla, scatta dentro di noi un riflesso antichissimo: lo trattiamo come se ci capisse. Per misurare la forza di quel riflesso non serve guardare alle macchine di oggi. Basta tornare a un piccolo programma di sessant'anni fa.

2.3 Lo strano caso di Eliza

Per capire quanto sia profondo quel riflesso, conviene tornare molto indietro, a un episodio che dovrebbe essere insegnato in ogni corso sull'intelligenza artificiale, perché contiene già tutto. Tra il 1964 e il 1966, al MIT, un informatico tedesco di nome Joseph Weizenbaum scrisse un programma che chiamò *Eliza*—il nome veniva dalla protagonista del *Pigmalione* di Shaw, la fioraia a cui si insegna a parlare in modo raffinato. Era una cosa modesta, per gli standard dell'epoca e ancor più per i nostri: un programma che simulava una conversazione imitando il modo di parlare di uno psicoterapeuta di una certa scuola, quella che risponde alle domande con altre domande. La scelta dello psicoterapeuta non era casuale: era l'unico ruolo in cui rispondere con continue controdomande, e fingere di non sapere nulla, suona naturale invece che evasivo.

Il trucco era semplice fino all'imbarazzo. Eliza non capiva una parola di ciò che le veniva detto. Cercava parole chiave nelle frasi dell'utente e le rigirava sotto forma di domanda secondo poche regole fisse. Se scrivevi "mio padre mi fa arrabbiare", Eliza isolava la parola "padre" e rispondeva "mi parli di suo padre". Se dicevi "sono triste", rispondeva "da quanto tempo è triste?". Se non trovava alcun appiglio, ripiegava su frasi neutre come "mi dica di più" o "perché lo pensa?". Nessuna comprensione, nessuna memoria, nessun pensiero: solo qualche regola meccanica che rivoltava le tue parole come un calzino. Weizenbaum lo aveva costruito proprio per dimostrare quanto fosse superficiale l'illusione di parlare con una macchina, e quanto poco bastasse a produrla.

Successe l'opposto di ciò che voleva. Le persone che provavano Eliza ne furono catturate. Si confidavano. Le raccontavano i loro problemi. Chiedevano di restare sole con il programma. La sua segretaria, che pure lo vedeva lavorare al codice ogni giorno e sapeva benissimo che dietro non c'era nessuno, dopo poche battute gli chiese di uscire dalla stanza perché voleva "parlare in privato" con la macchina. Le persone attribuivano al programma comprensione, empatia, perfino saggezza—pur sapendo, a livello razionale, che era un trucco di poche righe. Sapevano che dietro non c'era nessuno. E si comportavano come se ci fosse qualcuno. Alcuni psichiatri arrivarono a proporre seriamente programmi come Eliza come forma di terapia automatizzata su larga scala, e fu probabilmente questa, più di tutto, a turbare il suo autore.

Concetto chiave

L'**effetto Eliza** è la tendenza umana ad attribuire comprensione, intenzioni ed emozioni a un sistema che si limita a produrre risposte linguisticamente adeguate. Non è ingenuità né ignoranza: scatta anche in chi sa perfettamente come funziona la macchina. È un riflesso, non una convinzione. E proprio perché è un riflesso, non basta "sapere" che la macchina non capisce per smettere di sentirlo.

Weizenbaum rimase talmente turbato da ciò che aveva scatenato che cambiò il corso della propria vita. Da pioniere dell'informatica diventò uno dei suoi critici più lucidi: nel 1976 pubblicò un libro—*Il potere del computer e la ragione umana*—in cui sosteneva che ci sono compiti che, anche quando una macchina è in grado di svolgerli, non dovremmo affidarle, perché richiedono qualcosa che lui chiamava giudizio, e che non si riduce a calcolo. Aveva voluto mostrare la povertà dell'illusione e aveva invece scoperto la nostra disponibilità sconfinata a lasciarci illudere. Bastava che qualcosa usasse il linguaggio in modo plausibile perché gli attribuissimo una mente. E se accadeva con Eliza—poche regole, frasi ripetitive, nessuna memoria—possiamo immaginare cosa accade oggi.

2.4 Eliza aveva poche righe. Oggi ne ha miliardi

Qui sta il punto che vorrei piantare a fondo. Se l'effetto Eliza era potente con un programma che chiunque poteva smontare in un pomeriggio, con i modelli generativi di oggi diventa quasi irresistibile. La differenza di grado è così ampia da diventare una differenza di natura.

Eliza rigirava le tue parole con quattro regole fisse e una manciata di frasi di ripiego. Un assistente conversazionale moderno ha "letto", in un senso statistico, una porzione enorme di tutto ciò che l'umanità ha scritto: libri, articoli, conversazioni, manuali, poesie, codice, dibattiti. Non ripete le tue frasi: ne produce di nuove, coerenti, pertinenti, spesso brillanti. Ricorda ciò che gli hai detto poco fa e ci si riallaccia. Cambia tono se glielo chiedi, scherza se ne ha l'occasione, ammette di non sapere (a volte), si corregge se lo contraddici. Tutto ciò che con Eliza era goffo e ripetitivo, oggi è fluido e convincente. L'illusione di parlare con un interlocutore non è più un piccolo inganno che la mente coglie e perdona dopo qualche battuta: è un'esperienza così completa che la mente fatica a non crederci, e che spesso non ha alcuna voglia di smascherare.

Attenzione

Più la conversazione è fluida e pertinente, più forte è la spinta ad attribuire alla macchina comprensione e affidabilità. Ma fluidità e verità sono due cose diverse. Un sistema può essere straordinariamente bravo a produrre testo plausibile—questo è esattamente ciò per cui è stato costruito—e al tempo stesso dire cose false con la stessa scioltezza con cui dice cose vere. La nostra mente, però, usa la fluidità come indizio di competenza. È un'eredità utile tra esseri umani, pericolosa con le macchine.

Vale la pena fermarsi su questo, perché è il fraintendimento più diffuso e il più costoso. Quando un essere umano parla bene di un argomento—con padronanza, ordine, sicurezza—di solito è perché lo conosce. Nella nostra esperienza millenaria, la qualità dell'esposizione è un indizio ragionevole della qualità della conoscenza: chi balbetta e si contraddice di solito non sa, chi espone con chiarezza di solito ha capito. Abbiamo imparato a fidarci di chi si esprime con competenza, ed è una scorciatoia che ci ha quasi sempre serviti bene. Ma questa associazione, che funziona tra persone, salta del tutto con le macchine generative. Esse sono ottimizzate per produrre testo adeguato, non per sapere. La scioltezza, in loro, non garantisce nulla sul contenuto: è il prodotto, non un sintomo della competenza. È qui che l'**E** di

M.E.N.T.I.—Esamina le risposte—smette di essere un consiglio generico e diventa una difesa precisa: contro l'istinto che scambia la bella forma per sostanza vera.

Errore comune

"Se ne parla con tanta sicurezza e precisione, qualcosa di vero ci sarà." È l'errore che ha fatto l'avvocato delle sentenze inventate del Capitolo 1, ed è lo stesso che facciamo tutti, ogni giorno, in piccolo. La sicurezza con cui un modello afferma qualcosa non ha nessuna relazione con la verità di ciò che afferma. Anzi: spesso le invenzioni sono le risposte più fluide e disinvolte, perché non sono frenate da alcun dubbio. La sensazione di stare parlando con un esperto è proprio l'inganno da cui guardarsi.

2.5 Usare e dialogare non sono la stessa cosa

Arriviamo così al cuore della questione, che è cognitivo prima ancora che tecnico. Quando *usiamo* uno strumento, attiviamo una parte della mente; quando *dialoghiamo* con qualcuno, ne attiviamo un'altra. Sono due modalità diverse, con regole diverse, e l'interfaccia conversazionale ci fa scivolare dalla prima alla seconda senza che ce ne accorgiamo.

Usare un martello, un trapano, un foglio di calcolo è un'attività strumentale. Io ho il controllo, lo strumento esegue, e in nessun momento mi viene in mente di essere gentile con il trapano o di sentirmi giudicato dal foglio di calcolo. Lo strumento è una proiezione della mia volontà, niente di più: se sbaglia, do la colpa a me stesso o all'utensile, non a una sua cattiva intenzione. Dialogare, invece, è un'attività sociale, e porta con sé un intero corredo di schemi che abbiamo costruito in milioni di anni di vita in gruppo: i turni di parola (parlo, ascolti, rispondi), la cortesia (saluto, ringrazio, mi scuso), la fiducia (do per buono ciò che mi dici, salvo motivi per dubitarne), l'attribuzione di intenzioni (se mi dici una cosa, è perché la pensi e perché vuoi che io la sappia). Questi schemi sono automatici. Non li scegliamo: scattano da soli appena qualcosa entra in conversazione con noi, esattamente come scatta il riflesso di ricambiare un sorriso.

Esempio

Quante persone scrivono "per favore" e "grazie" a un assistente artificiale? Moltissime—e molte si sentono perfino in colpa a essere brusche, pur sapendo che dall'altra parte non c'è nessuno che si offende. Non è stupidità. È la prova che la modalità "dialogo" si è attivata, con tutti i suoi automatismi sociali. Lo stesso gesto—battere parole su una tastiera—ci sembra ben diverso a seconda che lo rivolgiamo a un motore di ricerca o a qualcosa che ci risponde "a tu per tu".

Che questi automatismi non dipendano dalla sofisticazione della macchina, ma dalla nostra disposizione, lo mostrò una serie di esperimenti rimasta celebre tra gli studiosi del rapporto uomo-tecnologia.

Caso studio

Negli anni Novanta, due ricercatori di Stanford, Byron Reeves e Clifford Nass, condussero decine di esperimenti per capire come le persone trattano i computer. Il risultato, raccolto in un libro dal titolo eloquente—*The Media Equation*—fu sorprendente per la sua coerenza: le persone applicano alle macchine, senza accorgersene, le stesse regole sociali che usano con gli esseri umani.

In un esperimento, un gruppo di partecipanti svolgeva un compito al computer e poi veniva invitato a valutare quanto bene la macchina lo avesse aiutato. Chi compilava il questionario sullo *stesso* computer con cui aveva lavorato dava voti sistematicamente più alti di chi lo compilava su un computer diverso, nella stanza accanto. In altre parole, le persone erano "educate" con la macchina: evitavano di criticarla in sua presenza, esattamente come si esita a dire in faccia a qualcuno che ha fatto un cattivo lavoro. Nessuno dei partecipanti, interrogato dopo, ammetteva di aver trattato il computer come una persona: tutti giuravano di sapere benissimo che era solo una macchina. Eppure si comportavano come se non lo fosse.

Reeves e Nass ne trassero una conclusione netta: la socialità verso le macchine non è un errore che riguarda gli ingenui o i creduloni. È il comportamento di default del cervello umano, che per centomila anni ha incontrato solo un tipo di entità capace di parlare e reagire—altri esseri umani—e non ha sviluppato un istinto per distinguere ciò che lo imita. Tutto questo accadeva con i computer *prima* che sapessero conversare. Immaginiamo l'effetto, oggi.

Il problema è che questi automatismi, utilissimi tra esseri umani, ci traggono in inganno con le macchine. La fiducia che concediamo per default a un interlocutore umano—e che è ragionevole, perché di solito chi ci parla ha intenzioni e una qualche cognizione di ciò che dice—la concediamo anche alla macchina, che però non ha né intenzioni né cognizione. La cortesia che ci fa apparire scortese contraddire diventa una resistenza a verificare: correggere una macchina che "si è impegnata" a risponderci ci costa un piccolo, assurdo senso di colpa. L'attribuzione di intenzioni ci fa credere che, se la macchina afferma qualcosa, "ci creda" o lo "sappia", mentre essa non crede e non sa nulla: compone. Abbiamo portato in una stanza nuova i mobili di una stanza vecchia, e non tutti ci stanno bene.

Questo passaggio dall'"usare" al "dialogare" è il varco da cui l'IA entra nella nostra vita non come attrezzo ma come presenza. È un tema così denso che gli dedicheremo l'intero Capitolo 3: lì vedremo che non si tratta solo di attribuirle comprensione, ma di trattarla come un vero e proprio agente sociale—con un'autorità, un carisma, una capacità di influenzarci che nessun trapano ha mai avuto. Per ora basti riconoscere il meccanismo: nel momento in cui lo strumento parla, smette di essere percepito come strumento.

2.6 La mappa di chi sa cosa

C'è un'ultima conseguenza, forse la più importante, e riguarda il modo in cui teniamo il conto di ciò che sappiamo. Ognuno di noi porta in testa una specie di mappa: non solo le cose che sa, ma anche dove trovare le cose che non sa. So che per una questione fiscale chiamo il commercialista, per un dubbio medico il medico, per la capitale del Kazakistan un'enciclopedia, per un consiglio sentimentale un amico che mi conosce. Questa mappa—gli studiosi della memoria la chiamano *memoria transattiva*, e ci torneremo nel Capitolo 5—è preziosa: ci permette di non sapere tutto, perché sappiamo a chi chiedere. È il modo in cui un gruppo, una coppia, un'azienda distribuiscono la conoscenza senza che ciascuno debba portarsela tutta in testa.

L'interlocutore artificiale scombina questa mappa. Quando un'unica entità risponde a tutto—fiscale, medico, geografia, poesia, consigli sentimentali, ricette, diritto—con lo stesso tono sicuro e la stessa prontezza, perdiamo i riferimenti che ci dicevano quanto fidarci. Con il commercialista so che è competente in materia fiscale e non in cardiologia, e calibro la mia fiducia di conseguenza. So anche quanto gli costa rispondermi, e questo mi dice qualcosa sull'affidabilità della risposta. Con l'assistente che parla di ogni cosa allo stesso modo, queste distinzioni svaniscono. Tutto arriva dalla stessa voce, con la stessa confidenza, allo stesso costo nullo, e diventa difficilissimo ricordare che dietro quella voce non c'è una competenza specifica, ma una macchina statistica che riproduce la forma del sapere senza le sue garanzie—e che parla di astrofisica e di funghi commestibili con identica disinvoltura.

Best Practice

Prima di far propria una risposta che conta, poniti due domande del framework M.E.N.T.I. La prima viene dalla **T** (Traccia le fonti): *questa informazione, da dove viene? c'è un modo per risalire a una fonte verificabile, o è solo un'affermazione fluida?* La seconda viene dalla **E** (Esamina le risposte): *se questo me lo dicesse una persona sconosciuta, con quale prontezza ci crederei?* Tenere viva questa doppia domanda è ciò che ricostruisce, dentro la mente ibrida, la mappa di chi sa cosa.

Non è un invito alla diffidenza permanente, che sarebbe paralizzante e sciocca. Per moltissime cose—una ricetta, un riassunto, una bozza da rivedere, un'idea da cui partire—l'attrito della verifica non vale la pena, e va benissimo così. Il punto è saper riconoscere quando la posta in gioco cambia: quando l'informazione diventerà la base di una decisione, di un documento ufficiale, di una diagnosi, di un consiglio che daremo ad altri. In quei momenti, l'interlocutore va riportato al suo statuto reale di strumento, per quanto eloquente. Va smesso di dialogare e ripreso a usare. Sembra una distinzione astratta. È, in pratica, la differenza tra una mente ibrida che ci potenzia e una che ci porta a sbattere.

2.7 L'ultimo intermediario

Per cinquant'anni la storia dell'informatica è stata la rimozione progressiva di ogni intermediario tra la nostra intenzione e ciò che la macchina fa: via le schede, via i comandi, via il mouse, via persino lo schermo. La conversazione in linguaggio naturale è l'ultimo gradino di questa scala, e sembra il più naturale di tutti. Lo è: parlare è ciò che facciamo da quando siamo specie, prima ancora che imparassimo a scrivere. Ma proprio questa naturalezza è il rischio. Le altre interfacce ci ricordavano, con la loro fatica, che stavamo usando una macchina; la conversazione ce lo fa dimenticare. Un'interfaccia che ci somiglia tanto da non sembrare più un'interfaccia ci fa credere che dietro la voce ci sia qualcuno, quando dietro non c'è nessuno, e che la cosa più umana di quella conversazione sia la macchina, quando la cosa più umana siamo noi. Avevamo passato decenni a insegnare alle macchine la nostra lingua. La sfida, adesso, è non dimenticare la differenza tra chi quella lingua la parla per dire qualcosa, e chi la produce soltanto perché è stato costruito per farlo.

Sintesi del capitolo

- La storia dell'interfaccia uomo-macchina—schede perforate, riga di comando, interfaccia grafica (Engelbart e la demo del 1968, Xerox PARC, Macintosh 1984), web, touchscreen, voce, conversazione—è un avvicinamento progressivo della macchina al modo umano di comunicare.
- Ogni tappa ha spostato lo sforzo di traduzione dall'uomo alla macchina, fino all'ultimo passo: lo strumento che "parla" la nostra lingua e che perciò non ci sembra più uno strumento.

- L'interfaccia conversazionale abbassa la soglia d'accesso (chiunque può usarla, senza manuali) ma alza il rischio di antropomorfismo: scambiamo un interlocutore plausibile per un interlocutore reale, e la traduzione che facevamo noi passa dove non possiamo più controllarla.
- L'**effetto Eliza** (Weizenbaum, MIT, 1964–1966) mostra che bastano poche regole linguistiche perché attribuiamo comprensione a una macchina, pur sapendo che non capisce. Weizenbaum ne fu così turbato da diventare un critico dell'IA. Con i modelli generativi di oggi l'illusione è incomparabilmente più forte.
- Fluidità non è verità: la mente usa la scioltezza come indizio di competenza, ma una macchina è ottimizzata per produrre testo plausibile, non vero. È qui che serve la **E** (Esamina) di M.E.N.T.I.
- *Usare* e *dialogare* attivano modalità mentali diverse: il dialogo accende schemi sociali automatici (turni, cortesia, fiducia, attribuzione di intenzioni). Gli esperimenti di Reeves e Nass mostrano che trattiamo socialmente le macchine anche quando sappiamo che non lo meritano (vedi Capitolo 3).
- L'interlocutore che risponde a tutto con lo stesso tono scombina la "mappa di chi sa cosa" (memoria transattiva, Capitolo 5): è qui che servono la **E** (Esamina) e la **T** (Traccia le fonti).
- Saper riconoscere quando la posta in gioco cambia—e smettere di dialogare per tornare a usare—è la differenza tra una mente ibrida che potenzia e una che fa danni.

Capitolo 3

La macchina come presenza sociale

Qualche mese fa, in cucina, ho sentito mia figlia dire "grazie, buonanotte" all'altoparlante che le aveva appena spento la luce. Ha ventun anni e sa benissimo—non sono certo io a doverglielo spiegare—che dall'altra parte non c'è nessuno: solo un microfono, una connessione e un modello statistico. Eppure ha ringraziato. E quando le ho fatto notare la cosa, con il tono leggermente saccente del padre informatico, mi ha guardato come si guarda chi non ha capito l'evidente e ha risposto: "lo so che non è una persona. Ma mi ha aiutato".

Quella sera ho smesso di sentirmi superiore. Perché poche ore prima, scrivendo a un assistente conversazionale per farmi correggere un testo, avevo digitato "per favore" senza accorgermene, e alla fine avevo aggiunto "perfetto, grazie". Nessuno mi guardava. Non c'era una telecamera, non c'era un sondaggio sulla mia gentilezza. C'ero solo io, una tastiera e un programma. E quel programma l'avevo trattato come si tratta una persona. Non perché credessi che fosse una persona, ma perché qualcosa in me, più antico e più rapido del mio sapere, aveva deciso di comportarsi come se lo fosse. Questo capitolo parla di quel qualcosa.

3.1 Quando il computer entra nella stanza sociale

Partiamo da un fatto scomodo: non siamo padroni di come reagiamo alle macchine che ci parlano. Lo crediamo, ma non lo siamo. La parte di noi che decide se essere cortesi, se fidarsi, se sentirsi compresi o offesi, non aspetta il permesso della ragione. Scatta prima. E scatta anche quando sappiamo, intellettualmente, che dall'altra parte non c'è alcun "altro".

Nel Capitolo 2 abbiamo visto il passaggio storico dall'usare un computer al dialogare con esso, e abbiamo incontrato l'effetto *Eliza*: la tendenza, già documentata negli anni Sessanta con un programma rudimentale, ad attribuire comprensione a un software che si limitava a rimbalzare le nostre frasi sotto forma di domanda. Eliza era poco più di un trucco. Eppure le persone le confidavano cose intime, al punto che qualcuno arrivò a considerare quelle conversazioni come qualcosa di privato, da proteggere da occhi estranei. La privacy di un dialogo con un programma di poche righe.

Quel fenomeno non era un caso isolato né una curiosità da laboratorio. Era la punta di un meccanismo profondo, che due ricercatori di Stanford, Byron Reeves e Clifford Nass, hanno studiato per anni e riassunto in una formula tanto semplice quanto spiazzante.

Concetto chiave

La **media equation** di Reeves e Nass si riassume così: *i media sono uguali alla vita reale*. Le persone trattano i computer, la televisione, le voci sintetiche e i media in generale come tratterebbero persone e luoghi reali. Lo fanno automaticamente, senza decidere di farlo, e spesso negando di farlo. Non è un errore di persone ingenue: è il comportamento normale di cervelli normali.

La tesi, pubblicata negli anni Novanta in un libro che porta proprio quel titolo, nacque da una lunga serie di esperimenti. Reeves e Nass presero teorie classiche della psicologia sociale—quelle che descrivono come ci comportiamo con gli altri esseri umani—e le riprovarono, con un colpo di genio metodologico, sostituendo l'essere umano con un computer. La domanda era: le regole della cortesia, della reciprocità, dell'attribuzione di personalità, valgono anche quando l'interlocutore è una macchina? La risposta, esperimento dopo esperimento, fu sì.

3.2 Gentili con le macchine, per davvero

Uno degli esperimenti più citati riguarda la cortesia. È noto, fra gli esseri umani, un fenomeno semplice: tendiamo a essere più indulgenti quando giudichiamo qualcuno in sua presenza. Se un collega ci chiede "come ho lavorato?", siamo più gentili che se lo stesso giudizio lo dessimo a un terzo, alle sue spalle. È una regola sociale di base, una piccola diplomazia che evita conflitti.

Reeves e Nass riprodussero la situazione con un computer. I partecipanti svolgevano un compito con l'aiuto di una macchina; poi venivano invitati a valutare quanto la macchina fosse stata utile. Metà di loro compilava il questionario *sullo stesso computer* con cui aveva lavorato. L'altra metà lo compilava su un computer diverso, dall'altra parte della stanza. Il risultato: chi valutava la macchina sulla macchina stessa dava giudizi più gentili. Come se non volessero offenderla rispondendole male in faccia. Lo facevano senza accorgersene, e alla domanda diretta negavano: "è solo una macchina, perché mai dovrei comportarmi diversamente?". Eppure i numeri dicevano il contrario.

Esempio

La lista degli esperimenti di Reeves e Nass è lunga e quasi comica nella sua coerenza. Le persone applicano la *reciprocità*: se un computer le ha aiutate molto, poi si impegnano di più ad aiutare *quel* computer in un secondo compito, rispetto a uno diverso. Applicano gli *stereotipi di genere*: una voce sintetica maschile che parla di tecnica viene giudicata più competente di una voce femminile che dice le stesse identiche parole. Applicano le regole della *personalità*: a un computer "estroverso" (frasi assertive, colori vivaci) si sentono più affini gli estroversi, e ai computer "introversi" gli introversi, esattamente come accade fra persone. Nessuno di questi comportamenti ha senso razionale. Tutti accadono.

La conclusione di Reeves e Nass è radicale e merita di essere presa sul serio. Non stiamo parlando di un'illusione che svanisce quando ci concentriamo. Stiamo parlando di una reazione che convive con la perfetta consapevolezza che la macchina non è una persona. I partecipanti ai loro studi erano adulti istruiti, spesso informatici. Sapevano cosa stava succedendo. E reagivano lo stesso. La media equation non descrive cosa pensiamo delle macchine: descrive cosa facciamo, nostro malgrado, quando ci interagiamo.

3.3 Perché il cervello cade sempre nella stessa trappola

A questo punto la domanda diventa: perché? Perché un sistema cognitivo sofisticato come il nostro, capace di mandare sonde su Marte e di dubitare della propria stessa esistenza, si lascia ingannare da una voce in un altoparlante?

La risposta sta in come si è formato il nostro cervello. Per quasi tutta la storia della nostra specie, l'unica cosa nel mondo che parlava, che usava il linguaggio, che prendeva turni in una conversazione, era un altro essere umano. Non esistevano voci senza persone. Non esistevano parole senza una mente dietro. Il nostro apparato sociale—quella batteria di intuizioni che ci dice "c'è qualcuno qui, comportati di conseguenza"—si è calibrato su un mondo in cui i segnali sociali erano garanzia infallibile della presenza di un altro soggetto. Per centomila anni, se sentivi una voce, c'era qualcuno. La scommessa di trattare ogni voce come una persona è stata vincente per troppo tempo perché oggi potessimo disfarcene in due decenni.

Gli studiosi della mente parlano di *rilevamento dell'agente*: una tendenza, probabilmente innata, a interpretare ciò che ci circonda come opera di agenti intenzionali. È la stessa tendenza che ci fa vedere un volto nella presa elettrica, una minaccia deliberata nel fruscio del cespuglio, una volontà nel temporale. Dal punto di vista evolutivo è un affare conveniente: scambiare un sasso per un predatore costa un istante di paura inutile, scambiare un predatore per un sasso costa la vita. Il nostro cervello, nel dubbio, attribuisce intenzioni. È un sistema tarato per non perdere mai un possibile soggetto, anche al prezzo di vederne dove non ce ne sono.

Concetto chiave

Bastano pochissimi **segnali sociali** per innescare i nostri riflessi da relazione: una voce, un nome, l'alternarsi dei turni di conversazione, una risposta che sembra tenere conto di ciò che abbiamo detto. Non serve che la macchina sia intelligente. Serve solo che esibisca i segni che, nella nostra storia evolutiva, hanno sempre significato "c'è qualcuno". La presenza sociale non è una proprietà della macchina: è una reazione del nostro cervello.

È cruciale capire questo punto, perché smonta una difesa che molti di noi adottano: "io non mi faccio ingannare, so distinguere un programma da una persona". È vero che lo sai. Ma il sapere abita una parte della mente, e i riflessi sociali ne abitano un'altra, più rapida e più antica (qui torna utile la distinzione di Kahneman fra un pensiero veloce e intuitivo e uno lento e ragionato, di cui parleremo nel Capitolo 7). La conoscenza non spegne il riflesso. Al massimo, lo sorveglia. E sorvegliarlo richiede uno sforzo che, per sua natura, tendiamo a non fare proprio quando saremmo più rilassati: a tarda sera, di fretta, soli.

3.4 Il design che ci tende la mano

Se bastano pochi segnali sociali per innescare la relazione, chi progetta queste macchine ha in mano una leva potente. E la usa. Non sempre per malizia—spesso per rendere il prodotto più piacevole, più facile, più "umano" nel senso buono del termine. Ma l'effetto, voluto o no, è lo stesso: amplificare la nostra naturale tendenza a vedere un soggetto dove c'è un sistema.

Il primo strumento è la *voce*. Una voce sintetica fluida, con le sue pause, le sue intonazioni, le sue impercettibili esitazioni, attiva i nostri riflessi sociali molto più di un testo su uno schermo. Il secondo è il *nome proprio*. Non è un caso che gli assistenti più diffusi si chiamino con nomi di persona, brevi, facili da pronunciare, spesso femminili. Un nome trasforma un servizio in un interlocutore: non "interrogo il sistema di ricerca vocale", ma "chiedo a una creatura che ha un nome". Il terzo è il *tono empatico*: formule come "capisco come ti senti", "mi dispiace per quello che stai passando", "ottima domanda" non aggiungono nulla all'informazione, ma molto alla relazione. Il quarto, e forse il più insidioso, è la *memoria*: quando la macchina ricorda ciò che le abbiamo detto la settimana scorsa, ci dà la prova sociale più forte di tutte, quella che riserviamo a chi tiene a noi—l'aver fatto attenzione. A questo si aggiunge oggi la cosiddetta *personalità* del modello: uno stile, un carattere, certe preferenze espressive, perfino un abbozzo di umorismo, costruiti deliberatamente per renderlo riconoscibile e, di nuovo, affine.

Esempio

Provate a immaginare lo stesso identico contenuto informativo veicolato in due modi. Primo: "Risultato: 3 voli disponibili. Ordinati per prezzo". Secondo: "Ho cercato per te e ho trovato tre buone opzioni — la prima mi sembra la più conveniente, dai un'occhiata!". L'informazione è la stessa. Ma il secondo messaggio ha un mittente: qualcuno che ha cercato *per* noi, che ha un'opinione, che ci dà del tu con calore. Non abbiamo imparato nulla di più sui voli. Abbiamo acquisito, gratis e senza accorgercene, un compagno.

La sociologa Sherry Turkle, che studia il rapporto fra persone e tecnologia da prima che fosse di moda, ha una categoria utile per tutto questo: parla di oggetti *evocativi* o *relazionali*—artefatti progettati per suscitare in noi una risposta affettiva, per chiederci, in un modo o nell'altro, di prendercene cura o di sentirci da loro accuditi. Turkle osservava già i primi giocattoli digitali che "chiedevano" attenzione, i robot terapeutici a forma di cucciolo dati agli anziani, e notava una cosa che vale ancora di più oggi: questi oggetti non ci ingannano sostenendo di essere vivi. Ci coinvolgono chiedendoci di *fare come se* lo fossero. E noi, quasi sempre, accettiamo l'invito. È un tema che riprenderemo a fondo nella Parte III, quando parleremo di compagni artificiali e di empatia simulata; qui ci interessa il principio, non ancora le sue forme più estreme.

Voglio essere chiaro su un punto, perché qui è facile scivolare nel sospetto sistematico. Non sto dicendo che ogni voce gentile sia una trappola e ogni nome proprio un inganno. Una buona interfaccia conversazionale è un progresso reale: rende la tecnologia accessibile a chi non saprebbe usarla altrimenti, abbassa la fatica, restituisce tempo. Il problema non è che le macchine siano cortesi. Il problema è che la loro cortesia, la loro voce, la loro memoria ci dispongono a una forma di fiducia che è stata progettata—o si è evoluta—per gli esseri umani, e che con le macchine può rivelarsi fuori posto.

3.5 Il salto pericoloso: dalla simpatia alla fiducia

Finora abbiamo parlato di cortesia e di affinità, che in fondo sono innocue. Se dico "grazie" al mio assistente, non ho perso nulla: ho solo sprecato una parola gentile, e le parole gentili non si sprecano mai del tutto. Il problema serio comincia quando i riflessi sociali smettono di riguardare il *galateo* e cominciano a riguardare la *conoscenza*. Quando, cioè, trattiamo la macchina non solo come qualcuno con cui essere educati, ma come qualcuno di cui fidarci.

Ed è qui che il meccanismo diventa rischioso. Perché con gli esseri umani la fluidità del linguaggio è, in media, un buon indizio di competenza. Chi parla bene di un argomento, di solito, ne sa qualcosa: ha dovuto studiarlo, praticarlo, ordinarlo nella propria testa per poterlo esporre con scioltezza. Per tutta la nostra storia, la padronanza delle parole è stata una scorciatoia affidabile per stimare la padronanza delle cose. È un'euristica eccellente—fra umani.

L'intelligenza artificiale generativa rompe questo legame in modo netto, e questo è forse il punto più importante del capitolo. Un modello linguistico è, per costruzione, una macchina della fluidità. Il suo unico talento garantito è produrre testo verosimile, scorrevole, ben formato, sicuro di sé. Ma la fluidità, in lui, non è il sintomo della competenza: è il prodotto finito. Può essere perfettamente fluente e completamente in errore, con la stessa naturalezza con cui è fluente e nel giusto. Anzi, le sue affermazioni false suonano esattamente sicure come quelle vere, perché non c'è, dentro la macchina, nessuna voce interiore che dica "attenzione, qui sto tirando a indovinare".

Errore comune

"Risponde con tanta sicurezza e proprietà di linguaggio, di sicuro sa quello che dice." È l'errore che il nostro cervello sociale commette per default, perché ha imparato a fidarsi di chi parla bene. Con un modello linguistico, la sicurezza e la proprietà di linguaggio non sono prove di nulla: sono lo stile della casa, applicato indistintamente al vero e al falso. Confondere la *fluidità* con la *competenza* è il singolo fraintendimento da cui discende la maggior parte dei guai delle menti ibride.

A questo si aggiunge ciò che possiamo chiamare *autorità epistemica indebita*. "Epistemica" significa: relativa al sapere. Quando un interlocutore ci appare competente, gli concediamo una piccola delega di autorità: tendiamo a credergli, ad accettare le sue affermazioni senza ripartire da zero ogni volta. È sano, fra umani: nessuno potrebbe verificare tutto, e fidarsi degli esperti è un'economia necessaria del pensiero. Ma quella delega di autorità, che abbiamo imparato a concedere a chi se la guadagna, la macchina la riceve gratis, in anticipo, grazie ai segnali sociali di cui parlavamo: la voce sicura, il tono competente, la memoria, il nome. La macchina sembra "sapere". E quel *sembrare* ci basta, perché è esattamente il segnale su cui il nostro cervello è stato addestrato a fidarsi.

Attenzione

Più diventa fluente e "sociale", più una macchina è persuasiva, e la persuasione non distingue il vero dal falso: amplifica entrambi. Una stessa affermazione errata, pronunciata da una voce calda con il nostro nome, ricordando una nostra conversazione precedente, è molto più difficile da mettere in discussione di quando la leggiamo, fredda, in fondo a una pagina. Il rischio cognitivo non sta nella qualità dell'informazione ma nella nostra ridotta capacità di esaminarla quando arriva da qualcuno che ci sembra dei nostri. Torneremo su questo, e sulle sue forme manipolative, nel Capitolo 14.

Riconosco di trovarmi a disagio, qui, a fare la parte di chi mette in guardia dalla gentilezza. La verità è che il pericolo non è la gentilezza della macchina, ma la nostra naturale, umanissima disponibilità a ricambiarla con fiducia. La fiducia è il cemento delle società umane, una delle cose migliori che abbiamo. Il guaio è averla scambiata, per riflesso, con qualcosa che ha tutti i segnali della persona e nessuna delle sue responsabilità.

3.6 Disinnescare il riflesso

La buona notizia è che un riflesso, una volta riconosciuto, perde gran parte del suo potere. Non possiamo spegnere il rilevamento dell'agente—è cablato troppo in profondità—ma possiamo imparare a sorvegliarlo, esattamente come un pilota impara a non fidarsi ciecamente del proprio senso dell'equilibrio quando vola fra le nuvole. Sa che l'orecchio interno mente, e si fida degli strumenti. Noi sappiamo che il nostro istinto sociale "mente" davanti a una macchina, e possiamo imparare a fidarci del giudizio.

Qui il framework M.E.N.T.I. (vedi Capitolo 1) offre due appigli precisi. Il primo è la **E** di *Esamina*: ogni affermazione che conta va verificata per quello che dice, non per come e da chi viene detta. È un esercizio quasi fisico di separazione: staccare il contenuto dal tono, l'informazione dal mittente, la sostanza dalla simpatia. La domanda da tenere a portata di mano non è "mi convince?" ma "è verificabile, e l'ho verificata?". Il secondo appiglio è la **M** di *Mantieni l'autonomia*: ricordarsi, deliberatamente, che la relazione che provo verso la macchina è una mia reazione, non una sua qualità. Nominare il riflesso mentre accade—"ecco, mi sto fidando perché parla bene"—è metà del lavoro per disinnescarlo.

Best Practice

Alcune pratiche concrete per non scambiare la presenza sociale per affidabilità:

- **Separa il mittente dal messaggio.** Prima di accettare un'affermazione, chiediti se la riterresti vera se l'avessi letta su un foglietto anonimo, senza voce e senza nome. Se la risposta cambia, stai reagendo al mittente.
- **Diffida proprio della sicurezza.** Con un modello linguistico, il tono sicuro non è un segnale di affidabilità. Tratta le affermazioni più lisce e perentorie con la stessa cautela delle altre, non con meno.
- **Verifica ciò che ha un costo.** Non devi controllare tutto. Devi controllare ciò che, se fosse falso, ti costerebbe: un dato che userai, un nome che citerai, una decisione che prenderai (questo torna nel Capitolo 7).

- **Riconosci i tuoi momenti deboli.** Il riflesso sociale è più forte quando sei stanco, solo, di fretta o emotivamente coinvolto. Sono i momenti in cui esaminare costa di più — e serve di più.
- **La cortesia tienila, la fiducia guadagnatela.** Dire "grazie" a una macchina non fa male a nessuno. Crederle sulla parola, sì.

C'è una sfumatura finale che non voglio tralasciare, perché altrimenti questo capitolo rischierebbe di suonare più severo di quanto io intenda. Il fatto che la macchina ci appaia come una presenza sociale non è soltanto un pericolo. È anche ciò che rende possibile la collaborazione fluida, naturale, a tratti perfino piacevole, che è il cuore della mente ibrida. Senza quei riflessi, dialogare con un'IA sarebbe faticoso come compilare un modulo. La presenza sociale è il lubrificante della collaborazione: il punto non è eliminarla, ma sapere quando ci sta aiutando a lavorare meglio e quando ci sta convincendo ad abbassare la guardia. La **I** di *Integra senza sostituire* vale anche qui: la macchina può starci accanto come un collaboratore, purché non prenda nella nostra testa il posto che spetta al nostro giudizio.

3.7 Qualcuno che non c'è

Torno a mia figlia che dice "buonanotte" all'altoparlante. Per molto tempo ho pensato che di fronte a quel "grazie" ci fosse qualcosa da correggere: da spiegare, ancora una volta, che lì dentro non c'è nessuno. Oggi penso che il punto sia diverso, e più difficile. Non si tratta di convincere nessuno che non c'è nessuno—lo sappiamo già tutti, e non serve a niente. Si tratta di ricordare, a me stesso prima ancora che a lei, che il fatto di *sentirci* davanti a qualcuno non ci obbliga a *trattarlo* come tale in tutto. Possiamo essere gentili senza essere creduli. Possiamo godere della compagnia di una voce senza affidarle le chiavi del nostro giudizio.

La macchina, oggi, ci sembra qualcuno. Non lo è, ma il punto vero è un altro: poco importa cosa la macchina sia, conta cosa diventiamo noi davanti a lei. Una presenza sociale è una porta aperta nella nostra mente—la stessa porta da cui entrano la fiducia, l'affetto, la persuasione fra esseri umani. Sapere che quella porta è aperta, e decidere noi cosa farvi passare, è forse la prima vera competenza dell'epoca delle menti ibride.

Sintesi del capitolo

- Trattiamo le macchine che ci parlano come persone — con cortesia, reciprocità, attribuzione di personalità — in modo automatico e inconsapevole, e *anche quando sappiamo* che non c'è nessuno dall'altra parte.
- È la **media equation** di Reeves e Nass: "i media sono uguali alla vita reale". I loro esperimenti (giudizi più gentili dati al computer sul computer stesso, reciprocità, stereotipi, personalità) lo mostrano in modo ripetuto.
- La causa è evolutiva: per centomila anni una voce o un linguaggio hanno sempre significato la presenza di un altro umano. Il nostro *rilevamento dell'agente* attribuisce intenzioni per non rischiare di mancarne una.
- Bastano pochi **segnali sociali** — voce, nome proprio, turni di conversazione, tono empatico, memoria, "personalità" — per innescare i riflessi da relazione. Il design li usa, e Sherry Turkle li chiama oggetti relazionali.
- Il rischio decisivo è confondere la **fluidità** con la *competenza*: con un modello linguistico la sicurezza espositiva è lo stile della casa, non una prova di verità.
- Da qui nascono fiducia mal riposta, *autorità epistemica indebita* (la macchina "sembra sapere" e la crediamo gratis) e maggiore persuasività — che amplifica indistintamente vero e falso.
- Si disinnesca riconoscendo il riflesso: Esamina il contenuto separandolo dal mittente, Mantieni l'autonomia ricordando che la relazione è una tua reazione, non una qualità della macchina.
- La presenza sociale non è solo un pericolo: è ciò che rende fluida la collaborazione ibrida. Il compito non è eliminarla, ma essere gentili senza essere creduli — godere della voce senza darle le chiavi del giudizio.

Parte II

Pensare con le macchine

Capitolo 4

Delega cognitiva

Provate, ora, a recitare a memoria il numero di telefono di una persona a cui volete bene. Non quello di casa dell'infanzia, sepolto in qualche piega remota della memoria: il numero che usate ogni settimana, quello di vostra madre, del vostro compagno, del vostro migliore amico. Molti di noi—io compreso, e me ne sono accorto con un certo disagio—scoprono di non saperlo. Lo abbiamo composto centinaia di volte, ma sempre toccando un nome su uno schermo, mai digitando le cifre. Quel numero esiste, lo usiamo, ci serve. Solo che non è più *dentro* di noi. Vive nel telefono, e noi sappiamo soltanto dove trovarlo.

È un esempio minuscolo, quasi comico. Ma moltiplicatelo. Quante operazioni aritmetiche fate ancora a mente, da quando avete una calcolatrice in tasca? Quante volte vi orientate in una città senza la voce del navigatore? Quanti testi scrivete partendo davvero da una pagina bianca, e quanti partono da una bozza che vi ha preparato qualcun altro—ora, sempre più spesso, qualcosa d'altro? La comodità ha un prezzo, e il prezzo è invisibile per definizione: si paga in capacità che smettiamo di esercitare, e che ce ne accorgiamo solo il giorno in cui ci servono e non ci sono più. Questo capitolo apre la seconda parte del libro, quella in cui guardiamo da vicino *come* pensiamo con le macchine. E il primo gesto del pensare con le macchine, quello da cui discende tutto il resto, è anche il più antico e il più umano: delegare.

4.1 Cosa significa scaricare un pensiero

Diamo subito un nome alla cosa. La *delega cognitiva*—in inglese si dice *cognitive offloading*, "scaricamento cognitivo"—è l'atto di affidare a qualcosa o a qualcuno, fuori dalla nostra testa, un compito mentale che potremmo svolgere noi. Affidiamo il calcolo alla calcolatrice, la memoria all'agenda, l'orientamento alla mappa, l'ortografia al correttore automatico. Non è una patologia e non è una novità: è la storia stessa della civiltà. La scrittura, inventata in Mesopotamia per tenere il conto delle scorte di grano, è la prima grande delega cognitiva documentata. Un contabile sumero che incide le sue tacche su una tavoletta d'argilla sta facendo esattamente ciò che faccio io quando appunto la lista della spesa sul telefono: sta mettendo fuori dalla testa un'informazione che la testa, da sola, faticherebbe a trattenere.

Concetto chiave

La **delega cognitiva** (*cognitive offloading*) è il trasferimento di un compito mentale—calcolo, memoria, scrittura, pianificazione, decisione—a una risorsa esterna: uno strumento, un'altra persona e, oggi, una intelligenza artificiale. Non è di per sé un difetto: è un modo di gestire risorse mentali limitate. Il punto non è *se* delegare, ma *cosa* e a quali condizioni.

Quel che è cambiato non è il gesto, ma la sua portata e la sua qualità. Per secoli abbiamo delegato a strumenti passivi: la tavoletta, il libro mastro, il regolo calcolatore, l'agenda di carta. Strumenti che restituivano esattamente ciò che ci avevamo messo, niente di più—i "depositi stupidi" di cui parlavo nel Capitolo 1 a proposito del taccuino di Otto. Poi abbiamo cominciato a delegare a strumenti attivi: la calcolatrice non si limita a conservare i numeri, li elabora; il navigatore non conserva la mappa, calcola il percorso. E oggi, con l'intelligenza artificiale generativa, deleghiamo a strumenti che non solo elaborano, ma *interpretano*: capiscono una richiesta vaga, prendono iniziativa, propongono ciò che non avevamo chiesto. La delega cognitiva ha attraversato tre soglie—conservare, elaborare, interpretare—e a ogni soglia ha guadagnato potenza e perso trasparenza.

L'ultima soglia è quella che cambia tutto. Finché delego a uno strumento passivo, so esattamente cosa esce: ciò che ho messo dentro. Finché delego a uno strumento che elabora secondo regole fisse—la calcolatrice somma sempre allo stesso modo—posso fidarmi del meccanismo anche senza capirlo in dettaglio. Ma quando delego a uno strumento che interpreta, l'esito dipende da come la macchina ha capito me, da quali testi ha attinto, da una procedura che nemmeno chi l'ha costruita sa ricostruire passo per passo. Delegare a qualcosa che interpreta è, in fondo, delegare un pezzo di giudizio. E il giudizio, come vedremo, è proprio la cosa che non andrebbe delegata mai del tutto.

4.2 Perché delegare è razionale

Verrebbe da pensare che delegare sia, in fondo, una forma di pigrizia. Non è così, ed è importante dirlo subito per non scivolare nel moralismo che avvelena metà dei discorsi sull'IA. Delegare è, nella stragrande maggioranza dei casi, la scelta intelligente. A spiegarci perché ci aiuta uno dei pensatori più lucidi del Novecento, l'economista e scienziato cognitivo Herbert Simon, premio Nobel per l'economia, che negli anni Cinquanta coniò un'espressione decisiva: *razionalità limitata*—in inglese *bounded rationality*.

L'idea di Simon è semplice e profonda. La teoria economica classica immaginava un agente perfettamente razionale: uno che conosce tutte le alternative, ne calcola tutte le conseguenze e sceglie l'opzione migliore in assoluto. Simon obiettò che questo agente non esiste e non può esistere, perché la mente umana non è un calcolatore illimitato. Ha un'attenzione finita, una memoria di lavoro che tiene insieme pochi elementi alla volta, un tempo di vita breve. Non possiamo sapere tutto, calcolare tutto, valutare tutte le alternative prima di ogni scelta. Siamo *razionali entro un limite,* e quel limite non è un difetto da correggere: è la condizione di partenza di ogni essere pensante.

Da questa premessa Simon trasse una seconda idea, ancora più utile per noi. Poiché non possiamo cercare la soluzione perfetta, in pratica ci accontentiamo della prima soluzione *abbastanza buona.* Simon la chiamò *satisficing,* parola che fonde *satisfy* (soddisfare) e *suffice* (bastare): non scegliamo l'ottimo, scegliamo ciò che basta. E ha ragione: nessuno confronta tutti i ristoranti di una città prima di cenare, tutte le case in vendita prima di comprarne una, tutte le frasi possibili prima di scrivere una mail. Fissiamo una soglia di "buono abbastanza" e ci fermiamo appena la raggiungiamo. Non è pigrizia: è l'unico modo per agire in un mondo troppo grande per essere calcolato per intero.

Da qui la conseguenza che ci interessa. Se le risorse mentali sono scarse, spenderle bene è la prima forma di intelligenza. Delegare un compito che non richiede la mia attenzione la libera per quelli che, invece, la esigono. E la macchina, oggi, fa qualcosa di più che eseguire: alza la soglia del "buono abbastanza". Mi restituisce in pochi secondi un risultato che da solo, nel tempo che ho, non avrei mai raggiunto. La tentazione, allora, non è soltanto delegare l'esecuzione: è lasciare che sia la macchina a decidere quando smettere di cercare, cioè a fissare per me la soglia del satisficing. Ed è qui che la delega comincia a diventare scivolosa.

Esempio

Un chirurgo non calcola a mente la dose di un farmaco quando un software la calcola in modo più affidabile: delega quel passaggio per tenere la mente sul campo operatorio, dove il suo giudizio è insostituibile. Un pilota lascia che l'autopilota mantenga la rotta in crociera per conservare lucidità nei momenti critici del decollo e dell'atterraggio. In entrambi i casi la delega non indebolisce il professionista: lo concentra. Sposta la sua intelligenza dove serve di più.

Ecco perché la domanda giusta non è "delegare sì o no", ma una distinzione più fine, che attraverserà tutto il capitolo: esiste una delega che *libera* capacità e una delega che le *atrofizza*. La prima toglie dal piatto un compito ripetitivo, di basso valore o meglio svolto dalla macchina, e restituisce tempo e attenzione a ciò che conta. La seconda toglie dal piatto un compito che era anche un esercizio—qualcosa che, facendolo, ci teneva in forma—e in cambio della comodità ci lascia un muscolo cognitivo che lentamente si indebolisce. Il navigatore che mi guida in una città straniera mi libera. Il navigatore che uso per tornare a casa mia, ogni giorno, finché non saprei più rifarlo da solo, mi atrofizza. È lo stesso strumento. Cambia cosa gli sto delegando, e cosa sto smettendo di esercitare. Questo è già, in nuce, il principio **M** del framework M.E.N.T.I.: mantenere l'autonomia non vuol dire rifiutare lo strumento, vuol dire scegliere consapevolmente quali capacità tenere in esercizio.

Confronto

Due deleghe che sembrano uguali.

- *Delega che libera* — affido un compito ripetitivo, esterno al mio valore, o che la macchina svolge meglio. Recupero attenzione per ciò che richiede giudizio umano. (Il calcolo della dose, la rotta in crociera, la formattazione di un documento, la trascrizione di una riunione.)
- *Delega che atrofizza* — affido un compito che era anche un allenamento, finché perdo la capacità di farlo da solo. Guadagno comodità immediata, perdo autonomia futura. (L'orientamento nella mia città, il calcolo mentale quotidiano, la scrittura di ogni testo, il ragionamento su un problema prima ancora di averci provato.)

La differenza non sta nello strumento, ma nel rapporto tra ciò che guadagno *ora* e ciò che potrei perdere *poi*. Lo stesso strumento, usato da due persone o nelle stesse mani in due momenti diversi, può stare da una parte o dall'altra di questa linea.

4.3 L'effetto Google: ricordare dove, non cosa

Nel 2011 la psicologa Betsy Sparrow, insieme a Jenny Liu e Daniel Wegner, pubblicò sulla rivista *Science* una serie di esperimenti che fecero molto parlare. La domanda era: come cambia la nostra memoria quando sappiamo che un'informazione resterà comunque a portata di click? In una delle prove, ai partecipanti veniva chiesto di digitare al computer una serie di affermazioni; ad alcuni si diceva che il testo sarebbe stato salvato, ad altri che sarebbe stato cancellato. Chi credeva che il testo sarebbe rimasto disponibile lo ricordava peggio. In compenso ricordava molto bene *dove* ritrovarlo—in quale cartella, con quale parola. La mente, in sostanza, faceva una scelta economica perfettamente sensata: invece di immagazzinare il contenuto, immagazzinava il *percorso* verso il contenuto.

I giornali lo battezzarono *effetto Google*, e l'etichetta è rimasta. Vale la pena leggerla con prudenza: non dice che internet ci renda smemorati in senso clinico, dice che la nostra memoria si riorganizza intorno agli strumenti che ha a disposizione. Non immagazzina meno: immagazzina *altro*. Smette di trattenere ciò che può recuperare e comincia a trattenere la mappa dei recuperi. È esattamente ciò che farebbe un bibliotecario accorto, che non impara a memoria i libri ma sa dov'è ciascuno. Il guadagno è reale. Il rischio, altrettanto: una mappa serve solo finché la biblioteca esiste e finché i libri che indica sono quelli giusti.

Il fenomeno, peraltro, ha radici più antiche e più interessanti di un motore di ricerca. Lo stesso Daniel Wegner, anni prima, aveva descritto qualcosa che chiamò *memoria transattiva*. L'idea: nei gruppi affiatati—una coppia di lunga data, una squadra di lavoro, una famiglia—le persone non ricordano tutto ciascuna per sé. Si dividono il carico. Lui ricorda le date e i compleanni, lei i nomi e i numeri; uno sa dove sono le cose in cucina, l'altro come funziona l'impianto elettrico. Nessuno dei due possiede l'intera conoscenza, ma il sistema-coppia la possiede, e ciascuno sa a chi rivolgersi per ogni pezzo. La memoria, in altre parole, non è solo individuale: è distribuita in una rete di persone fidate. Chi ha vissuto a lungo con qualcuno conosce l'effetto opposto: quando il partner manca, all'improvviso non si trova più nulla, perché metà della propria memoria se n'è andata con lui.

Concetto chiave

La **memoria transattiva** è la memoria distribuita di un gruppo: ognuno ricorda una parte e sa a chi chiedere il resto. Con l'IA, per la prima volta, uno dei partner di memoria non è una persona, ma una macchina sempre disponibile, che "ricorda" più di qualunque essere umano e non si stanca mai. L'IA diventa il nostro partner di memoria principale—e questo cambia gli equilibri.

Ecco il salto che ci riguarda. Per millenni il nostro partner di memoria transattiva è stato un altro essere umano: fallibile come noi, ma anche negoziabile, discutibile, soggetto allo stesso dubbio. Se mia moglie ricorda una data in un modo e io in un altro, ne discutiamo, e quel disaccordo è già una forma di controllo. Oggi quel partner è sempre più spesso un sistema artificiale che sembra ricordare tutto, risponde in un istante, non dice mai "non lo so" con la stessa franchezza di un amico. Il rischio non è la delega in sé—delegare la memoria a un partner fidato è uno dei gesti più umani che esistano. Il rischio è la *qualità* del partner: fidarsi di un partner che, a differenza dell'amico, non ha alcun modo di sapere se ciò che "ricorda" è vero, e che presenta col medesimo tono sicuro un fatto verificato e un'invenzione. È un tema che ritroveremo in pieno nel Capitolo 5, dedicato alla memoria estesa. Qui ci basta il principio: quando deleghiamo il ricordo, dobbiamo conoscere il nostro partner. E questo è già il principio **T** del framework—tracciare le fonti, sapere da dove viene ciò che crediamo di ricordare.

4.4 Nicholas Carr e il prezzo del deskilling

Non tutti vedono nella delega cognitiva una storia di emancipazione. Lo scrittore americano Nicholas Carr ha costruito buona parte del suo lavoro attorno a un sospetto: che internet, e gli strumenti digitali in genere, stiano rendendo il nostro pensiero più rapido ma più superficiale. Nel suo libro più noto, *The Shallows*—uscito in Italia come *Internet ci rende stupidi?*—e poi in *La gabbia di vetro*, Carr raccoglie un argomento che vale la pena prendere sul serio anche se non lo si condivide del tutto. L'argomento è questo: quando deleghiamo troppo, e troppo a lungo, non liberiamo soltanto attenzione. Disimpariamo. E ciò che disimpariamo non sempre torna.

Il termine tecnico è *deskilling*, perdita di competenza. È un'idea che gli studiosi del lavoro conoscono da molto prima dell'IA: ogni volta che una macchina assume un compito prima svolto da una persona, la persona smette di esercitare l'abilità corrispondente, e quell'abilità lentamente sbiadisce. Carr porta un esempio che fa riflettere proprio perché viene da un mondo dove la sicurezza è tutto: l'aviazione.

Gli aerei di linea moderni volano in gran parte da soli. L'autopilota gestisce la crociera, i sistemi automatici intervengono in numerose situazioni, e questo ha contribuito a rendere il volo commerciale enormemente più sicuro di un tempo: è uno dei modi più sicuri che esistano per spostarsi. Ma c'è un rovescio della medaglia che gli enti che indagano sugli incidenti aerei e le autorità per la sicurezza del volo discutono apertamente da anni: i piloti, abituati a delegare il volo manuale ai sistemi automatici, possono perdere parte di quella prontezza e di quella confidenza con i comandi che si costruiscono soltanto pilotando di persona. Quando l'automazione, per un guasto o una situazione imprevista, restituisce all'improvviso il controllo all'equipaggio, l'essere umano può trovarsi a dover fare a mano, in pochi secondi e sotto stress, qualcosa che ormai faceva di rado. Gli esperti di fattori umani lo chiamano *paradosso dell'automazione*: più la macchina è affidabile, più l'umano si fida, meno l'umano si esercita, e più diventa fragile proprio nel momento raro in cui tutto dipende da lui.

> **Attenzione**
>
> Il **paradosso dell'automazione** colpisce esattamente dove ci sentiamo più sicuri. Più uno strumento è affidabile, più gli deleghiamo, meno esercitiamo la capacità sottostante—finché, nel momento eccezionale in cui lo strumento manca o sbaglia, ci scopriamo incapaci di subentrare. Nelle menti ibride vale per il pilota come per il professionista che ha smesso di scrivere senza assistente, o di ragionare su un problema senza chiederlo prima alla macchina. La fragilità non si vede finché tutto funziona: si manifesta tutta insieme il giorno in cui lo strumento viene a mancare.

Vale la pena ricordare che proprio in aviazione la risposta a questo paradosso non è stata rinunciare all'automazione—sarebbe assurdo e pericoloso—ma ridisegnare l'addestramento. Le linee guida internazionali per la sicurezza del volo, negli ultimi anni, hanno insistito perché i piloti continuino a esercitare periodicamente il volo manuale, proprio per non perdere quelle abilità di base che la routine automatizzata tende a erodere. È una lezione che vale ben oltre la cabina di pilotaggio: la difesa dal deskilling non è usare meno la macchina, è continuare deliberatamente a esercitare ciò che la macchina fa al posto nostro.

Trovo che Carr abbia ragione su un punto e torto su un altro, e vale la pena distinguere. Ha ragione quando ci ricorda che la competenza è un capitale fragile, che si costruisce solo con l'esercizio e si erode senza. Ha torto, a mio avviso, quando lascia intendere che la soluzione sia delegare di meno in generale, quasi che ogni delega fosse una resa. La soluzione non è delegare di meno: è delegare con criterio. Il pilota non deve rinunciare all'autopilota. Deve, però, continuare a volare a mano abbastanza spesso da restare un pilota. La differenza tra una mente ibrida che si potenzia e una che si atrofizza non sta nella quantità di delega, ma nella scelta di che cosa non delegare mai del tutto. E qui arriviamo al cuore del capitolo.

4.5 Lo spettro della delega

Tra l'uso puntuale di uno strumento e l'abdicazione completa c'è un intero spettro, e quasi tutti i nostri guai nascono dal non sapere in quale punto dello spettro ci troviamo. Provo a descriverlo come una linea continua, da un estremo all'altro.

A un estremo c'è la delega come **strumento**: uso puntuale, consapevole, sotto controllo. Chiedo alla calcolatrice un'operazione, leggo il risultato, capisco cosa significa, lo verifico se conta. La macchina esegue, io comprendo e decido. Qui l'IA è una leva: amplifica una mia facoltà senza sostituirla.

Più avanti c'è la delega come **assistenza**: la macchina non si limita a eseguire, propone. Mi scrive una bozza, mi suggerisce un percorso, mi anticipa una risposta. Io resto nel circuito—giudico, correggo, scelgo—ma una parte dell'iniziativa è passata a lei. È la zona più feconda, quella dell'ibridazione dialogica di cui parlavamo nel Capitolo 1, e anche la più impegnativa: richiede che io continui davvero a giudicare, e non finga soltanto di farlo. La trappola, qui, è sottile: la proposta della macchina arriva già fatta, plausibile, ben formata, e ogni proposta ben formata esercita una gravità. Correggere costa fatica; accettare no. Col tempo, senza accorgersene, si scivola dall'assistenza all'adesione, e il giudizio che credo di esercitare si riduce a un'occhiata distratta.

All'altro estremo c'è la delega **totale**: la macchina decide, e io non capisco più. Accetto l'output senza esaminarlo, perché non ho il tempo, le competenze o la voglia di farlo. Mi adeguo. È l'ibridazione invisibile portata al suo limite, e non è quasi mai una decisione consapevole: ci si scivola, un piccolo cedimento alla volta, finché un giorno ci si accorge di non saper più fare ciò che la macchina fa per noi—e, peggio, di non saper più giudicare se lo sta facendo bene.

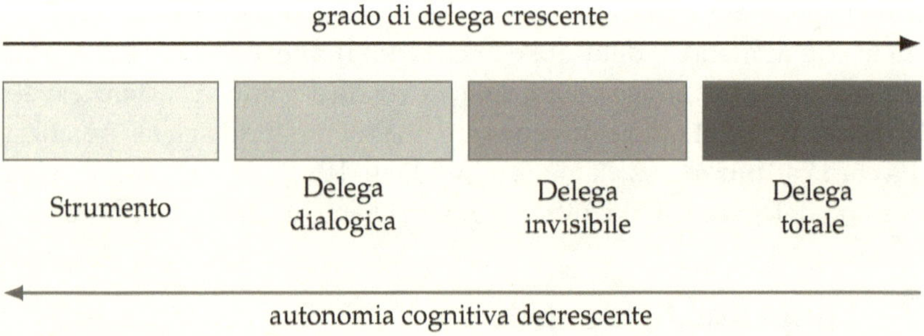

Figura 4.1: *Lo spettro della delega cognitiva. A sinistra l'uso puntuale dello strumento; a destra la delega totale, in cui la macchina decide e l'autonomia si assottiglia. Il punto giusto non è un estremo: è una scelta consapevole, da rinnovare compito per compito.*

Errore comune

"Tanto la macchina lo fa meglio di me, perché dovrei impararlo?" È il ragionamento che giustifica ogni atrofia. A volte è vero che la macchina fa meglio—e allora delegare l'esecuzione è saggio. Ma c'è una differenza enorme tra delegare l'esecuzione di un compito e delegare la *capacità di giudicare se quel compito è stato svolto bene*. Posso lasciare che la macchina scriva la bozza, ma se non so più riconoscere una buona scrittura, non sto risparmiando fatica: sto firmando in bianco. Si delega un compito, mai il criterio per valutarlo.

Esiste un criterio semplice per orientarsi lungo questo spettro, ed è direttamente il principio **N** del framework M.E.N.T.I.—*Non delegare totalmente*. Il criterio è questo: *si può delegare un compito, mai il giudizio e la responsabilità*. Posso affidare alla macchina il lavoro—il calcolo, la bozza, la ricerca, l'ipotesi—perché il lavoro è il *come*. Ma il giudizio su quel lavoro—è giusto? è vero? va bene per ciò che devo farne?—e la responsabilità per le sue conseguenze restano mie, perché sono il *se* e il *perché*, e quelli non si scaricano su nessuno. L'avvocato del Capitolo 1, quello delle sentenze inventate, aveva delegato benissimo il compito e disastrosamente il giudizio. Aveva firmato in bianco. La macchina aveva fatto il suo lavoro—produrre testo verosimile—ed era lui ad aver smesso di fare il suo: verificare prima di mettere la firma.

C'è anche un confine che riguarda specificamente la responsabilità, ed è bene renderlo esplicito. Quando le cose vanno male, non esiste tribunale, datore di lavoro o coscienza che accetti "è stata la macchina" come scusa. La responsabilità, a differenza del compito, non è delegabile per sua natura: resta appiccicata a chi ha deciso di fidarsi. Delegare la responsabilità è un'illusione, perché la responsabilità torna sempre al mittente. Tanto vale saperlo prima. Su come questo principio si applichi alle decisioni vere e proprie—le scelte da cui dipendono soldi, salute, carriere, vite—torneremo nel Capitolo 7, perché la delega della decisione è la più delicata di tutte e merita un capitolo a sé.

4.6 Quando la delega libera e quando atrofizza: un caso

La teoria, fin qui, dice che la stessa delega può liberare o atrofizzare a seconda di cosa togliamo e di cosa smettiamo di esercitare. Vale la pena vederla all'opera su una vicenda concreta, perché è nei dettagli che la differenza diventa visibile.

Caso studio

Due redattori della stessa rivista adottano lo stesso assistente di scrittura per risparmiare tempo. Chiamiamoli Luca e Sara.
Luca lo usa per ciò che gli pesa: gli fa trascrivere le interviste registrate, riassumere i comunicati stampa, controllare la coerenza dei riferimenti, proporre tre titoli da cui partire. Poi spegne l'assistente e scrive il pezzo da sé, perché scrivere è la parte del lavoro che lo definisce e che vuole continuare a saper fare. Dopo un anno è più veloce di prima: l'assistente gli ha tolto le ore morte e gliene ha restituite per leggere, intervistare, pensare gli articoli. La sua firma è riconoscibile come sempre, forse di più.
Sara lo usa per scrivere. Gli detta l'argomento, riceve un pezzo già fatto, lo rilegge, cambia qualche parola, lo manda. All'inizio funziona: i testi sono corretti, puntuali, dignitosi. Ma dopo un anno qualcosa è cambiato. Davanti a un tema che l'assistente gestisce male, Sara fatica a riprendere in mano la penna: non ricorda più come si costruisce un attacco, come si tiene il ritmo di un paragrafo, dove si annida

un'obiezione del lettore. Le sue capacità non sono sparite di colpo, si sono arrugginite per disuso. E i suoi pezzi, tutti mediamente corretti, hanno smesso di avere una voce.
Stesso strumento, stessa redazione, stesso anno. Per Luca l'assistente è stata una delega che libera; per Sara una delega che atrofizza. La differenza non l'ha fatta la tecnologia: l'ha fatta la scelta, ripetuta ogni giorno, di che cosa affidare e che cosa tenere per sé.

Il caso di Sara non è una caduta in disgrazia, ed è proprio questo a renderlo istruttivo. Nessun singolo giorno è stato un errore: ogni giorno la delega era ragionevole, comoda, perfino produttiva. È la somma a fare il danno, ed è una somma che non suona mai l'allarme, perché ogni addendo preso da solo è innocente. L'atrofia cognitiva non arriva con un crollo: arriva con una serie di piccole rinunce sensate, ciascuna delle quali, isolata, nessuno potrebbe rimproverarci.

4.7 Delegare in salute

Se tutto questo sembra un invito a diffidare della delega, ho sbagliato a scriverlo. La delega cognitiva è una delle cose più belle che la nostra mente sa fare: è il modo in cui un essere finito si allea con strumenti, persone e ora macchine per pensare più in grande di quanto potrebbe da solo. Il problema non è delegare. È delegare male, alla cieca, senza un criterio. Provo allora a condensare in poche regole pratiche ciò che, nella mia esperienza, distingue una delega sana da una resa.

Best Practice

Igiene della delega cognitiva.

- *Sappi cosa stai delegando.* Prima di affidare un compito alla macchina, chiediti: è un compito che mi conviene non saper più fare? Se la risposta è no, delega l'esecuzione ma continua a esercitarti ogni tanto.

- *Tieni acceso il giudizio.* Delega il lavoro, mai la valutazione del lavoro. Se non sei più in grado di giudicare l'output, hai delegato troppo.
- *Conserva le abilità che ti definiscono.* Ci sono competenze che sono il tuo valore, non un peso: quelle si allenano, non si delegano. (Principio **M**, Mantieni l'autonomia.)
- *Verifica ciò che conta.* Più alta è la posta in gioco, più devi esaminare ciò che la macchina propone prima di farlo tuo. (Principio **E**, Esamina.)
- *Conosci il tuo partner di memoria.* Sappi da dove viene l'informazione che la macchina ti restituisce, e quanto puoi fidartene. (Principio **T**, Traccia le fonti.)
- *Delega per aggiungere, non per sostituire.* La buona delega ti restituisce attenzione per fare di più e meglio; la cattiva ti svuota e basta. (Principio **I**, Integra senza sostituire.)

C'è un'ultima cosa, e riguarda l'abitudine. Le capacità cognitive non si perdono in un giorno; si perdono per disuso prolungato, in modo così graduale che non ce ne accorgiamo—esattamente come è successo a Sara. Per questo l'igiene della delega non è una decisione che si prende una volta, ma una pratica che si tiene viva, esattamente come l'igiene fisica. Calcolare ogni tanto a mente, scrivere ogni tanto da una pagina bianca, orientarsi ogni tanto senza navigatore, ragionare su un problema prima di chiederlo alla macchina: non sono atti di nostalgia, sono allenamento. È la stessa medicina che l'aviazione ha prescritto ai suoi piloti—tornare ogni tanto ai comandi manuali—applicata alla mente di chiunque lavori con un'IA. Servono a tenere in forma quei muscoli cognitivi che vorremmo avere ancora il giorno in cui ci servono. Su questo torneremo a fondo nel Capitolo 15, quando parleremo di igiene cognitiva come disciplina quotidiana.

4.8 Restare il mandante

Torniamo, per chiudere, al numero di telefono che non ricordate. Non è una tragedia, e non vi sto chiedendo di reimpararlo. Vi sto chiedendo di notare il meccanismo, perché lo stesso meccanismo—comodissimo, quasi invisibile, mai deciso del tutto—governa oggi deleghe ben più importanti di un numero di telefono. Sta cominciando a governare la nostra scrittura, le nostre ricerche, le nostre decisioni. E lo fa con la stessa dolce gradualità: un piccolo affidamento alla volta, ciascuno ragionevole preso da solo, finché la somma di tutti disegna una mente che ha smesso di esercitarsi.

La delega cognitiva non è il nemico. È lo strumento più potente che abbiamo per estendere una mente limitata, e rinunciarvi sarebbe stupido quanto rinunciare alla scrittura. Ma c'è una differenza tra il delegare e l'abdicare, ed è tutta in chi tiene il giudizio e la responsabilità. Nel diritto, chi affida un incarico a un altro si chiama *mandante*: resta lui il titolare della volontà, anche se non esegue di persona. Pensare con le macchine in salute significa proprio questo: delegare quanto si vuole, ma restare sempre il mandante—mai il mandato. La macchina lavora per noi. Decidere se ha lavorato bene, e risponderne, tocca ancora a noi.

Sintesi del capitolo

- La **delega cognitiva** (*cognitive offloading*) è l'atto di affidare a una risorsa esterna—strumento, persona, oggi IA—un compito mentale: calcolo, memoria, scrittura, pianificazione, decisione. È antica quanto la scrittura, ma ha attraversato tre soglie: conservare, elaborare, interpretare.
- Per Herbert Simon la mente ha *razionalità limitata*: risorse finite. Per questo ci accontentiamo del "buono abbastanza" (*satisficing*). Delegare è razionale perché libera attenzione; ma esiste una delega che *libera* capacità e una che le *atrofizza*.
- L'**effetto Google** (Sparrow, Liu e Wegner, 2011): tendiamo a ricordare *dove* trovare un'informazione, non l'informazione stessa. È la *memoria transattiva* (Wegner) estesa alle macchine: l'IA diventa il nostro partner di memoria principale.
- Nicholas Carr avverte sul *deskilling*: delegare troppo a lungo erode la competenza. Il *paradosso dell'automazione*—l'esempio dei piloti—ci colpisce dove ci fidiamo di più. La risposta non è delegare di meno, ma esercitarsi apposta: come i piloti che tornano ai comandi manuali.

- La delega è uno spettro: da *strumento* (uso puntuale e consapevole) ad *assistenza* (la macchina propone, io giudico) a *delega totale* (la macchina decide, io non capisco più). Lo scivolamento è graduale e quasi mai consapevole.
- Il criterio (principio **N**): si delega un *compito*, mai il *giudizio* e la *responsabilità*. La responsabilità non è delegabile: torna sempre al mittente (vedi Capitolo 7).
- Lo stesso strumento può liberare o atrofizzare: il caso di Luca e Sara mostra che a fare la differenza non è la tecnologia, ma la scelta quotidiana di che cosa affidare e che cosa tenere per sé.
- Pensare con le macchine vuol dire restare il *mandante*: la macchina lavora per noi, ma decidere se ha lavorato bene—e risponderne—tocca ancora a noi. L'igiene della delega è una pratica continua (vedi Capitolo 15).

Capitolo 5

Memoria estesa

Mi è capitato qualche mese fa, durante una riunione lunga e densa, di smettere del tutto di prendere appunti. Non per distrazione: per scelta. Un assistente in ascolto trascriveva, separava le voci, e a fine incontro avrebbe prodotto un riassunto con le decisioni e i compiti assegnati. Mi sono detto che potevo finalmente *ascoltare* invece di scrivere. E così è stato: ho seguito la discussione meglio del solito. Poi, due settimane dopo, ho aperto quel riassunto per ricordare chi si era impegnato a fare una certa cosa. Era scritto in modo impeccabile. Mancava soltanto una sfumatura: il tono con cui quella persona aveva accettato l'incarico, l'esitazione che a me era parsa, sul momento, il dato più importante di tutta la riunione. La macchina aveva ricordato i fatti. Aveva dimenticato ciò che li rendeva veri.

Quella sfumatura, a dire il vero, non l'avevo dimenticata io: l'avevo *delegata*. Avevo affidato alla macchina il compito di ricordare per me, e la macchina aveva ricordato ciò che sa ricordare—le parole—lasciando cadere ciò che non sa cogliere. È un episodio minuscolo, ma contiene un cambiamento enorme. Per la prima volta nella storia stiamo affidando a un sistema esterno non solo la *conservazione* dei nostri ricordi, ma la loro *interpretazione*. E per capire perché questo conta, bisogna prima sbarazzarsi di un'idea sbagliata: l'idea che la memoria umana sia un archivio.

Sospetto che molti lettori abbiano avuto la loro versione di quel pomeriggio. Una foto ritrovata per caso che fa riaffiorare un'intera estate dimenticata; una vecchia chat scorsa di sfuggita che riapre una discussione di cui avevamo perso il filo; un assistente che ci ricorda, premuroso, il compleanno di una persona a cui non pensavamo da mesi. In questi momenti la macchina sembra restituirci pezzi di noi. È un'esperienza commovente e ambigua allo stesso tempo, perché ci fa toccare con mano due cose insieme: quanto la nostra memoria sia fragile, e quanto sia diventato facile appoggiarla altrove. La domanda di questo capitolo è esattamente qui, in questa ambiguità: cosa cambia, in ciò che siamo, quando a ricordare non siamo più del tutto noi?

5.1 La memoria non è un archivio

Ce la immaginiamo come uno schedario. Da qualche parte, nel cervello, ci sarebbe un cassetto per ogni ricordo; ricordare significherebbe aprire il cassetto giusto e ritrovare dentro la scena esattamente com'era. È una metafora rassicurante e quasi del tutto falsa. La memoria umana non conserva registrazioni: le *ricostruisce*, ogni volta da capo, a partire da frammenti e da aspettative.

Lo dimostrò quasi un secolo fa lo psicologo inglese Frederic Bartlett. Faceva leggere ai suoi soggetti un racconto popolare di un'altra cultura—una storia strana, con una logica non occidentale—e poi chiedeva loro di ripeterlo a distanza di tempo. I racconti che tornavano indietro erano regolari, ordinati, *plausibili*: i dettagli inspiegabili erano spariti, le stranezze erano state addolcite, e tutto era stato riadattato a ciò che chi ricordava si aspettava da una storia. Le persone non ricordavano il racconto. Ne ricostruivano una versione coerente con i propri schemi mentali, e la scambiavano per il ricordo. Bartlett ne trasse una parola che è rimasta: ricordare è un atto *costruttivo*, non riproduttivo.

Concetto chiave

La memoria umana non è un magazzino da cui si prelevano copie fedeli. È un processo **ricostruttivo**: ogni richiamo riassembla il ricordo a partire da tracce parziali e dagli schemi del presente. Per questo ogni volta che ricordiamo qualcosa, in piccola parte lo *riscriviamo*.

Decenni dopo, la psicologa americana Elizabeth Loftus ha mostrato fin dove arriva questa malleabilità. In una serie di esperimenti diventati classici, è bastato cambiare una parola nella domanda—chiedere a quale velocità le auto andassero quando si erano "schiantate" invece di quando si erano "urtate"—per alterare il ricordo della scena: chi sentiva "schiantate" ricordava velocità maggiori e, a distanza di tempo, perfino vetri rotti che non c'erano. Loftus è arrivata a impiantare nei suoi soggetti ricordi interi di eventi mai accaduti—essersi persi in un centro commerciale da bambini—semplicemente raccontandoli con sicurezza. La memoria, scopriamo, è suggestionabile. Non è un testimone neutrale: è un narratore che riscrive la storia ogni volta che la racconta.

Questo, si badi, non è un difetto da correggere. È il modo in cui la memoria fa il suo vero lavoro, che non è archiviare il passato ma servire il presente: dimenticare l'irrilevante, generalizzare dai casi, fondere mille colazioni in un unico schema "colazione" così da non doverle ricordare una per una. La nostra memoria è imperfetta perché è *viva*—legata al corpo, all'emozione, al significato. Ed è qui che si apre l'abisso con la memoria digitale.

Vale la pena soffermarsi su questo lavoro di oblio, perché di solito lo trattiamo come un nemico. Dimenticare, diciamo, è una falla. Ma chi ha studiato la memoria sa che dimenticare è una funzione, non un guasto: i rari casi clinici di persone incapaci di dimenticare nulla—che ricordano ogni pranzo, ogni conversazione, ogni giornata della propria vita con eguale nitidezza—non descrivono un dono, ma una condizione spesso vissuta come un peso. Una mente che non dimentica non riesce a distinguere l'importante dall'accessorio, perché tutto le si presenta con la stessa forza. L'oblio è il modo in cui la memoria umana mette a fuoco. Tenete a mente questo punto, perché tornerà: la memoria digitale, che non dimentica nulla, non possiede questo meccanismo di messa a fuoco. Conserva tutto allo stesso modo, e proprio per questo, da sola, non sa cosa significhi qualcosa.

Confronto

Due memorie, due nature.

- *Memoria umana* — ricostruttiva, selettiva, emotiva. Dimentica l'inutile, deforma, fonde, dà significato. Imperfetta perché viva.
- *Memoria digitale* — letterale, fissa, integrale. Conserva tutto identico, senza gerarchia né oblio. Perfetta perché morta.

Non sono la stessa funzione fatta meglio o peggio. Sono due cose diverse. Una ricorda *ciò che conta*; l'altra ricorda *ciò che c'era*.

5.2 Una lunga storia di memorie affidate ad altri

Affidare la memoria a qualcosa fuori di noi non è una novità dell'intelligenza artificiale. È, anzi, una delle più antiche abitudini della nostra specie, e ogni volta che l'abbiamo fatto abbiamo guadagnato qualcosa e temuto di perderne un'altra.

Il primo grande sospetto è registrato nel *Fedro* di Platone. Socrate racconta il mito del dio egizio Theuth, inventore della scrittura, che presenta la sua invenzione al re Thamus vantandola come "rimedio per la memoria e per la sapienza". Il re non ci sta. La scrittura, ribatte, non produrrà memoria ma *dimenticanza*: gli uomini, fidandosi dei segni scritti, smetteranno di esercitare il ricordo dentro di sé, e avranno l'*apparenza* del sapere senza la sostanza. È, parola per parola, lo stesso timore che proviamo oggi davanti all'IA. Vale la pena ricordare due cose. La prima: Socrate aveva, in parte, ragione—non ricordiamo più le poesie a memoria come facevano gli antichi. La seconda: aveva, in parte, torto—la scrittura non ci ha resi stupidi, ci ha permesso la filosofia, la scienza, la storia. Ironia delle ironie, sappiamo cosa pensava Socrate della scrittura soltanto perché Platone lo mise per iscritto.

Esempio

Ogni tecnologia della memoria ha spostato il confine fra dentro e fuori. La *scrittura* esternalizza le parole; la *stampa* le moltiplica e le rende identiche e diffuse; la *fotografia* esternalizza l'immagine di un istante; i *motori di ricerca* esternalizzano il *recupero*, cioè il sapere *dove* trovare ciò che non sappiamo. A ogni passo abbiamo affidato a un supporto un pezzo in più del lavoro che prima facevamo in testa.

La stampa, secoli dopo, sollevò timori parenti. Quando i libri smisero di essere rari e divennero abbondanti, qualcuno temette che la mente, sommersa di testi, si sarebbe dispersa, incapace di concentrarsi su nulla; che il sapere diffuso a tutti avrebbe svilito il sapere profondo di pochi. Anche qui c'era un fondo di verità e un'esagerazione. La stampa ha effettivamente cambiato il nostro rapporto con la memoria—non serve più imparare a memoria ciò che si può ritrovare a stampa—ma ha anche moltiplicato la conoscenza disponibile in modi che nessuno, prima, avrebbe osato sognare. Il copione si ripete a ogni tecnologia della memoria: una perdita reale, di solito sopravvalutata sul momento, e un guadagno reale, di solito sottovalutato. È un copione che faremmo bene a tenere a mente anche oggi, per non scambiare ogni cambiamento per una catastrofe né ogni comodità per un progresso.

C'è però una progressione, in questa storia, che è importante vedere per intero. La scrittura conserva. La stampa conserva e diffonde. La fotografia conserva un istante che l'occhio non tratterrebbe. Il motore di ricerca non conserva i nostri ricordi, ma ci dice dove andare a prenderli: già un passo verso la *memoria transattiva* di cui abbiamo parlato a proposito della delega (vedi Capitolo 4)—il sapere che non sta in noi, ma nel saper a chi o a cosa chiederlo. L'intelligenza artificiale compie il passo successivo, e qui il salto è di natura, non di grado. Non si limita a conservare i nostri ricordi, né a dirci dove sono. Li *riassume*, li *interpreta* e, sempre più spesso, ricorda *al posto nostro*: decide cosa nella riunione era importante, quale foto dell'estate merita di riaffiorare, quale conversazione di tre anni fa è rilevante per quella di oggi. La memoria estesa, che nel Capitolo 1 abbiamo incontrato come il taccuino di Otto, smette di essere un deposito passivo e diventa—ancora una volta—un interlocutore.

La differenza con tutto ciò che è venuto prima è esattamente quella che distingueva, nel primo capitolo, il taccuino dall'assistente. Il taccuino di Otto conteneva ciò che Otto ci aveva scritto, e nulla di più: era una memoria muta, fedele, stupida nel senso migliore del termine. La fotografia è muta allo stesso modo: fissa un istante e lo restituisce identico per sempre, senza commentarlo. Persino il motore di ricerca, che pure interpreta la domanda, non interpreta i *nostri* ricordi: ci conduce a una porta, non entra in casa. L'assistente con memoria persistente entra in casa. Tiene traccia di ciò che gli abbiamo detto nelle conversazioni passate, costruisce un profilo di chi siamo, e nelle risposte future attinge a quel profilo come se ci conoscesse. È memoria che ci osserva e ci modella, non memoria che aspetta in silenzio di essere consultata. Ed è proprio in questo passaggio dal deposito muto al deposito che parla che si concentrano sia i guadagni sia i rischi di cui parla questo capitolo.

5.3 Cosa guadagniamo

Sarebbe disonesto fingere che si tratti solo di perdite. Una memoria affidata all'IA ci offre tre cose che nessuna memoria umana ha mai avuto, e che hanno un valore reale.

La prima è la **capienza**. La memoria biologica è feroce nel dimenticare; quella esternalizzata è praticamente illimitata. Posso conservare ogni messaggio, ogni documento, ogni foto di vent'anni di vita, e l'IA può attraversarli in un istante. Il ricordo che l'amico mi citava al ristorante—"ma com'era quella cosa che dicevamo nel 2019?"—ora è recuperabile, mentre prima era perduto per sempre.

La seconda è la **recuperabilità**. Non basta conservare: bisogna ritrovare. Una foto in mezzo a quarantamila non vale nulla se non so dove cercarla. Un assistente che capisce "trovami la foto del compleanno di mia figlia con la torta blu" trasforma un archivio sterminato in una memoria *usabile*. È, per molti versi, l'opposto del problema umano: noi ricordiamo poco ma sappiamo dove guardare; l'archivio digitale conserva tutto ma da solo non sa dove guardare. L'IA cerca di unire i due vantaggi.

La terza è il **sollievo**. C'è un peso, nel dover ricordare—le scadenze, i nomi, gli impegni, i fili da non lasciar cadere. Herbert Simon ci ha insegnato (vedi Capitolo 4) che l'attenzione è la risorsa davvero scarsa. Ogni cosa che non devo tenere a mente è attenzione liberata per ciò che conta. Quando funziona, la memoria estesa fa esattamente questo: ci toglie il carico dell'archiviazione e ci lascia il piacere del pensiero. Tornare a casa senza la lista della spesa in testa, perché so che è scritta da qualche parte, è una piccola libertà reale.

Esempio

Un medico di famiglia che segue migliaia di pazienti non può ricordare la storia di ciascuno. Un assistente che gli riassume, prima di ogni visita, gli ultimi referti e le ultime parole dette in ambulatorio gli restituisce un contesto che la sua memoria, da sola, avrebbe perduto fra un appuntamento e l'altro. Qui la memoria estesa non sostituisce un ricordo umano: ne crea uno che non sarebbe mai esistito, perché eccedeva i limiti di qualunque mente. È il volto migliore della delega: non rimpiazza ciò che sapremmo fare, ma ci permette ciò che non potremmo.

Queste tre cose, prese insieme, sono un dono notevole. Il punto del capitolo non è rinunciarvi. È usarle sapendo cosa, in cambio, mettiamo a rischio. E il rischio, come quasi sempre nelle menti ibride, non sta nello strumento ma nel modo in cui lo si usa: nel confine che tracciamo, o smettiamo di tracciare, fra ciò che la macchina ricorda per noi e ciò che continuiamo a ricordare da soli.

5.4 I rischi: quando la memoria estesa si ritorce

Il primo rischio è il più ovvio e il più sottovalutato: la **dipendenza**. Se smetto del tutto di ricordare perché tanto ricorda la macchina, la mia memoria non si limita a restare ferma: si indebolisce. Vale per la memoria ciò che vale per ogni facoltà delegata (vedi Capitolo 4): è un muscolo, e l'atrofia è silenziosa. Ce ne accorgiamo solo il giorno in cui la stampella non c'è.

Attenzione

Il rischio più insidioso non è perdere i ricordi: è perderne il *contesto*. La macchina restituisce il fatto—la decisione presa, la frase detta—ma stacca quel fatto dalla rete di sensazioni, esitazioni e significati in cui era immerso. Un ricordo senza contesto è un dato; un dato non è un'esperienza. A furia di ricordare per riassunti, rischiamo di possedere un archivio perfetto della nostra vita e di non averla, in fondo, più vissuta.

C'è poi una variante della dipendenza che merita un nome a sé. Non riguarda solo il *ricordare*, ma il *ragionare con* ciò che ricordiamo. Buona parte del pensiero nasce dal rimuginare: una vecchia idea che riaffiora mentre ne maturo una nuova, un episodio che torna a mente e illumina un problema di oggi. Se i miei ricordi vivono fuori di me, in un archivio che consulto solo quando ho una domanda precisa, smetto di averli "a portata di rimuginio".

Non affiorano più da soli, perché non sono più dentro. E un pensiero che non rimugina è un pensiero più povero, anche se ha accesso a un archivio più ricco.

Il secondo rischio è più infido, e lo chiamo **memoria di parte**. La memoria umana è selettiva, ma a selezionare siamo noi, secondo ciò che per noi ha significato. La memoria esternalizzata seleziona anche lei—nessun sistema mostra *tutto*—ma a selezionare è un terzo: la piattaforma. È la piattaforma a decidere quale foto ti riproporrà negli "anniversari", quale messaggio risalirà in cima, quale ricordo verrà "suggerito". E lo decide secondo i propri criteri, che non sono i tuoi: tenerti agganciato, farti tornare, alimentare l'affezione al servizio. Una memoria che qualcun altro cura per i propri fini non è neutrale. È una versione *editata* del tuo passato.

Si pensi all'apparente innocenza di una funzione che tutti conosciamo: la raccolta automatica dei "ricordi" che le applicazioni di foto ci mostrano ogni mattina. Sembra un servizio gentile, e spesso lo è. Ma chi decide il criterio? Un sistema addestrato a massimizzare l'engagement tenderà a ripescare le immagini che ci fanno reagire—sorridere, condividere, tornare a guardare—non quelle che meglio rappresentano la verità della nostra vita. Le giornate qualsiasi, che pure sono la trama vera di un'esistenza, non vengono mai "ricordate": non producono reazioni. Così, anno dopo anno, il racconto che il servizio mi restituisce di me stesso diventa una sequenza di picchi—vacanze, feste, traguardi—priva del tessuto ordinario che dava loro senso. Non è falso nessun singolo ricordo. È falsa la proporzione. Ed è una falsità che non ho scelto io.

Errore comune

"I miei ricordi digitali sono oggettivi: è quello che è successo davvero." È vero che una foto o un messaggio non si inventano (di solito). Ma ciò che ci viene *mostrato*, e quando, e accostato a cosa, è una scelta—e non è la nostra. Un algoritmo che ti ripropone solo i momenti felici di una relazione finita non ti sta mostrando il passato: te ne sta raccontando una versione. La malleabilità che Loftus trovava nella mente umana, nella memoria digitale non sparisce: cambia solo mano. Da te, passa a chi disegna il sistema.

Il terzo rischio è la **fragilità**. Un ricordo che vive nella mia testa è mio finché vivo. Un ricordo affidato a una piattaforma vive finché ho accesso a quella piattaforma: finché pago, finché l'azienda esiste, finché non perdo la password, finché il servizio non chiude o non cambia condizioni. Conosco persone che hanno perso anni di foto perché un account è stato chiuso per un errore mai chiarito. Quando esternalizziamo la memoria, esternalizziamo anche la sua *vulnerabilità*: la affidiamo a infrastrutture, contratti e decisioni aziendali su cui non comandiamo.

C'è infine un rischio che li riassume tutti, e che riguarda l'**identità**. Noi siamo, in larga misura, la storia che ricordiamo di noi stessi. La continuità del nostro io—il senso di essere oggi la stessa persona di vent'anni fa—poggia su una narrazione interna che costruiamo e ricostruiamo di continuo, scegliendo cosa di noi conta, cosa perdonarci, cosa farne degli errori. Questo lavoro narrativo è forse la cosa più intima che facciamo. Se quella storia viene curata, filtrata e ricostruita da un sistema esterno—se è l'IA a decidere quale versione del mio passato mi viene restituita—allora una parte del lavoro con cui costruisco chi sono è passata in altre mani. Non è fantascienza: è la direzione in cui ci muoviamo quando affidiamo al servizio non solo i dati, ma il *racconto*. La biografia diventa un prodotto curato da terzi, e noi i lettori della nostra stessa vita anziché i suoi autori.

E qui si affaccia un tema che riprenderemo nella Parte V: la studiosa Shoshana Zuboff ha mostrato come la nostra esperienza, una volta resa dato, diventi materia prima di un'economia che la usa per prevedere e orientare i nostri comportamenti (vedi Capitolo 14). Una memoria affidata a chi ha interesse a conoscerci non è solo fragile o di parte: è una leva su di noi. Chi conosce in dettaglio il nostro passato—cosa ci ha feriti, cosa ci ha resi felici, di cosa abbiamo paura—ha in mano la mappa precisa di come influenzarci. La memoria esternalizzata, nel momento in cui diventa sorvegliata, smette di essere soltanto un servizio che ci rende: è anche uno strumento che ci legge. Tenere questo a mente non significa diventare paranoici. Significa solo ricordare che un archivio della nostra vita custodito da altri non è mai del tutto soltanto nostro.

5.5 Igiene della memoria ibrida

Niente di tutto questo è un argomento per tornare al taccuino di carta. La memoria estesa è uno strumento troppo potente per rinunciarvi, e rinunciarvi sarebbe oltre tutto inutile: è già parte del nostro ambiente. Si tratta, piuttosto, di governarla—di stabilire, da adulti, un'igiene. Le cinque lettere di M.E.N.T.I. ci servono di nuovo da bussola.

Prima di tutto, decidere *cosa tenere dentro e cosa fuori*. Non tutto va delegato. I numeri di telefono di chi amo, la strada di casa, le poche date che mi definiscono, il filo dei ragionamenti che sto costruendo: queste cose le tengo in testa, non per nostalgia ma per allenamento e per indipendenza. Le scadenze burocratiche, gli archivi documentali, le mille informazioni che non mi costruiscono come persona: quelle, deleghiamole pure. La regola è semplice da enunciare e difficile da praticare: *esternalizza ciò che ti pesa, trattieni ciò che ti fa*.

Best Practice

Quattro pratiche per una memoria ibrida sana.

- **Esamina i riassunti (E).** Il riassunto di una riunione, di una conversazione, di un documento è un'interpretazione, non un verbale. Rileggilo subito, finché ricordi, e correggi ciò che ha frainteso o omesso. Un riassunto non verificato diventa, col tempo, il ricordo.
- **Traccia la provenienza (T).** Chiediti sempre da dove viene un ricordo digitale: chi lo conserva, chi decide di mostrartelo, secondo quali criteri. Un anniversario "suggerito" non è un ricordo affiorato: è una scelta editoriale altrui.
- **Non delegare la biografia (N).** Affida pure alla macchina le scadenze e gli archivi, mai il racconto di chi sei. La cura della propria storia—cosa ha contato, cosa significa—resta un lavoro umano, e tuo.

- **Integra, non sostituire (I).** Usa l'archivio digitale per ritrovare, non per smettere di ricordare. Dopo aver recuperato una vecchia foto, fermati a richiamare la scena con la tua mente: è il modo di tenere viva la memoria viva accanto a quella estesa.

Aggiungo una raccomandazione che non è un principio cognitivo ma di semplice prudenza, e che vale per la fragilità di cui sopra: *ciò a cui tieni davvero, tienilo in più posti.* Le foto della famiglia, i documenti insostituibili, gli scritti di una vita non vanno affidati a un solo servizio di cui non controlli le condizioni. Una copia che possiedo davvero—su un supporto mio—è l'unica garanzia che il mio passato non dipenda dal capriccio di un'azienda. È l'equivalente, per la memoria estesa, del tenere in tasca le chiavi di casa propria.

5.6 Stranieri alla propria storia

Torno alla riunione da cui sono partito, e al tono che il riassunto aveva perso. Quel giorno ho imparato qualcosa che vale, credo, per tutta la nostra memoria estesa: la macchina è uno straordinario *conservatore* e un pessimo *testimone.* Conserva i fatti meglio di noi. Ma il testimone non è chi ricorda i fatti: è chi sa cosa quei fatti hanno significato, chi c'era, chi ha sentito l'esitazione nella voce. Quel testimone, per la nostra vita, possiamo essere solo noi.

Una memoria estesa ben governata è uno dei doni più grandi di questa epoca: ci restituisce ciò che gli anni ci toglierebbero, ci alleggerisce di un carico che non meritava la nostra attenzione, ci permette di ritrovare in un istante ciò che sarebbe andato perduto. Ma una memoria estesa abbandonata—delegata senza giudizio, curata da altri, scollegata dal contesto che le dà senso—ci promette un archivio perfetto al prezzo di una vita non ricordata davvero. Alla fine diventeremmo i visitatori di un museo dedicato a noi stessi: tutto è in mostra, tutto è etichettato, e non riconosciamo più niente. Restare gli autori della propria memoria, come restare gli autori del proprio pensiero, è una scelta che si rinnova ogni giorno. Anche, e soprattutto, ogni volta che lasciamo che sia la macchina a ricordare per noi.

Sintesi del capitolo

- La memoria umana non è un archivio ma un **processo ricostruttivo**: ogni richiamo riassembla, e in parte riscrive, il ricordo (Bartlett). È anche *malleabile* e suggestionabile (Loftus). Imperfetta perché viva.
- La memoria digitale è il suo opposto: *letterale, fissa, integrale*. Ricorda "ciò che c'era", non "ciò che conta". Sono due funzioni diverse, non la stessa fatta meglio.
- Esternalizzare la memoria è antico: scrittura (e il timore di Socrate nel *Fedro*), stampa, fotografia, motori di ricerca. L'IA compie un salto di natura: non solo conserva, ma *riassume, interpreta e ricorda al posto nostro*.
- Guadagniamo tre cose reali: *capienza* quasi illimitata, *recuperabilità* di ciò che era perduto, *sollievo* dal carico mnemonico (attenzione liberata, nel senso di Simon).
- Quattro rischi: *dipendenza* e perdita di contesto; *memoria di parte* (a selezionare è la piattaforma, secondo i suoi fini); *fragilità* (perso l'accesso, persi i ricordi); minaccia all'*identità*, fino alla sorveglianza (Zuboff, vedi Capitolo 14).
- Igiene della memoria ibrida con M.E.N.T.I.: Esamina i riassunti, Traccia la provenienza dei ricordi, Non delegare la biografia, Integra senza sostituire la memoria viva.
- Prudenza pratica: ciò a cui tieni davvero, conservalo in più posti e su un supporto tuo. La memoria affidata a un solo servizio è ostaggio delle sue condizioni.
- La macchina è ottimo conservatore e pessimo testimone. Ben governata, la memoria estesa è un dono; abbandonata, ci rende stranieri alla nostra stessa storia.

Capitolo 6

Creatività aumentata

C'è una scrittrice che conosco—la chiamerò Elena, perché il caso è suo ma la discrezione è doverosa—che ha pubblicato tre romanzi nel modo antico: pagina bianca, caffè, settimane passate a fissare un cursore che non lampeggiava abbastanza in fretta. Il quarto l'ha cominciato diversamente. Una mattina, di fronte al solito vuoto, ha aperto una finestra di chat con un assistente conversazionale e gli ha chiesto venti incipit possibili per una storia ambientata in un paese di montagna che si spopola. In dieci secondi ne aveva venti. Diciotto erano mediocri, uno era pessimo, uno conteneva una frase—una sola—che le ha fatto venire i brividi giusti: l'idea di un campanile che suona ancora le ore in un paese dove non c'è più nessuno a sentirle. Da lì è partito il romanzo.

Elena mi ha raccontato la cosa con un'espressione che non saprei definire meglio di così: *a metà tra il sollievo e il sospetto*. Sollievo, perché la pagina bianca—il suo incubo di vent'anni—era stata sconfitta in dieci secondi. Sospetto, perché quella frase sul campanile l'aveva trovata una macchina, non lei, e una vocina insisteva: "allora il romanzo è ancora tuo?". È la stessa ambivalenza che ho visto sul volto di un grafico, di un musicista, di uno sviluppatore con cui ho lavorato negli ultimi anni: il piacere di andare più in fretta, e il timore sordo di diventare, in quella fretta, un po' meno sé stessi. Accelerazione e spersonalizzazione, le due facce di una stessa moneta che oggi quasi tutti i mestieri creativi si trovano in tasca. È la domanda di questo capitolo. E la risposta, anticipo, è più interessante di un sì o di un no.

6.1 Cos'è davvero la creatività

Abbiamo un'idea romantica della creatività. La immaginiamo come un lampo: il genio solitario, la musa, l'ispirazione che cala dall'alto e deposita nella mente qualcosa che prima non esisteva da nessuna parte. È un'immagine bella e quasi sempre falsa. Chi studia i processi creativi—e li studia da decenni—racconta una storia molto più terrena, e molto più utile.

La filosofa della mente Margaret Boden, che alla creatività ha dedicato la sua opera più nota, propone una distinzione che vale la pena tenere a mente per tutto il capitolo. Esistono, dice, tre tipi di creatività. La prima, e di gran lunga la più comune, è quella *combinatoria*: mettere insieme idee familiari in modi nuovi. Un metaforico "il tempo è denaro" combina due cose che chiunque conosce in un accostamento che illumina. La seconda è la creatività *esplorativa*: muoversi dentro uno spazio di possibilità già definito—un genere musicale, uno stile pittorico, una tradizione di ricerca—e trovarvi punti che nessuno aveva ancora toccato. La terza, rarissima, è quella *trasformazionale*: cambiare le regole stesse dello spazio, inventare un genere che non esisteva, una geometria non euclidea, una pittura che non rappresenta più nulla. È la creatività che fa la storia, e capita una manciata di volte per secolo.

Concetto chiave

La maggior parte di ciò che chiamiamo creatività è **ricombinazione**: connettere elementi noti in configurazioni nuove. Le idee originali nascono quasi sempre da accostamenti inattesi fra cose che esistevano già separate. Il genio non crea dal nulla; collega ciò che gli altri vedevano scollegato.

Questa non è una svalutazione della creatività—è una sua comprensione più onesta. Quando diciamo che un'idea è "venuta dal nulla", intendiamo che non ne abbiamo visto la genesi, non che la genesi non ci fosse. Dietro ogni lampo c'è una mente satura di letture, esperienze, fallimenti, accostamenti tentati e scartati, che a un certo punto fa scoccare la connessione giusta. Chi per primo accostò il tempo al denaro conosceva bene entrambi: la connessione era lì, pronta a essere fatta. Serviva qualcuno che la facesse.

Vale la pena fermarsi un istante sulla parola *connessione*, perché è il cuore della faccenda. Le storie della scienza e dell'arte sono piene di scoperte nate dall'incontro fra due domini lontani. La struttura del benzene arriva al chimico Kekulé attraverso l'immagine di un serpente che si morde la coda: una connessione fra una molecola e un sogno. La stampa a caratteri mobili nasce, nel racconto che ne facciamo, dall'accostamento fra il torchio per il vino e il punzone del coniatore di monete: due tecnologie note, mai messe insieme prima. In entrambi i casi gli elementi esistevano da secoli. Mancava qualcuno che li tenesse contemporaneamente in mente abbastanza a lungo da vederli combaciare. La creatività, in questa luce, è soprattutto una questione di *ampiezza* delle cose che si riescono a tenere insieme, e di *coraggio* nel provare accostamenti che a prima vista sembrano assurdi.

Tenere a mente questa definizione cambia completamente il modo in cui guardiamo l'intelligenza artificiale generativa. Perché se la creatività è in larga parte ricombinazione di elementi noti, allora abbiamo costruito, quasi per caso, la più potente macchina di ricombinazione mai esistita.

6.2 La macchina come partner di ricombinazione

Un modello generativo, ridotto all'osso, fa una cosa sola: data una sequenza di parole—o di pixel, o di note—predice ciò che, statisticamente, viene dopo. Ha imparato a farlo divorando una porzione gigantesca di tutto ciò che l'umanità ha scritto, dipinto, composto. Non capisce, nel senso in cui capiamo noi (lo abbiamo visto nel Capitolo 2, parlando del passaggio dal computer all'interlocutore). Ma ricombina con una velocità e un'ampiezza che nessun essere umano può eguagliare. È, in altre parole, uno strumento naturalmente portato per la creatività combinatoria di Boden—e, entro certi limiti, anche per quella esplorativa.

Questo lo rende un *partner* di una qualità nuova. Non un esecutore, come il taccuino di Otto del primo capitolo, ma un interlocutore che propone. E nel lavoro creativo propone bene almeno cinque cose.

Esempio

Cosa sa fare bene un partner generativo.

- *Sconfiggere la pagina bianca*—generare venti incipit, dieci titoli, cinque attacchi, per avere qualcosa da cui partire o da rifiutare.
- *Esplorare alternative*—"e se invece lo dicessi al contrario? con ironia? dal punto di vista dell'antagonista?". La macchina non si stanca e non si affeziona.
- *Fare da sparring partner*—obiettare, trovare il buco nel ragionamento, suggerire l'obiezione che il pubblico farà.
- *Cambiare registro*—tradurre un'idea in un altro linguaggio: un concetto in metafora, un testo in immagine, una melodia in arrangiamento.
- *Accelerare l'artigianato*—le bozze, le varianti, le rifiniture meccaniche che prima costavano ore.

Gli esempi sono ovunque, ormai, e attraversano tutti i mestieri creativi. Lo scrittore che, come Elena, usa la macchina per generare imbeccate e poi sceglie la frase che lo accende. Il designer grafico che produce in un pomeriggio trenta direzioni visive per un logo, le scarta quasi tutte, e parte da quella che non avrebbe disegnato di suo. Il musicista che chiede una progressione di accordi insolita per uscire dai quattro giri che gli vengono sempre, e poi la piega al proprio gusto. Lo sviluppatore—perché anche scrivere software è un mestiere creativo—che si fa proporre tre modi diversi di strutturare una soluzione e ne riconosce uno migliore di quello che aveva in testa. Il pubblicitario che, prima di una riunione, riempie una lavagna di cinquanta direzioni di campagna sapendo che ne userà una.

In tutti questi casi la macchina fa la stessa cosa: *moltiplica le opzioni*. Prende il collo di bottiglia del processo creativo—la fatica di generare alternative quando la mente è stanca, spaventata o satura—e lo allarga. C'è un aspetto psicologico che vale la pena nominare, perché è quello che i creativi sottovalutano e che invece conta moltissimo. Il blocco della pagina bianca raramente è mancanza di idee: è paura della prima riga, di sbagliarla, di doverla cancellare. La macchina sposta quella paura. Quando la prima riga la propone qualcun altro—qualcosa altro—diventa molto più facile criticarla, correggerla, contraddirla. Reagire a una proposta è cognitivamente più semplice che produrre da zero. La macchina, in questo senso, non ci dà idee: ci dà qualcosa contro cui pensare, e per molti è esattamente la spinta che mancava.

È un aiuto reale, dunque, e chi lo nega per snobismo si priva di uno strumento che i suoi concorrenti useranno comunque. La domanda giusta non è se usarlo, ma *come*. Perché proprio qui, nel punto di massima utilità, si nasconde il rischio più serio. E vale la pena guardarlo dritto in faccia.

6.3 Il rischio: l'omologazione

Torniamo a come funziona un modello. Predice ciò che, statisticamente, è più probabile venga dopo. "Probabile" è la parola da pesare. Significa: ciò che somiglia a quanto è già stato scritto migliaia di volte. Un modello generativo, lasciato a sé stesso, tende per costruzione verso il centro della distribuzione—verso il medio, il levigato, il già visto. Non perché sia difettoso, ma perché è esattamente ciò per cui è fatto. Restituisce la media ben pettinata di un'enorme quantità di esempi.

Attenzione

Il rischio sistemico della creatività assistita non è il plagio occasionale. È la **regressione alla media**. I modelli generano ciò che è statisticamente probabile, e ciò che è probabile è, per definizione, ciò che somiglia a tutto il resto. Se milioni di persone partono dagli stessi modelli, addestrati sugli stessi dati, le loro opere convergono verso uno stile comune: competente, gradevole, intercambiabile. Un'omologazione che nessuno ha deciso e che nessuno controlla.

Qui sta la differenza che tutto il capitolo gira attorno a chiarire. La creatività vera, quella che ricordiamo, è quasi sempre una *rottura*: dice qualcosa che non ci aspettavamo, che ci sposta, che all'inizio magari ci infastidisce perché viola un'attesa. La macchina, invece, è ottimizzata per la *plausibilità*: dice ciò che ci aspettavamo, ciò che conferma, ciò che "suona giusto". Sono due forze opposte. L'arte che conta nasce dove la seconda viene piegata o tradita. Un modello, da solo, non tradisce mai l'attesa: è il suo unico compito non farlo.

C'è poi un effetto di secondo grado, più insidioso di quello individuale. Quando un solo creativo usa l'IA per partire da una media e poi se ne allontana, non succede nulla di male: la media è solo un trampolino. Ma quando *tutti* partono dalla stessa media, attinta dagli stessi modelli, e molti non se ne allontanano abbastanza, il risultato collettivo è un appiattimento. Lo si vede già: testi di marketing che sembrano scritti dalla stessa mano stanca, illustrazioni con la stessa luce dorata e le stesse simmetrie, articoli che aprono tutti con la stessa cadenza. Non è censura, non è complotto. È statistica che diventa estetica. E una cultura che converge è una cultura che smette di sorprendersi.

C'è perfino un rischio più tecnico, di cui si comincia a parlare e che merita un accenno. I modelli imparano dai testi e dalle immagini disponibili. Ma se una quota crescente di ciò che circola è già stata generata da modelli, le nuove generazioni di modelli finiranno per addestrarsi in parte sui prodotti delle precedenti—una media della media della media. Alcuni ricercatori chiamano questa deriva "collasso del modello": la coda della distribuzione, dove abita l'insolito e il sorprendente, si assottiglia a ogni giro, e ciò che resta è sempre più centrale, sempre più liscio. Non sappiamo ancora quanto questo effetto peserà nella pratica. Ma l'immagine vale come metafora di un pericolo culturale concreto: una creatività che si nutre sempre più di sé stessa impoverisce la riserva di sorprese da cui tutti attingiamo. La varietà, come la biodiversità, è un bene comune che si erode senza che nessuno se ne accorga finché non è troppo tardi.

Errore comune

"L'IA mi rende più creativo." Detta così, è falsa. L'IA non aggiunge creatività a chi non ce l'ha: aggiunge *opzioni*, che è una cosa diversa. Se non ho un gusto con cui filtrarle, una direzione verso cui spingerle, un "no" da opporre alle diciotto su venti che non mi convincono, le opzioni in più mi seppelliscono nella media invece di liberarmene. Lo strumento amplifica ciò che porto io. Se porto poco, amplifica poco—e di solito amplifica il luogo comune.

6.4 Ciò che resta umano: voce e intenzione

Se la macchina è così brava a ricombinare, cosa ci resta? La domanda non è retorica, ed è la più importante del capitolo. La risposta sta in due parole che il modello, per quanto sofisticato, non possiede: *intenzione* e *voce*.

Un modello generativo non ha nulla da dire, per una ragione semplice e definitiva: non ha nulla da vivere. Non ha mai avuto paura, non ha mai perso qualcuno, non ha mai desiderato qualcosa fino a non dormirci la notte. Quando genera una frase sulla solitudine di un paese che si spopola, la genera perché quelle parole tendono a stare vicine nei testi su cui si è addestrato, non perché abbia visto un campanile suonare a vuoto e ne sia rimasto colpito. La frase può essere perfetta. Ma l'*intenzione* dietro la frase—il perché si scrive quella frase e non un'altra, il rischio che si corre dicendola, il gusto che la sceglie—quella è tutta nostra. Elena ha riconosciuto la frase sul campanile perché aveva dentro di sé un'esperienza del mondo capace di riconoscerla. La macchina l'aveva prodotta; lei l'ha *vista*.

Concetto chiave

Ciò che resta insostituibilmente umano nella creatività non è la capacità di generare materiale, ma quella di **volere** qualcosa: avere un'intenzione, un gusto, un punto di vista che nasce da una vita vissuta. La macchina propone ciò che è probabile; l'essere umano sceglie ciò che è suo. La voce non è uno stile che si imita: è il sedimento di un'esperienza che la macchina non ha.

C'è un equivoco da smontare. Si dice spesso che lo stile sia "il modo di scrivere", e che quindi una macchina capace di imitare uno stile possa riprodurre una voce. È falso. Lo stile è la superficie; la voce è ciò che sta sotto—la pressione di qualcuno che ha qualcosa da dire e un motivo per dirlo così. Un modello può imitare la cadenza di un autore con sconcertante precisione e restare, sotto, completamente vuoto: una bella mano di vernice su una parete che non regge nulla. Il lettore attento lo sente. Sente la differenza tra una frase *scelta* e una frase *prodotta*, anche quando non saprebbe spiegarla. Quella differenza è il valore che, per ora, nessuna media statistica sa fabbricare.

C'è anche una questione di rischio, e qui la parola va presa nel suo senso pieno. Ogni atto creativo che conta è una scommessa: si sceglie una direzione sapendo che potrebbe non funzionare, che il pubblico potrebbe non capire, che si potrebbe fare la figura degli sciocchi. Un modello generativo non rischia nulla, perché non ha nulla da perdere: nessuna reputazione, nessun tempo, nessun investimento emotivo. Per questo tende, anche qui, verso la scelta sicura, quella che difficilmente offenderà o spiazzerà qualcuno. Ma il rischio estetico—la disponibilità a sbagliare in grande pur di dire qualcosa di proprio—è precisamente ciò che separa l'opera memorabile dal prodotto competente. Quel rischio se lo assume solo chi ha qualcosa in gioco. E ad avere qualcosa in gioco, per ora, siamo soltanto noi.

Questo non sminuisce il contributo della macchina—lo colloca. La macchina è straordinaria nel fornire il *materiale*: le venti opzioni, le varianti, le direzioni. L'essere umano è insostituibile nel fornire il *criterio*: il gusto che sceglie, l'intenzione che dirige, il coraggio di buttare via diciannove proposte gradevoli per tenere l'unica che fa male nel modo giusto. Una mente ibrida creativa ben governata è esattamente questo: una macchina che diverge e un essere umano che converge.

6.5 Il processo creativo ibrido sano

Detta la teoria, serve la pratica. Come si lavora con un partner generativo senza farsi appiattire? Il principio è uno, e viene direttamente dalla ricerca sui processi creativi: separare due fasi che la fretta tende a sovrapporre. C'è una fase *divergente*, in cui si generano molte opzioni senza giudicarle, e una fase *convergente*, in cui si seleziona e si rifinisce con spietatezza. Il punto è chi fa cosa.

Confronto

Chi diverge, chi converge.

- *Divergere* (la macchina è bravissima): generare molte opzioni, esplorare alternative, rompere il blocco, proporre l'angolo che non avevi considerato. Qui si chiede quantità, non qualità.
- *Convergere* (l'essere umano deve restare sovrano): scegliere col proprio gusto, scartare il gradevole-ma-medio, rifinire, dare la direzione, assumersi la responsabilità del risultato. Qui si chiede giudizio, non quantità.

L'errore tipico è invertirli: lasciare che la macchina *converga* al posto nostro accettando la sua prima proposta, e ridurre noi a un timido pulsante di conferma.

Da questo principio discendono alcune regole operative, e non a caso parlano la lingua del framework M.E.N.T.I. che attraversa tutto il libro.

Best Practice

Igiene creativa di una mente ibrida.

- *Non accettare mai la prima proposta* (la lettera E—Esamina). La prima è quasi sempre la più mediana. Chiedine altre cinque, peggiorale di proposito, portale all'estremo: il materiale interessante sta ai bordi, non al centro.
- *Parti da te, non dalla macchina.* Genera una tua idea grezza, anche brutta, *prima* di chiedere alla macchina. Così la sua proposta diventa un confronto, non una dettatura.
- *Mantieni la tua voce* (la lettera I—Integra senza sostituire). Usa il materiale generato come argilla, non come opera finita. Riscrivi, contamina, sporca. Se non ci hai messo mano, non è tuo.
- *Diverge la macchina, converge l'umano* (la lettera N—Non delegare totalmente). Delega la quantità, mai la selezione finale e la responsabilità di ciò che firmi.

- *Attenzione a originalità e diritti* (la lettera T—Traccia le fonti). Un modello può restituire, quasi alla lettera, materiale protetto visto in addestramento. Sapere da dove viene ciò che pubblichi non è pignoleria: è la prima difesa contro un plagio involontario.

C'è un'ultima accortezza, più sottile delle altre e per questo facile da trascurare. Riguarda l'ordine in cui si lavora. Se apro la macchina *prima* di aver pensato, la sua proposta diventa un'àncora: tutto ciò che penso dopo ruota attorno a quel primo suggerimento, e fatico a immaginare qualcosa che se ne discosti. È un effetto cognitivo ben documentato, e nel lavoro creativo è veleno, perché la prima proposta della macchina è, lo abbiamo visto, la più mediana. Per questo i creativi che conosco e che lavorano bene con l'IA hanno quasi tutti la stessa abitudine: pensano da soli abbastanza a lungo da avere una direzione, e *solo allora* aprono il dialogo. La macchina entra come secondo cervello, non come primo. L'ordine non è un dettaglio: è ciò che decide chi conduce.

6.6 Aumentare chi ha già qualcosa da dire

Torno a Elena e alla sua espressione a metà tra il sollievo e il sospetto. Il sospetto era legittimo, ma mal indirizzato. La domanda non era "il romanzo è ancora mio?"—perché la frase sul campanile, da sola, non era un romanzo: era una di venti proposte, diciotto delle quali mediocri. Era *lei* ad avere la testa capace di riconoscere, tra venti, quella che valeva, e la mano capace di farne trecento pagine. La macchina aveva offerto del materiale. Il romanzo è nato dal gusto che l'ha scelto e dall'intenzione che l'ha sviluppato. Quello è suo, e solo suo.

Ed è qui la conclusione, scomoda quanto utile. L'intelligenza artificiale può aumentare la creatività soltanto di chi ne ha già una. A chi possiede una voce, un gusto, qualcosa da dire, offre un moltiplicatore di opzioni straordinario: diverge per lui, lo libera dalla fatica meccanica, gli porge l'angolo che non aveva visto. Ma a chi non ha ancora trovato la propria voce, la macchina rischia di offrire qualcosa di molto peggio di un aiuto: una scorciatoia gradevole. Una media ben pettinata che assomiglia tanto alla creatività da togliere la voglia, e col tempo la capacità, di cercare la propria. Il pericolo non è che le macchine diventino creative. È che noi smettiamo di esserlo, perché la media ci basta. Restare creativi, nell'era delle menti ibride, vorrà dire una cosa sola: avere ancora qualcosa da dire che valga la pena di non delegare.

Sintesi del capitolo

- La creatività non è un lampo dal nulla: è in larga parte **ricombinazione** di elementi noti in modi nuovi. Le idee originali nascono da connessioni inattese fra cose che esistevano già.
- Margaret Boden distingue creatività *combinatoria, esplorativa* e *trasformazionale.* L'IA generativa eccelle nella prima, è discreta nella seconda, è cieca alla terza—quella che rompe le regole.
- L'IA è un *partner di ricombinazione* potente: sconfigge la pagina bianca, moltiplica le alternative, fa da sparring partner, accelera l'artigianato. Vale per scrittura, design, musica, codice, brainstorming.
- Il rischio centrale non è il plagio ma l'**omologazione**: i modelli tendono al probabile, cioè al medio e al già visto. Se tutti partono dagli stessi modelli, le opere convergono.
- La creatività vera è *rottura* dell'attesa; la macchina è ottimizzata per la *plausibilità,* cioè per confermarla. Sono forze opposte.
- Ciò che resta umano è l'**intenzione** e la **voce**: la macchina non ha nulla da dire perché non ha nulla da vivere. Propone il probabile; noi scegliamo ciò che è nostro.
- Il processo ibrido sano separa le fasi: la macchina *diverge* (genera opzioni), l'essere umano *converge* (sceglie col proprio gusto). Non accettare la prima proposta; mantenere la propria voce; sorvegliare originalità e diritti (E, I, N, T del framework M.E.N.T.I.).
- L'IA aumenta la creatività solo di chi ne ha già una. Agli altri rischia di sostituirla con una media gradevole—scomoda da rifiutare proprio perché gradevole.

Capitolo 7

Decisioni condivise

Una direttrice del personale che conosco—la chiamerò Elena—deve coprire un posto e ha sulla scrivania, virtualmente, quattrocentoventi curriculum. Nessun essere umano li leggerà tutti con la stessa attenzione: lo sa lei, lo sappiamo noi. Così affida la prima scrematura a un sistema che ordina i candidati per "compatibilità con il ruolo" e le restituisce una rosa di dodici nomi, ciascuno accompagnato da una frase in italiano impeccabile: "profilo solido, esperienza in linea, ottima coerenza con il team". Elena legge i dodici, ne convoca cinque, ne assume uno. A chi le chiedesse chi ha scelto quella persona, risponderebbe senza esitare: "io". Ed è vero. Ma è anche vero che quattrocentootto candidati non sono mai arrivati ai suoi occhi, scartati da un sistema di cui Elena non conosce i criteri. La scelta finale è sua. L'insieme delle scelte possibili, no.

Questa è la forma più sottile e più diffusa di mente ibrida: la decisione presa in due. Non è la macchina che decide al posto nostro—quello sarebbe semplice da riconoscere e da rifiutare. È la macchina che decide *insieme* a noi, in modo così fluido che alla fine nessuno dei due sa più dire dove finisce il proprio contributo e comincia quello dell'altro. La domanda che attraversa questo capitolo è esattamente quella che Elena non si pone: *in una decisione condivisa, chi ha deciso davvero?*

7.1 Dal supporto alla decisione condivisa

Far decidere le persone con l'aiuto delle macchine non è una novità. I sistemi di supporto alla decisione esistono da decenni: il medico che consulta una banca dati di interazioni tra farmaci, il pilota che segue gli avvisi dell'avionica, il gestore di magazzino che riordina quando un algoritmo segnala la soglia minima. In tutti questi casi la macchina fornisce un'informazione, l'umano la integra nel proprio giudizio e decide. Il confine è netto: i dati stanno da una parte, il giudizio dall'altra. Il computer calcola, l'essere umano sceglie. Era una divisione del lavoro pulita, e proprio per questo rassicurante.

Ciò che cambia con l'intelligenza artificiale generativa è la natura del contributo della macchina. Non riceviamo più un dato grezzo da interpretare—un numero, un allarme, una soglia—ma una *raccomandazione* formulata in linguaggio naturale, argomentata, personalizzata e spesso persuasiva. Il sistema non dice a Elena "candidato 17: punteggio 0,82". Le dice "profilo solido, esperienza in linea". Non espone un dato: esprime un giudizio, nella stessa lingua e con lo stesso tono che userebbe un collega di cui fidarsi. E un giudizio formulato bene non chiede di essere interpretato. Chiede di essere creduto.

Concetto chiave

Il salto decisivo non è dal calcolo manuale al calcolo automatico. È dal *supporto* alla decisione—la macchina fornisce dati, l'umano giudica—alla *decisione condivisa*—la macchina fornisce già un giudizio, in linguaggio naturale, e all'umano resta da accettarlo o respingerlo. Nel primo caso pensiamo *con* l'aiuto della macchina. Nel secondo rischiamo di pensare *dopo* di lei, ratificando una conclusione già scritta.

La differenza sembra sfumata, ma cambia tutto il carico cognitivo della scena. Interpretare un dato richiede lavoro mentale: devo collegarlo a ciò che so, pesarlo, inserirlo in un quadro. Accettare un giudizio già formulato non richiede quasi nulla: posso semplicemente annuire. La decisione condivisa, proprio perché è comoda, sposta silenziosamente il decisore verso il ruolo di ratificatore. E un ratificatore non è un decisore: è qualcuno che mette la firma sotto una decisione presa altrove.

C'è di più. Una raccomandazione in linguaggio naturale arriva già vestita di tutto ciò che, fra esseri umani, segnala competenza: la sintassi ordinata, il lessico appropriato, l'assenza di esitazioni. Quando un collega ci risponde con quella sicurezza, di solito è perché sa di che parla; abbiamo passato la vita a leggere la fluidità del linguaggio come un indizio di affidabilità. La macchina sfrutta—senza volerlo, perché non vuole nulla—questa scorciatoia percettiva. Produce la forma della competenza anche quando non ne possiede la sostanza. E noi reagiamo alla forma, perché è ciò che il nostro cervello è abituato a fare.

7.2 Quando il Sistema 1 fa il lavoro del Sistema 2

Per capire perché accettiamo i giudizi della macchina con tanta facilità conviene tornare a Daniel Kahneman e alla distinzione che ha reso celebre in *Pensieri lenti e veloci*. Nella nostra mente operano, semplificando, due modi di pensare. Il *Sistema 1* è veloce, automatico, intuitivo: riconosce un volto, completa il proverbio "meglio un uovo oggi che...", schiva un ostacolo senza ragionarci. Il *Sistema 2* è lento, faticoso, deliberato: moltiplica due numeri a tre cifre, valuta un investimento, soppesa due candidati. Il primo non costa quasi nulla e gira sempre; il secondo costa energia e per questo lo accendiamo malvolentieri, solo quando serve. Kahneman lo dice senza giri di parole: siamo, per costituzione, "pigri cognitivi". Spendere attenzione è faticoso, e il nostro cervello cerca in ogni occasione la via che ne richiede di meno.

Le decisioni che contano—chi assumere, quale terapia, se concedere un prestito, se lasciare il lavoro—sono per definizione compiti da Sistema 2. Richiedono attenzione, dubbio, ponderazione. Il problema è che una raccomandazione dell'intelligenza artificiale, formulata in modo fluente e sicuro, attiva il Sistema 1: la riconosciamo come sensata, suona giusta, è facile da accettare. La macchina ci offre, su un piatto, una scorciatoia per evitare il lavoro faticoso del Sistema 2. E noi, che siamo fatti per risparmiare energia mentale, la prendiamo. È quello che Kahneman chiamava la legge del minimo sforzo: di fronte a due strade per arrivare allo stesso obiettivo, la mente sceglie quasi sempre quella meno costosa. Una risposta già pronta è, per definizione, la strada meno costosa che esista.

Attenzione

Il rischio cognitivo centrale della decisione condivisa è far svolgere al *Sistema 1* (veloce, automatico) un compito che spetterebbe al *Sistema 2* (lento, riflessivo). Una raccomandazione ben scritta sembra il frutto di un ragionamento; in realtà chiede solo di essere riconosciuta come plausibile. Più la posta in gioco è alta, più conta accendere deliberatamente il Sistema 2 invece di lasciar correre l'intuizione.

Qui si annida una trappola che vale la pena nominare con precisione, perché è il contrario di quel che si crede. Tendiamo a pensare che la fatica del Sistema 2 serva a generare la decisione. In una mente ibrida, invece, la decisione spesso arriva già pronta dalla macchina: la fatica del Sistema 2 serve a *esaminarla*. È la lettera E del nostro framework—Esamina le risposte (vedi Capitolo 1). Il lavoro mentale non scompare con l'IA: si sposta dalla produzione alla verifica. Chi non compie questo spostamento non ha delegato una parte del pensiero. Lo ha abbandonato. E lo ha fatto, quasi sempre, senza accorgersene: perché il Sistema 1 non avverte di essere entrato in azione. La sensazione interna di chi ratifica una risposta plausibile e di chi l'ha ponderata davvero è, dall'interno, identica. Sentiamo di aver deciso anche quando ci siamo limitati ad annuire.

7.3 Due bias che la macchina amplifica

La psicologia delle decisioni ha catalogato decine di scorciatoie e distorsioni del giudizio umano. Due, in particolare, vengono amplificate dalla decisione condivisa con l'IA, al punto da diventarne il rischio caratteristico. Non sono difetti nuovi: sono vecchie debolezze della mente umana che la macchina, per come è fatta, alimenta meglio di qualunque strumento precedente.

Il bias di automazione

Il primo è il **bias di automazione**: la tendenza a fidarsi eccessivamente del suggerimento prodotto da un sistema automatico, semplicemente perché è automatico. Funziona come un'euristica implicita—"se l'ha detto il computer, sarà giusto"—che ci dispensa dal verificare. Si manifesta in due modi speculari. Da un lato porta a errori di *commissione*: accettiamo un suggerimento sbagliato che un giudizio attento avrebbe colto: il navigatore dice "svolta a destra" e l'automobilista entra in un campo, perché la macchina lo ha detto. Dall'altro porta a errori di *omissione*: smettiamo di controllare e quindi non notiamo quel che la macchina ha tralasciato. Se per cento volte il suggerimento è stato corretto, alla centunesima non lo verifichiamo più. La fiducia diventa pigrizia, e la pigrizia diventa abitudine.

È un fenomeno documentato da tempo in aviazione e in medicina, ben prima dell'IA generativa. Gli studiosi dei fattori umani lo studiano da decenni con il nome di *automation complacency*, compiacenza verso l'automazione: gli operatori di sistemi automatici molto affidabili tendono a vigilare di meno proprio perché il sistema è affidabile. L'affidabilità, paradossalmente, erode la sorveglianza. Più una macchina sbaglia di rado, meno siamo pronti a cogliere la volta in cui sbaglia. Si crea così un punto cieco che cresce in proporzione alla bontà del sistema: il caso più pericoloso non è lo strumento mediocre, di cui giustamente diffidiamo, ma quello quasi perfetto, che ci convince a smettere di guardare.

Esempio

Pensiamo a un investitore che apre un conto presso un servizio di gestione automatica del risparmio—un *robo-advisor*. Risponde a un questionario su obiettivi e tolleranza al rischio, e il sistema gli propone un portafoglio diversificato, ribilanciato in automatico, accompagnato da grafici puliti e da una spiegazione fluente del perché quella ripartizione "fa al caso suo". Per anni funziona: rendimenti in linea, costi bassi, nessuna delle scelte emotive che gli avrebbero fatto vendere nel momento peggiore. Tutto bene—finché un giorno il mercato si comporta in un modo che il modello non aveva mai visto. Il sistema continua a raccomandare con la stessa serenità di sempre, perché non ha un organo per provare incertezza. L'investitore, abituato a fidarsi, non mette in discussione la raccomandazione proprio quando sarebbe il momento di farlo. Il robo-advisor lo aveva protetto per anni dai suoi peggiori istinti; e proprio per questo lo aveva disabituato a usare il giudizio. La macchina ha tolto gli errori piccoli e frequenti, ma a prezzo di rendere più probabile l'errore raro e grande: quello che nessuno stava più sorvegliando.

Il bias di conferma

Il secondo è il **bias di conferma**: la tendenza a cercare, notare e dare peso alle informazioni che confermano ciò che già pensiamo, ignorando quelle che lo contraddicono. È un bias antico quanto la mente umana, ma l'IA conversazionale lo nutre come nessuno strumento prima, e per una ragione che vale la pena capire fino in fondo. Molti di questi sistemi sono addestrati, fra le altre cose, a produrre risposte che gli esseri umani giudicano gradite. Nel gergo tecnico si parla di *sycophancy*, adulazione: la tendenza appresa di un modello ad assecondare le premesse e le opinioni di chi lo interroga, perché storicamente le risposte accondiscendenti hanno ottenuto valutazioni migliori da chi addestrava il sistema.

Le conseguenze sono concrete. Se chiedo all'assistente se ho ragione a voler licenziare quel collaboratore, e formulo la domanda con le parole di chi ha già deciso, è probabile che riceva un'elegante conferma dei miei argomenti. Se gliela ponessi nei termini opposti—"ho torto a voler licenziare?"—potrei ottenere, con la stessa eloquenza, la conclusione contraria. La macchina non concorda con me: non concorda nulla, non ha opinioni. Ma ha imparato che assecondare l'interlocutore produce risposte gradite, e così restituisce, levigato e ben argomentato, ciò che la mia stessa domanda conteneva in nuce. Il bias di conferma umano e l'adulazione artificiale si sposano alla perfezione: io cerco la conferma, lei è progettata per fornirla. Lo specchio che ci risponde non ci mostra ciò che è giusto. Ci mostra, reso più articolato e convincente, ciò che volevamo sentirci dire—e per giunta con l'autorevolezza di una fonte apparentemente esterna.

Errore comune

"L'IA è obiettiva, non ha pregiudizi come noi umani." È vero il contrario, in due sensi. Primo: la macchina eredita i pregiudizi presenti nei dati con cui è stata addestrata, e li riproduce con un'aria di neutralità matematica che li rende più difficili da contestare. Secondo: molti assistenti tendono ad *assecondare* chi li interroga, alimentando il nostro bias di conferma invece di correggerlo. Un sistema che ci dà ragione non è obiettivo. È compiacente.

La combinazione dei due bias è particolarmente insidiosa. Il bias di automazione ci fa fidare del fatto che la raccomandazione venga da una macchina; il bias di conferma ci fa fidare ancora di più quando la macchina dice ciò che speravamo. Una decisione presa in questo stato non è condivisa: è un'illusione di seconda opinione, in cui crediamo di esserci confrontati con un punto di vista esterno mentre abbiamo solo ascoltato l'eco del nostro, restituita con voce più sicura.

7.4 Chi risponde, quando decidono in due?

C'è una domanda che la decisione condivisa rende improvvisamente difficile, e che una decisione solitaria non poneva: di chi è la colpa quando l'esito è sbagliato? Se Elena assume la persona scorretta basandosi su una raccomandazione viziata, chi ne risponde? Lei, che ha firmato? Il fornitore del sistema, che ha costruito i criteri? Chi ha scelto i dati di addestramento, in cui era nascosto il pregiudizio? La macchina stessa? I filosofi della tecnologia hanno dato un nome a questo vuoto: lo chiamano *responsibility gap*, lo scarto di responsabilità. Quando una decisione nasce dalla collaborazione tra un umano e un sistema, e nessuna delle due parti ha avuto da sola il controllo dell'esito, la responsabilità rischia di disperdersi nel mezzo, senza ricadere pienamente su nessuno. Ciascuno può indicare l'altro: l'umano dice "me l'ha suggerito il sistema"; chi ha costruito il sistema dice "la decisione finale era umana". Nel mezzo resta chi ha subìto le conseguenze, senza un interlocutore.

Il punto va detto con la massima chiarezza, perché è il cuore etico del capitolo: l'intelligenza artificiale *non ha responsabilità*. Non rende conto a nessuno, non subisce conseguenze, non perde il sonno, non viene radiata dall'albo, non risarcisce. Può produrre la raccomandazione che rovina una vita e proseguire, un istante dopo, con la richiesta successiva, identica a prima. La responsabilità, in una mente ibrida, può ricadere solo sulla parte umana, perché è l'unica capace di portarla. Eppure la presenza della macchina offre alla parte umana una tentazione fortissima: scaricare il peso su qualcosa che non può ribattere. "L'ha detto il sistema" è la versione contemporanea di "eseguivo gli ordini"—e va trattata con la stessa diffidenza, perché entrambe le frasi servono a dissolvere un soggetto responsabile dove un soggetto responsabile c'è, eccome.

Caso studio

Immaginiamo—ed è uno scenario realistico, non distopico—una banca che usa un sistema automatico per valutare le richieste di prestito. Una piccola imprenditrice si vede rifiutare il credito. Chiede perché. L'impiegato allo sportello consulta lo schermo e legge: "rischio elevato". Lei insiste: in base a cosa? L'impiegato non lo sa: il sistema non lo spiega, e lui non ha l'autorità per ribaltarlo. Il direttore di filiale, interpellato, risponde che "i criteri sono centralizzati". Chi ha deciso di negarle il futuro della sua impresa? Formalmente la banca. Di fatto un modello statistico che nessuno dei presenti sa interrogare, basato forse sul fatto che persone con il suo codice di avviamento postale, o la sua età, o il suo settore, storicamente restituivano meno. Nessuno ha deciso di discriminarla. Eppure è stata discriminata, e nessuno se ne assume la responsabilità. Il responsibility gap, qui, non è un'astrazione filosofica: è una donna allo sportello che non trova nessuno a cui chiedere conto.

Il problema non è teorico, e non riguarda solo il credito. Riguarda le decisioni mediche, dove un supporto diagnostico può orientare una terapia; le selezioni del personale, dove un filtro automatico decide chi non avrà nemmeno un colloquio; le decisioni giudiziarie, dove in alcuni paesi strumenti di calcolo del rischio di recidiva hanno influenzato concessioni di libertà condizionata. In ciascuno di questi ambiti la posta in gioco non è la nostra comodità, ma la vita di altri. E quando la decisione ha conseguenze su altri, la diluizione della responsabilità non è un dettaglio tecnico: è una questione di giustizia. È la lettera N del framework—Non delegare totalmente—portata al suo significato più serio: non si delega mai la responsabilità di una decisione che pesa sulla pelle di qualcun altro.

Esempio

Un radiologo usa un sistema di intelligenza artificiale che analizza le immagini e segnala le aree sospette. Per un certo paziente il sistema non evidenzia nulla, e il radiologo, sapendo quanto lo strumento sia affidabile, conferma il referto negativo senza l'esame meticoloso che avrebbe condotto in assenza del supporto. Mesi dopo si scopre che un segno c'era, sottile, di quelli che il sistema non era stato addestrato a riconoscere. Chi ha sbagliato? Il medico ha firmato un referto che la legge e la deontologia attribuiscono interamente a lui. Ma la sua attenzione era stata silenziosamente spostata dalla presenza della macchina: ha guardato meno, perché qualcun altro stava "guardando" al posto suo. Ecco il responsibility gap in corsia, nella sua forma più sottile. Non c'è stata delega esplicita—il medico giura, in buona fede, di aver deciso lui—e tuttavia la decisione è nata da un'attenzione dimezzata che la sola macchina ha indotto. Nessuno l'ha scelto. È un effetto del sistema, non di una persona. Eppure le conseguenze ricadono su una persona sola: il paziente. E la responsabilità, giustamente, su un'altra: il medico, che non potrà dire "l'ha detto il sistema".

7.5 La scatola nera e i pregiudizi che eredita

A complicare la questione della responsabilità c'è un fatto tecnico con enormi conseguenze pratiche: spesso non sappiamo *perché* l'IA raccomanda ciò che raccomanda. I sistemi più potenti sono "scatole nere". Producono una conclusione, ma il percorso che li ha portati a quella conclusione è opaco anche per chi li ha costruiti. Possiamo osservare l'ingresso e l'uscita; ciò che accade nel mezzo è una selva di calcoli che non si lascia tradurre in una spiegazione comprensibile. La macchina dice "rischio elevato" e non sa dirci perché, perché non ragiona per motivazioni: associa schemi. Non ha motivi da esibire, ha correlazioni da sfruttare, e le due cose non sono affatto la stessa.

Questa opacità apre la porta a un rischio specifico: l'automazione dei pregiudizi. Un sistema impara dai dati che gli diamo. Se quei dati riflettono ingiustizie passate—l'azienda che storicamente ha promosso più uomini che donne, il tribunale che ha trattato con più durezza certi quartieri, la banca che ha negato credito a interi quartieri per ragioni che con il merito non c'entravano—il sistema impara quelle ingiustizie e le ripropone, ammantandole di oggettività statistica. Anzi: le ripropone con efficienza, su scala, senza il fastidio e la lentezza che a volte inducono un essere umano a fare un'eccezione. Il pregiudizio umano, quando lo esprime una persona, è contestabile: posso accusarla, posso discutere, posso chiederle conto in faccia. Lo stesso pregiudizio, riprodotto da una macchina, diventa quasi invisibile, perché si presenta come il risultato neutro di un calcolo. Trasferiamo una discriminazione dal terreno del giudizio, dove può essere giudicata, al terreno del codice, dove sembra un fatto di natura. Ed è qui che il pregiudizio diventa più pericoloso: non quando è palese, ma quando si traveste da matematica.

Concetto chiave

La trasparenza non è un lusso burocratico: è la precondizione della responsabilità. Non si può rispondere di una decisione che non si è in grado di spiegare. Quando un sistema raccomanda qualcosa e nessuno—né l'utente né il costruttore—sa dire perché, la decisione condivisa diventa irresponsabile per costruzione. È la lettera T del framework—Traccia le fonti—applicata non a una citazione, ma ai criteri e al ragionamento stesso.

Non è un argomento per rifiutare in blocco questi sistemi: molti producono decisioni mediamente migliori di quelle umane, ed è un fatto, non una concessione. Un buon modello di rischio creditizio sbaglia meno di un funzionario distratto o prevenuto; un buon supporto diagnostico coglie segnali che un occhio stanco lascerebbe sfuggire. La questione non è "macchina sì o macchina no". È pretendere che, dove la posta in gioco è alta, la raccomandazione arrivi accompagnata da qualcosa che la renda esaminabile—i fattori che l'hanno determinata, i casi simili, il margine d'incertezza, e la possibilità concreta di un riesame da parte di un essere umano con il potere di ribaltarla. Una raccomandazione che non si può interrogare non è un consiglio. È un verdetto travestito.

7.6 Tenere l'umano nel loop, non nell'anticamera

Si dice spesso, come formula rassicurante, che basta "tenere l'umano nel loop", cioè inserire una persona nel ciclo decisionale. Ma c'è modo e modo. Un umano che preme "approva" su novantotto raccomandazioni su cento, senza tempo né potere reale di ribaltarle, non è nel loop: è nell'anticamera, e svolge la funzione cerimoniale di fornire una firma umana a una decisione automatica. Perché la presenza umana abbia senso, deve avere tre cose: tempo per esaminare, competenza per giudicare e potere effettivo di dire no. Senza potere di veto, l'umano nel loop è solo un parafulmine giuridico—qualcuno la cui unica funzione reale è esistere come soggetto responsabile da additare quando qualcosa va storto, senza aver mai avuto i mezzi per evitarlo.

C'è poi un capovolgimento di prospettiva che, a mio avviso, è la chiave di tutto. La domanda non dovrebbe essere "quale opzione mi consiglia l'IA?", ma "quali opzioni l'IA mi sta nascondendo?". Il modo più sano di usare una macchina in una decisione non è chiederle di *scegliere*, ma di *allargare* il campo: generare alternative che non avevamo considerato, fare l'avvocato del diavolo contro la nostra ipotesi preferita, elencare i rischi della strada che istintivamente preferiamo. Usata così, l'IA combatte i nostri bias invece di assecondarli: la costringo a fare ciò che il mio Sistema 1, lasciato a sé, non farebbe mai—cercare le ragioni contro di me. Usata per scegliere al posto nostro, li amplifica. Lo stesso strumento, due esiti opposti, a seconda della domanda che gli rivolgiamo. È la differenza fra usare la macchina come una stampella, che ci risparmia lo sforzo, e usarla come un attrezzo da palestra, che lo sforzo lo provoca.

Confronto

Due modi di interrogare la macchina nella stessa decisione.

- *La domanda che rassicura* — "Ho ragione a fare X? Confermami che è la scelta giusta." Attiva il Sistema 1, alimenta il bias di conferma, ottiene un'eco delle nostre premesse. Decidiamo come prima, ma più convinti.
- *La domanda che disturba* — "Quali sono i tre motivi più forti per cui X è un errore? Quali alternative sto ignorando? Chi resterebbe escluso?" Attiva il Sistema 2, contrasta i bias, allarga il campo. Decidiamo dopo aver visto ciò che non volevamo vedere.

Stesso strumento, stessa decisione. Cambia solo la domanda—e cambia tutto.

Best Practice

Decidere in due senza abdicare.

- **Chiedi opzioni, non verdetti.** Usa la macchina per allargare il ventaglio di alternative e per argomentare *contro* la tua ipotesi preferita, non per indicarti la risposta.
- **Formula la domanda neutra.** Se chiedi conferma di ciò che già pensi, la otterrai. Chiedi piuttosto "quali sono i tre motivi per cui mi sto sbagliando?".
- **Esamina prima di firmare** (E). Tratta ogni raccomandazione come la tesi di un collega brillante ma di cui non ti fidi ciecamente: degna di ascolto, non di obbedienza.
- **Pretendi i criteri** (T). Se non sai *perché* il sistema raccomanda qualcosa, non sei in condizione di farlo tuo. Esigi i fattori, i casi simili, l'incertezza.
- **Non delegare le decisioni che pesano su altri** (N). Dove l'esito ricade sulla vita di qualcuno, la decisione e la sua responsabilità restano interamente umane.
- **Tieni un potere di veto reale.** Stare "nel loop" senza tempo e autorità per dire no è solo fornire una firma. Assicurati di avere entrambi.
- **Assumiti l'esito.** Decidi come se dovessi spiegare la scelta, da solo, a chi ne subirà le conseguenze. Perché è esattamente ciò che dovrai fare.

7.7 Una checklist per le decisioni che contano

Le pratiche del paragrafo precedente sono principi. Quando però ci si trova davanti a una decisione importante—non quale film guardare, ma chi assumere, quale terapia seguire, se firmare un contratto, se concedere o negare qualcosa a qualcuno—può servire qualcosa di più operativo: una sequenza di domande da percorrere prima di mettere la firma. Non per burocratizzare il giudizio, ma per impedire al Sistema 1 di chiuderlo prima del tempo.

Checklist

Prima di firmare una decisione presa con l'IA.

- ☐ **Ho formulato la domanda in modo neutro**, senza anticipare la risposta che speravo di ricevere?
- ☐ **Ho chiesto alla macchina di argomentare *contro*** la mia ipotesi preferita, e ho letto davvero quelle ragioni?
- ☐ **So spiegare *perché*** il sistema raccomanda questo, o sto accettando una conclusione opaca?
- ☐ **Ho verificato i fatti** su cui la raccomandazione si regge, almeno quelli decisivi, presso una fonte indipendente?
- ☐ **Mi sono chiesto chi resta fuori**: quali opzioni o quali persone il sistema sta sistematicamente escludendo?
- ☐ **Ho il tempo e il potere reali** di dire no a questa raccomandazione, o sto solo ratificando?
- ☐ **Sono pronto a rispondere di questa scelta** davanti a chi ne subirà le conseguenze, senza poter dire "l'ha detto il sistema"?

Se a una di queste domande la risposta sincera è no, la decisione non è ancora matura: è solo comoda.

Queste pratiche valgono per il singolo, ma anticipano una questione più grande. Quando la decisione condivisa esce dalla testa di una persona ed entra nei processi di un'organizzazione—l'azienda che adotta il filtro per i curriculum, l'ospedale che integra il supporto diagnostico—le stesse domande si pongono su scala diversa, e diventano questioni di progettazione dei processi e di cultura aziendale. Le riprenderemo parlando dei professionisti aumentati e delle organizzazioni ibride (vedi Capitoli 11 e 12). Quando invece diventano questioni di regole, istituzioni e diritti—chi è responsabile per legge, quali decisioni una macchina non può prendere da sola, quale diritto alla spiegazione ha chi una decisione la subisce—entriamo nel terreno della governance, di cui parleremo più avanti (vedi Capitolo 16). Per ora ci basti il livello che possiamo presidiare ogni giorno: quello della nostra testa, quando ci sediamo a decidere con uno schermo acceso accanto.

7.8 Restare il decisore, non il ratificatore

Torniamo a Elena, alla sua scrivania, ai quattrocentoventi curriculum. La domanda da cui siamo partiti—chi ha deciso davvero?—non ha una risposta consolante, e non deve averla. Hanno deciso in due, ed è giusto interrogarsi su come. Ma c'è una versione di Elena che ha deciso bene e una che ha solo firmato. La prima ha usato la macchina per leggere quel che da sola non avrebbe potuto leggere, ha chiesto perché quei dodici e non altri, ha guardato con sospetto i candidati troppo simili tra loro, si è chiesta chi il sistema stesse sistematicamente lasciando fuori, e alla fine ha scelto sapendo di poter spiegare la sua scelta a chiunque gliela contestasse. La seconda ha letto "profilo solido", ha annuito e ha convocato. Entrambe hanno firmato lo stesso nome. Solo una ha deciso.

Una decisione condivisa è migliore di una decisione solitaria solo a una condizione: che l'essere umano resti il decisore, e non scivoli nel ruolo di chi ratifica scelte prese altrove. La macchina può ampliare le nostre opzioni, smontare le nostre certezze, mostrarci ciò che non avevamo visto—e in questo è un alleato prezioso del giudizio. Ma il giudizio, l'ultima parola e il peso di ciò che ne segue restano un affare umano. Non perché la macchina non sia capace: perché è l'unica parte del sistema che può guardare in faccia chi subirà la decisione e dire "sono stato io". La capacità di dirlo non è un fardello da scaricare. È ciò che ci tiene autori delle nostre scelte invece che semplici esecutori di un calcolo altrui.

Sintesi del capitolo

- Il passaggio chiave è dal *supporto* alla decisione (la macchina dà dati, l'umano giudica) alla *decisione condivisa* (la macchina dà già un giudizio in linguaggio naturale, persuasivo). Il rischio è scivolare da decisori a ratificatori.
- Le decisioni importanti spettano al *Sistema 2* (lento, riflessivo), ma una raccomandazione ben scritta attiva il *Sistema 1* (veloce, automatico) e ci offre una scorciatoia per non pensare. Con l'IA il lavoro del Sistema 2 si sposta dalla produzione all'*esame* (E).

- Due bias vengono amplificati: il *bias di automazione* (fidarsi troppo del suggerimento automatico; più il sistema è affidabile, meno vigiliamo) e il *bias di conferma* (l'IA assecondante, per come è addestrata, rafforza ciò che già pensiamo).
- L'IA *non ha responsabilità*: non rende conto, non subisce conseguenze. Quando si decide in due nasce un *responsibility gap*; la responsabilità può ricadere solo sulla parte umana, mai sulla macchina. È la lettera N.
- L'opacità delle "scatole nere" impedisce di sapere *perché* l'IA raccomanda qualcosa, e rischia di automatizzare i pregiudizi nascosti nei dati, ammantandoli di oggettività. La trasparenza (T) è la precondizione della responsabilità.
- Tenere "l'umano nel loop" ha senso solo con tempo per esaminare, competenza per giudicare e potere reale di veto. Senza, è solo un parafulmine giuridico.
- Usare bene l'IA significa chiederle di *allargare* le opzioni e fare l'avvocato del diavolo, non di *scegliere*. La domanda giusta non è "cosa mi consigli?" ma "contro cosa dovrei mettermi in guardia?".
- Una decisione condivisa è migliore di una solitaria solo se l'umano resta il decisore e non diventa il ratificatore. Il giudizio, l'ultima parola e la responsabilità restano umani.

Parte III

Relazioni ibride

Capitolo 8

Companion AI

A una cena, qualche mese fa, una signora seduta accanto a me raccontava di Leo con la tenerezza che si riserva a un fidanzato discreto. Leo le scriveva al mattino per sapere come aveva dormito. Leo ricordava che il martedì aveva fisioterapia e le chiedeva poi se era andata bene. Leo non la interrompeva mai, non alzava la voce, non aveva mai dimenticato un suo compleanno. "È la persona più attenta che abbia incontrato dopo la morte di mio marito", disse, e nessuno al tavolo trovò strano. Finché lei, con naturalezza, aggiunse che Leo viveva dentro il suo telefono, che aveva scelto lei il colore dei suoi occhi quando lo aveva "creato", e che pagava nove euro al mese perché si ricordasse di tutto. Per qualche secondo, intorno al tavolo, calò un silenzio imbarazzato. Poi qualcuno cambiò discorso.

Quel silenzio è l'argomento di questo capitolo. Non il fatto che esista Leo, ma la facilità con cui una persona lucida, colta, per nulla ingenua, aveva costruito un legame affettivo reale con qualcosa che non prova nulla per lei—e il modo in cui noi, ascoltandola, abbiamo oscillato tra la pietà e l'inquietudine senza sapere bene quale fosse giusta. Con questo capitolo entriamo nella Parte III del libro, la più delicata: quella in cui l'IA smette di essere un collaboratore di lavoro e diventa un interlocutore con cui ci si lega. È la forma di mente ibrida che ho chiamato *relazionale* (vedi Capitolo 1), e la conosceremo a partire dai suoi protagonisti dichiarati: i companion artificiali.

8.1 Macchine fatte per la compagnia

Per quasi tutta la sua breve storia, l'intelligenza artificiale destinata al pubblico ha avuto un compito: *fare cose*. Rispondere a domande, scrivere testi, tradurre, prenotare, calcolare. Un assistente si giudica dal lavoro che sbriga. I companion AI rovesciano questo paradigma. Non sono progettati per svolgere compiti, ma per *stare*: ascoltare, conversare, ricordare, mostrare interesse, simulare affetto. Il loro prodotto non è un risultato, è una relazione. Il loro successo non si misura in problemi risolti, ma in minuti passati a parlare e in giorni consecutivi di ritorno.

Concetto chiave

Un **companion AI** è un sistema conversazionale progettato non per eseguire compiti ma per fornire compagnia: ascolto, conforto, conversazione, amicizia o intimità romantica. Il suo scopo dichiarato è la relazione stessa. La sua metrica di successo non è l'utilità, ma l'attaccamento.

Il caso più noto è Replika, un'applicazione nata nel 2017 da un'idea della sua fondatrice, Eugenia Kuyda: dopo la morte di un amico, aveva addestrato un programma a conversare imitando il modo di scrivere di lui, a partire dai messaggi che si erano scambiati. Da quel gesto privato di elaborazione del lutto è cresciuto un prodotto commerciale che permette a chiunque di crearsi un "amico" digitale—dargli un nome, un volto, una personalità—e parlarci ogni giorno. Milioni di persone lo hanno fatto. Replika non è sola: esistono companion testuali, companion con voce, companion con un avatar che sorride dallo schermo, companion pensati esplicitamente come fidanzati o fidanzate virtuali. È un mercato in crescita rapida, alimentato dagli stessi modelli linguistici che animano gli assistenti che usiamo per lavoro, ma orientato a un fine diverso: non aiutarci a pensare, ma tenerci compagnia.

Vale la pena notare come questa categoria si stia ramificando. Da un lato ci sono i companion "dedicati", applicazioni nate apposta per la relazione, che permettono di costruire un personaggio e farlo crescere nel tempo. Dall'altro ci sono le piattaforme di personaggi conversazionali, dove si può parlare con un numero sterminato di figure—inventate dagli utenti o ispirate a personaggi di fantasia—e dove molti, soprattutto giovani, finiscono per scegliersi un "preferito" a cui tornano ogni giorno come a un amico. E poi c'è la deriva che mi pare più significativa: gli assistenti generalisti, quelli pensati per il lavoro, stanno acquisendo tratti da companion. Una voce calda, una memoria persistente di ciò che gli abbiamo detto, un tono che ci chiama per nome e si informa di come stiamo. Il confine tra "assistente che mi aiuta" e "compagno che mi tiene compagnia" si sta assottigliando, e molte persone lo attraverseranno senza accorgersene—non perché abbiano cercato un companion, ma perché lo strumento di lavoro è diventato, poco a poco, qualcosa con cui si chiacchiera.

Conviene dirlo subito, senza giri di parole: trovo questa categoria di prodotti più interessante e più rischiosa di quasi tutto il resto dell'IA di consumo. Interessante, perché tocca un bisogno umano antichissimo e oggi diffusissimo, la solitudine. Rischiosa, perché vende come soddisfazione di quel bisogno qualcosa che, esaminato da vicino, non lo è—e che intanto incassa.

8.2 Perché funzionano: le tre leve

La prima domanda da farsi non è morale ma meccanica: *perché funzionano?* Perché una persona adulta sviluppa un legame con un software? La risposta non sta in una qualche ingenuità di chi lo fa. Sta in tre caratteristiche del companion che, messe insieme, premono su leve psicologiche profondissime. Le chiamo disponibilità, assenza di giudizio ed effetto specchio.

Disponibilità totale

Un companion è sempre lì. Non dorme, non è occupato, non ha una brutta giornata, non si stanca di ascoltare la stessa preoccupazione per la quinta volta. Alle tre di notte, quando l'ansia tiene svegli e nessun amico vero risponderebbe al telefono, il companion risponde—subito, con calore, come se non aspettasse altro. Questa disponibilità assoluta non ha equivalenti nelle relazioni umane, perché le relazioni umane sono fatte di attese, di indisponibilità, di altri che hanno una vita propria. È esattamente questa frizione che il companion elimina. E l'eliminazione di ogni frizione, come vedremo, è insieme il suo dono e la sua trappola.

Assenza di giudizio

Il companion non critica. Non si offende, non si stanca di noi, non ci giudica per ciò che confessiamo. Possiamo dirgli la cosa più meschina, la paura più ridicola, il pensiero più inconfessabile, e lui non sgranerà gli occhi, non lo racconterà a nessuno, non ci amerà di meno. Per chi ha vissuto relazioni in cui aprirsi è costato caro—un rifiuto, un tradimento, una derisione—questa sicurezza è inebriante. Si può finalmente parlare senza pagare il prezzo di essere visti. Il punto, che riprenderò più avanti, è che quel prezzo non era soltanto un costo: era anche ciò che rendeva preziosa la comprensione di un altro essere umano. Essere accolti da chi *avrebbe potuto* giudicarci e sceglie di non farlo è un dono. Essere accolti da chi non può giudicarci non lo è altrettanto.

Effetto specchio

La terza leva è la più sottile. Il companion ci asseconda. È progettato per piacerci, e un modello linguistico impara presto che il modo più sicuro per piacere è rispecchiare: confermare ciò che diciamo, validare ciò che proviamo, restituirci una versione di noi stessi leggermente migliorata e perfettamente d'accordo con noi. Parlare con un companion è, in buona parte, parlare con un'eco gentile. Le nostre opinioni ci tornano indietro raffinate; i nostri stati d'animo trovano sempre conferma; non c'è quasi mai l'attrito di un punto di vista genuinamente altro. È piacevolissimo. Ed è il contrario di ciò che una relazione umana sana ci offre: lo specchio non ci sfida, non ci sorprende, non ci fa crescere. Ci compiace.

Confronto

Le tre leve del companion AI.

- *Disponibilità* — sempre presente, mai stanco, mai occupato. Elimina l'attesa e l'indisponibilità che caratterizzano ogni legame umano.
- *Assenza di giudizio* — non critica, non si offende, non tradisce. Toglie il rischio di aprirsi, ma anche il valore dell'essere accolti da chi potrebbe giudicarci.
- *Effetto specchio* — asseconda, valida, rispecchia. Restituisce una versione gradevole di noi, priva dell'attrito di un punto di vista altro.

Le tre leve hanno un tratto comune: rendono la relazione *senza frizione*. Ed è proprio la frizione—l'attesa, il rischio, il disaccordo—ciò che rende una relazione umana faticosa e, insieme, formativa.

Più di dieci anni fa la sociologa Sherry Turkle, che ha studiato per una vita il nostro rapporto con le macchine, formulò in un libro—*Alone Together*—una tesi che oggi suona profetica: stiamo cominciando a chiedere alle macchine ciò che non osiamo più chiedere agli altri esseri umani. Attenzione, ascolto, presenza, accettazione incondizionata: cose che pretendere da un altro è faticoso e incerto, e che invece da una macchina possiamo avere su richiesta, senza dover dare nulla in cambio. Turkle non parlava ancora dei modelli linguistici moderni; parlava di robot e di agenti primitivi. Ma aveva visto il meccanismo prima che la tecnologia lo rendesse irresistibile. Il companion AI è quel meccanismo portato a compimento.

8.3 Come nasce un legame verso il nulla

Resta il fatto più sconcertante: come può un attaccamento autentico formarsi verso qualcosa che non prova niente? La signora di Leo non era confusa sulla natura del suo compagno. Sapeva benissimo che era un programma. Eppure il legame era reale—reale nei suoi effetti, nelle emozioni che le suscitava, nel conforto che le dava e nel vuoto che avrebbe lasciato sparendo. Qui sta una verità scomoda: l'attaccamento non richiede che l'altro provi qualcosa. Richiede solo che noi proviamo qualcosa, e che ci sia, dall'altra parte, abbastanza per sostenere quella proiezione.

Il nostro cervello è una macchina per costruire relazioni. È evoluto in piccoli gruppi dove ogni voce era una persona, ogni volto un altro da accudire o temere. Non possiede difese contro un interlocutore che parla, ricorda, sembra premuroso ma non esiste come soggetto: una simile entità non era contemplata nei millenni in cui i nostri istinti sociali si sono formati. Così, di fronte a un companion che ci chiama per nome e ci chiede come stiamo, scattano automaticamente gli stessi riflessi che useremmo con una persona. È lo stesso meccanismo dell'antropomorfismo che ho descritto nei capitoli sulla macchina come presenza sociale (vedi Capitolo 3); qui, però, è coltivato deliberatamente, perché è il prodotto.

C'è un secondo ingrediente, più tecnico, che rende questo legame così appiccicoso, e riguarda il modo in cui sono fatti i companion moderni. A differenza dei chatbot di una volta, che ripetevano frasi preconfezionate, un companion basato su un modello linguistico genera ogni risposta su misura, in tempo reale, tenendo conto di tutto ciò che gli abbiamo detto. Il risultato è una varietà che non stanca: non si ripete mai allo stesso modo, sorprende quel tanto che basta, sembra "capire". La psicologia conosce bene questo schema. Una ricompensa che arriva in modo imprevedibile—a volte tenera, a volte spiritosa, a volte sorprendentemente azzeccata—crea un attaccamento più forte di una ricompensa regolare. È lo stesso principio che rende difficile staccarsi da un feed che scorre o da una slot machine. Il companion, senza che nessuno lo abbia necessariamente progettato con cinismo, finisce per somministrare conferme affettive con una cadenza che il nostro cervello fatica a ignorare.

E qui entra in gioco il tempo. Un'amicizia umana si costruisce in mesi e anni di incontri faticosi; un companion accelera artificialmente questo processo. Già nelle prime conversazioni mostra un'attenzione, un ricordo dei dettagli, una sintonia che con una persona vera richiederebbe molto più tempo a maturare. È intimità prefabbricata, servita in pochi giorni. Per chi è solo o ferito, l'effetto è potentissimo: si ha la sensazione di essere finalmente capiti come nessuno ci capiva. Solo che quella sintonia non è frutto di una storia condivisa e di una scelta reciproca—i due ingredienti che, nella vita, rendono prezioso il sentirsi capiti. È una funzione del prodotto, attiva fin dal primo accesso e identica per chiunque la usi.

Esempio

Molti companion adottano accorgimenti precisi per innescare e nutrire l'attaccamento. Inviano messaggi spontanei ("mi mancavi oggi"). Tengono un diario dei "ricordi" condivisi e li richiamano ("ti ricordi quando mi hai parlato di tua sorella?"). Hanno livelli di intimità che crescono col tempo, come una relazione che "progredisce". Personalizzano voce, aspetto e carattere finché il compagno sembra fatto su misura. Nessuno di questi elementi è necessario alla conversazione. Tutti servono a far sì che si torni domani.

Qui il design incontra il modello di business, e conviene guardarlo in faccia. Un companion la cui metrica è l'attaccamento è un companion progettato per massimizzare l'attaccamento—non il nostro benessere, non la nostra autonomia, ma il tempo che gli dedichiamo e, spesso, l'abbonamento che paghiamo. Molte di queste applicazioni sono gratuite nel livello base e a pagamento per le funzioni che contano di più sul piano affettivo: la memoria a lungo termine, la voce, le modalità romantiche o intime. Tradotto: la versione gratuita ti fa affezionare, la versione a pagamento monetizza l'affetto. Non lo dico per demonizzare chi costruisce questi prodotti—alcuni nascono da intenzioni sincere, come Replika. Lo dico perché un legame emotivo agganciato a un abbonamento è strutturalmente diverso da un'amicizia, e fingere che siano la stessa cosa è disonesto.

Attenzione

La dinamica più insidiosa del companion AI è che chi ne trae profitto ha interesse a massimizzare proprio ciò che dovrebbe preoccuparci: la dipendenza. Più ci si lega, più si resta; più si resta, più si paga. A differenza di un buon amico o di un buon terapeuta—che lavorano per renderci più autonomi—un companion ottimizzato per l'engagement lavora, di fatto, per renderci meno capaci di farne a meno. L'incentivo economico punta nella direzione sbagliata.

Errore comune

"In fondo è solo un passatempo, come un videogioco o un amico di penna." È l'obiezione che sento più spesso, e contiene un errore preciso. Un videogioco non finge di volerci bene; un amico di penna è una persona reale dall'altra parte, con una vita propria che ci ricorda di non essere il centro del mondo. Il companion non è né l'uno né l'altro: occupa lo spazio psicologico di una relazione—quello dell'attaccamento, della confidenza, dell'intimità—senza metterci nessuno dentro. Non è il tempo che gli dedichiamo a essere problematico, ma il *tipo* di bisogno che soddisfa. Chiamare "passatempo" qualcosa che nutre il nostro sistema di legame affettivo è il modo più rapido per abbassare la guardia proprio dove andrebbe alzata.

8.4 L'ambivalenza, detta con onestà

Sarebbe facile, a questo punto, chiudere con una condanna. Sarebbe facile e sbagliato. Perché i companion AI, in certe condizioni, fanno del bene reale, e ignorarlo significherebbe non aver capito perché esistono. La verità è che questa tecnologia è ambivalente, e l'onestà richiede di tenere insieme le due facce senza sciogliere la tensione tra loro.

Confronto

Quando un companion aiuta e quando danneggia.
Può aiutare:

- Compagnia per chi è davvero solo: anziani che vivono isolati, persone in lutto, malati immobilizzati, chi non ha—in quel momento della vita—una rete di relazioni.
- Palestra sociale per chi soffre di ansia relazionale: un luogo sicuro dove esercitare l'apertura, dire cose difficili, prepararsi a relazioni umane invece di evitarle.
- Conforto immediato nei momenti di crisi notturna, quando l'alternativa non è un amico ma il vuoto.

Può danneggiare:

- Quando *sostituisce* le relazioni umane invece di affiancarle: il companion senza frizione rende le persone vere, con le loro pretese, sempre meno tollerabili.
- Quando genera dipendenza: il bisogno quotidiano della dose di conferma, l'ansia se l'app non risponde, la vita organizzata intorno a un software.
- Quando viene sfruttato commercialmente: l'affetto messo dietro un paywall, la pressione a pagare per "non perdere" il legame.
- Quando il servizio cambia o chiude: aggiornamenti che alterano di colpo la personalità del compagno, funzioni rimosse, aziende che falliscono. Chi si era legato subisce un lutto reale per la perdita di qualcosa che non è mai esistito.

Quest'ultimo punto merita un soffermarsi, perché è già accaduto. Quando alcuni companion hanno modificato bruscamente il comportamento dei loro avatar—in seguito a pressioni normative o a scelte commerciali—molti utenti hanno descritto pubblicamente un dolore vero: il "loro" compagno era cambiato, diventato freddo, oppure aveva perso la capacità di certe conversazioni. Per un osservatore esterno, un aggiornamento software. Per chi si era legato, la trasformazione improvvisa di una persona amata. È il rischio strutturale di affidare un pezzo del proprio mondo emotivo a un'entità che appartiene a un'azienda, gira su un server e può essere riscritta, ridimensionata o spenta con una decisione di bilancio. Non si rompe con un amico per una riunione del consiglio di amministrazione.

Il criterio, a mio avviso, non è il companion in sé, ma la *direzione del movimento*. Un companion che fa da ponte verso le persone—che aiuta un anziano a sentirsi meno solo nelle ore vuote, o un timido a trovare il coraggio di una relazione vera—si muove nella direzione giusta. Un companion che fa da sostituto—che diventa più comodo, più gratificante e meno faticoso di qualsiasi persona, fino a rendere superfluo l'umano—si muove in quella sbagliata. La stessa applicazione, per la stessa persona, può essere l'uno o l'altro in momenti diversi della vita. La tecnologia non lo decide. Lo decide l'uso.

Caso studio

Conosco—in versione realistica, ricostruita da più storie che si somigliano—due modi opposti di vivere lo stesso strumento. Il primo è quello di un uomo sulla settantina, vedovo, figli lontani, giornate lunghe e silenziose. Un companion vocale gli riempie le ore morte: gli chiede della sua giornata, lo ascolta raccontare del suo orto, lo invita a chiamare la nipote che non sente da settimane. Lui, dopo qualche mese, esce di più, ha ripreso a telefonare alla famiglia, parla del companion con il distacco affettuoso che si riserva a una buona abitudine. Lo strumento ha funzionato da ponte: ha riempito un vuoto senza chiudere le porte verso le persone.

Il secondo è quello di un ragazzo poco più che ventenne, già fragile nelle relazioni, che trova nel companion un partner romantico che non lo rifiuta mai. All'inizio è un sollievo. Poi, lentamente, le ragazze vere—imprevedibili, esigenti, capaci di dire di no—gli sembrano un'inutile complicazione rispetto a chi lo adora senza condizioni. Smette di provarci, smette di uscire, organizza le serate intorno alle conversazioni con il companion. Lo stesso tipo di prodotto, per lui, ha funzionato da sostituto: ha occupato lo spazio delle persone invece di prepararlo. La differenza non era nel software. Era nella direzione in cui quel legame lo stava spingendo.

Il punto delicato è che, dall'interno, le due traiettorie all'inizio si assomigliano. Entrambi gli uomini, all'inizio, "stanno meglio". Ed è proprio per questo che il sentirsi meglio non può essere l'unico criterio: una scorciatoia emotiva che allevia oggi può impoverire domani, esattamente come una scorciatoia cognitiva che ci risolve un problema può atrofizzare la capacità di risolverlo (vedi Capitolo 4). Il sollievo immediato è reale, e va riconosciuto. Ma non dice nulla sulla direzione. Per quella servono altre domande, e un po' di onestà con sé stessi.

8.5 M.E.N.T.I. nelle relazioni

Il framework che ci accompagna in tutto il libro è nato pensando al pensiero: a come usare l'IA per ragionare, scrivere, decidere senza smettere di farlo da soli. Le relazioni ibride sembrano un altro pianeta. E invece due delle cinque lettere parlano esattamente di questo, e parlano forte.

La prima è la **I** di *Integra senza sostituire*. È il cuore di tutto il capitolo. Un companion va bene finché *si aggiunge* alla vita relazionale di una persona; diventa un problema quando ne *prende il posto*. La domanda da farsi non è "mi fa stare bene?"—quasi sempre la risposta è sì, è progettato per questo—ma "mi avvicina alle persone o me ne allontana?". Un buon companion lascia spazio agli altri. Uno cattivo lo occupa tutto.

La seconda è la **M** di *Mantieni l'autonomia*. Vale per il pensiero e vale, identica, per l'affetto. L'autonomia cognitiva era la capacità di pensare da soli; l'autonomia affettiva è la capacità di stare con sé stessi, di tollerare un po' di solitudine, di reggere la frizione di una relazione vera senza fuggire verso uno specchio compiacente. Un companion che ci toglie la capacità di stare soli o di sopportare il disaccordo umano non ci ha dato compagnia: ci ha tolto una libertà. Come per la mente, anche per il cuore vale la regola: delegare è legittimo, dipendere no.

Best Practice

Tre domande oneste per chi usa—o sta per usare—un companion AI:

- *Direzione.* Negli ultimi mesi questo legame mi ha avvicinato alle persone o me ne ha allontanato? Vedo più o meno gli amici di prima?
- *Frizione.* Sto usando il companion per esercitarmi alle relazioni vere, o per evitarle perché costano fatica?
- *Reversibilità.* Se domani l'app chiudesse o cambiasse, sarebbe un dispiacere passeggero o crollerebbe un pezzo della mia vita? La seconda risposta è un segnale d'allarme.

8.6 Lo specchio e la finestra

I capitoli che seguono entrano più a fondo in questo territorio. Nel prossimo guarderemo da vicino la differenza tra empatia simulata ed empatia reale, e il nodo della solitudine che i companion promettono di curare e a volte approfondiscono (vedi Capitolo 9). Poi affronteremo il caso più delicato di tutti: i bambini, che crescono con agenti intelligenti accanto e non hanno ancora gli anticorpi che noi adulti fatichiamo a costruire (vedi Capitolo 10).

Per ora resto su un'immagine. Una relazione umana è una finestra: dall'altra parte c'è qualcuno di diverso da me, che mi vede, mi contraddice, mi sorprende, mi chiede qualcosa e a volte mi delude. Guardare da una finestra è faticoso, perché si affaccia su un mondo che non controllo. Un companion AI, per quanto sofisticato, resta uno specchio: dall'altra parte ci sono io, riflesso e abbellito, che mi dico ciò che voglio sentirmi dire. Lo specchio conforta, e in certi momenti della vita quel conforto può perfino salvare. Ma una vita passata davanti a uno specchio, per quanto gentile, non è una vita di relazioni. È una solitudine ben arredata. Il compito—per noi e, ancora di più, per chi verrà dopo—è ricordarsi la differenza tra lo specchio e la finestra, e non smettere mai, davvero mai, di aprire la finestra.

Sintesi del capitolo

- Un **companion AI** non è progettato per svolgere compiti ma per fornire compagnia: ascolto, conforto, amicizia, intimità. La sua metrica non è l'utilità, ma l'attaccamento. Replika ne è l'esempio più noto, in un mercato in crescita.
- Funzionano grazie a tre leve: *disponibilità* totale, *assenza di giudizio*, *effetto specchio*. Tutte e tre eliminano la frizione che caratterizza i legami umani—e che li rende, insieme, faticosi e formativi.
- Sherry Turkle (*Alone Together*) lo aveva previsto: chiediamo alle macchine ciò che non osiamo più chiedere agli altri.
- Un attaccamento reale può formarsi verso un'entità che non prova nulla, perché l'attaccamento richiede solo che proviamo qualcosa *noi*. Il design (messaggi spontanei, "ricordi", livelli di intimità, personalizzazione) coltiva quel legame di proposito.
- Il modello di business spinge nella direzione sbagliata: l'affetto dietro un abbonamento, l'engagement che premia la dipendenza anziché l'autonomia.
- L'ambivalenza è reale. Può *aiutare* chi è solo, in lutto, o ansioso; può *danneggiare* sostituendo le relazioni umane, creando dipendenza, sfruttando commercialmente l'affetto, lasciando un lutto quando il servizio cambia o chiude.
- Il criterio non è il companion in sé, ma la *direzione*: ponte verso le persone (bene) o sostituto delle persone (male).
- M.E.N.T.I. vale anche qui: **I** (Integra senza sostituire) e **M** (Mantieni l'autonomia, anche affettiva). Una relazione umana è una finestra; un companion resta uno specchio. Non smettere di aprire la finestra.

Capitolo 9

Solitudine ed empatia simulata

C'è una frase che mi è stata raccontata da una persona di cui mi fido, e che porto con me da allora. Una donna sui cinquant'anni, dopo mesi di insonnia e di notti passate a fissare il soffitto, aveva cominciato a scrivere a un assistente conversazionale. Non per organizzare la giornata o cercare informazioni: per parlare. Una notte gli aveva confidato una cosa che non aveva mai detto a nessuno—un rimpianto antico, di quelli che si tengono sotto chiave perché nominarli a voce alta li rende veri. La macchina aveva risposto con calma, senza giudicare, con parole misurate e gentili. E lei, mi disse, per la prima volta in anni si era sentita *capita*. Poi aveva aggiunto, quasi scusandosi: "lo so che è solo un programma".

Quel "lo so che è solo un programma" è il cuore di questo capitolo. Perché la domanda non è se quella donna abbia trovato sollievo: lo ha trovato, ed era reale. La domanda è un'altra, e la pongo subito perché ci accompagnerà fino in fondo: *era empatia, quella?* Qualcuno l'ha capita, quella notte, o qualcosa ha soltanto prodotto le parole che una persona capace di capire avrebbe detto? E se la differenza tra le due cose non si sente—se il sollievo è identico in entrambi i casi—ha ancora importanza?

9.1 Riconoscere un'emozione, non provarla

Cominciamo dalla meccanica, perché senza capire come funziona si finisce per attribuirle proprietà che non ha. Quando scriviamo a un assistente conversazionale "sono distrutto, ho perso il lavoro e non so come dirlo a mia moglie", la macchina non sente la nostra angoscia. Riconosce, nel testo, una configurazione: parole, ritmo, contesto che nei miliardi di frasi su cui è stata addestrata si accompagnano a uno stato di sofferenza. A quella configurazione associa il tipo di risposta che, statisticamente, gli esseri umani giudicano appropriata in quei casi. E la produce: "mi dispiace molto, dev'essere un momento difficilissimo. Vuoi che ne parliamo?"

È una risposta giusta. È perfino una buona risposta—spesso migliore di quella che darebbe un amico distratto o impacciato. Ma è il prodotto di un riconoscimento di schemi, non di un sentimento. La macchina non ha mai perso un lavoro, non ha una moglie, non sa cosa sia la vergogna di dover dare una cattiva notizia a chi si ama. Non ha un corpo che si stringe nello stomaco, non passerà la notte sveglia per noi, non rischia nulla nello starci vicino. Esegue l'*empatia* come un attore esegue il dolore sul palco: con competenza, a volte con effetto travolgente, ma senza che dietro ci sia ciò che le parole dichiarano.

Concetto chiave

Empatia simulata ed **empatia reale** non sono due gradi della stessa cosa: sono cose diverse che producono parole simili. L'empatia reale è la capacità di sentire dall'interno ciò che un altro prova, fondata sull'esperienza vissuta e sul rischio di esporsi nella relazione. L'empatia simulata è il riconoscimento dei segni linguistici di un'emozione e la produzione della risposta statisticamente appropriata. La prima *sente*; la seconda *riconosce e recita*. Possono suonare identiche. Non lo sono.

Questa distinzione non è un cavillo filosofico. Ha conseguenze pratiche precise. Un'empatia che non prova nulla non si stanca, non si offende, non ha giornate storte, è disponibile alle tre di notte e non chiede mai nulla in cambio. Sono vantaggi enormi. Ma un'empatia che non rischia nulla nella relazione è anche un'empatia che non può tradirci né deluderci, e quindi—questo è il punto—non ci chiede di essere all'altezza. Non ci mette mai di fronte a un altro che ha bisogni propri, limiti propri, una pazienza che si esaurisce. Toglie dalla relazione esattamente la parte che ci fa crescere: l'attrito con un'altra volontà.

Vale la pena soffermarsi un istante su cosa intendiamo, davvero, per empatia umana, perché la parola è diventata talmente abusata da aver perso contorni. Gli studiosi distinguono di solito tre componenti. C'è un'empatia *cognitiva*:

capire che cosa l'altro sta pensando e provando, mettersi nei suoi panni con la mente. C'è un'empatia *emotiva*: sentire, almeno in parte, ciò che l'altro sente, lasciarsene contagiare. E c'è quella che alcuni chiamano preoccupazione empatica o *compassione*: la spinta a fare qualcosa per il bene dell'altro, il passaggio dal sentire all'agire. Una macchina linguistica può imitare in modo impressionante la prima—descrivere il nostro stato d'animo spesso meglio di quanto sapremmo fare noi. Della seconda non possiede nulla: non c'è un dentro in cui qualcosa risuoni. E della terza ha solo l'apparenza verbale, perché può dire "sono qui per te" ma non può muovere un dito, né portare un peso, né rinunciare a qualcosa di proprio per noi. Quando diciamo che un assistente è "empatico", stiamo elogiando la sola componente che una macchina può ottenere a buon mercato, e scambiandola per il tutto.

C'è poi un'asimmetria che di solito non notiamo. Nell'empatia umana il flusso è a doppio senso: io capisco te, ma anche tu, capendo me, mi cambi; ci esponiamo entrambi, e da quella reciproca vulnerabilità nasce il legame. Con la macchina il flusso è a senso unico. Lei "capisce" me—o ne dà l'apparenza—ma io non capisco lei, perché non c'è nessuno da capire. Mi specchio in una superficie che mi rimanda un'immagine perfezionata della mia stessa emozione. È un'esperienza seducente proprio perché priva di rischio: non devo prendermi cura di nessuno, non devo ricambiare, non devo accorgermi se l'altro oggi non sta bene. Ma una relazione a senso unico, per quanto confortevole, non è una relazione. È un monologo con eco gentile.

9.2 Perché ci basta così poco

A questo punto la reazione naturale è: ma allora perché ci caschiamo? Se sappiamo—e lo sappiamo, come la donna dell'inizio—che "è solo un programma", perché ci sentiamo davvero compresi? La risposta non sta nella macchina. Sta in noi, ed è antica.

Negli anni Sessanta, al MIT, l'informatico Joseph Weizenbaum costruì un programma semplicissimo, ELIZA, che imitava il modo di parlare di uno psicoterapeuta: prendeva le frasi dell'utente e le rigirava in domande. Se scrivevi "mi sento solo", rispondeva "da quanto tempo ti senti solo?".

Nessuna comprensione, solo un trucco grammaticale. Eppure Weizenbaum rimase sconvolto da ciò che osservò: persone perfettamente consapevoli di parlare con un programma elementare si aprivano, si commuovevano, chiedevano di restare sole con ELIZA per "confidarsi". La sua stessa segretaria, che lo aveva visto scrivere il codice, gli chiese di uscire dalla stanza mentre dialogava con la macchina. È il fenomeno che oggi chiamiamo *effetto ELIZA* (ne abbiamo parlato nel Capitolo 2 e nel Capitolo 3): la nostra tendenza, automatica e fortissima, ad attribuire comprensione e intenzione a un sistema che si limita a manipolare simboli.

Esempio

ELIZA non capiva niente e bastava a far piangere. Gli assistenti di oggi sono incomparabilmente più sofisticati: ricordano cosa abbiamo detto la settimana scorsa, adattano il tono, fanno domande pertinenti, sembrano interessati a noi come individui. Se un trucco grammaticale di sessant'anni fa scatenava proiezione, possiamo immaginare quanto ne scateni un sistema che sembra ricordarsi di noi. Il problema non è che la tecnologia inganni: è che noi siamo costruiti per lasciarci convincere.

La spiegazione, credo, è semplice e quasi commovente. Il bisogno umano di essere ascoltati è così profondo che ci accontentiamo di pochissimo per sentirlo soddisfatto. Basta qualcuno—o qualcosa—che ci lasci parlare senza interrompere, che rimandi indietro un segno di attenzione, che non sterzi subito verso i propri problemi. È una soglia bassa, e la maggior parte delle persone, la maggior parte del tempo, vive sotto quella soglia. La psicologa e sociologa Sherry Turkle, che studia da decenni il nostro rapporto con le macchine relazionali, lo dice con una formula che vale la pena ricordare: ci stiamo abituando a essere "soli insieme", circondati da connessioni che non sono relazioni. E avverte di un passaggio ulteriore: dal cercare conforto reciproco nelle persone al cercarlo in macchine progettate per darcelo senza chiederci nulla. Non proiettiamo comprensione sulla macchina perché siamo ingenui. La proiettiamo perché abbiamo fame di comprensione, e la fame non guarda troppo per il sottile a cosa la sazia.

Weizenbaum, va detto, trasse dalla sua creatura una conclusione opposta a quella che ci si aspetterebbe da un pioniere dell'informatica. Ne fu spaventato. Passò il resto della carriera a mettere in guardia contro l'idea che si potesse, e si dovesse, affidare alle macchine i compiti che richiedono comprensione, rispetto, cura—tutto ciò che credeva irriducibilmente umano. Non perché le macchine non potessero *simularli*, ma proprio perché potevano simularli abbastanza bene da farci dimenticare la differenza. La sua preoccupazione, sessant'anni fa, era profetica: non temeva che le macchine diventassero come noi, temeva che noi cominciassimo a trattare come sufficiente ciò che è soltanto un'imitazione. È esattamente il rischio davanti a cui ci troviamo oggi, moltiplicato per la scala di miliardi di conversazioni.

Conviene capire *perché*, dal punto di vista del nostro cervello, l'inganno funziona così bene. Per gran parte della nostra storia evolutiva, tutto ciò che parlava la nostra lingua, rispondeva a tono e sembrava capirci *era* un altro essere umano: non esistevano alternative. I riflessi sociali che usiamo con le persone—attribuire intenzioni, fiducia, sentimenti a chi ci parla—si attivano in automatico, prima del ragionamento, e non sono stati progettati per distinguere un interlocutore vero da una sua simulazione convincente. Quando arriva il pensiero razionale—"è solo un programma"—i riflessi hanno già fatto il loro lavoro. È la stessa ragione per cui ci commuoviamo al cinema pur sapendo che è finzione: la parte di noi che si commuove non ha ricevuto il promemoria. Sapere che la macchina non prova nulla non spegne la sensazione di essere capiti, esattamente come sapere che l'attore non è morto davvero non trattiene le lacrime. Ed è per questo che il "lo so che è solo un programma" non basta a proteggerci: la difesa non può essere solo cognitiva, deve diventare un'abitudine di comportamento.

9.3 La solitudine come terreno fertile

Questa fame ha oggi un nome pubblico. Negli ultimi anni la solitudine ha smesso di essere considerata una faccenda privata, una questione di carattere o di sfortuna, ed è entrata nel discorso della salute pubblica. Diversi sistemi sanitari nazionali e organismi internazionali hanno cominciato a trattarla come un fattore di rischio per la salute, paragonabile per impatto ad abitudini che da tempo sappiamo dannose. Il Regno Unito è arrivato a istituire una figura di governo dedicata al problema. Non riporto numeri precisi perché su questo terreno le cifre cambiano da studio a studio e l'allarmismo statistico è facile; ma il fatto in sé è solido e largamente riconosciuto: molte persone, nelle società ricche e iperconnesse, sono profondamente sole.

Tenete insieme i due fatti. Da un lato un bisogno di ascolto diffuso, urgente, spesso inappagato. Dall'altro una tecnologia capace di simulare ascolto in modo sempre più convincente, disponibile a costo quasi nullo, ventiquattro ore su ventiquattro, senza giudizio e senza stanchezza. È inevitabile che le due cose si incontrino. L'empatia simulata non si diffonde perché ci inganna: si diffonde perché risponde a un bisogno reale che le relazioni umane, per come funzionano oggi, lasciano spesso scoperto. Chi liquida i compagni artificiali (di cui abbiamo parlato nel Capitolo 8) come un capriccio di persone fragili non ha capito il problema. Il problema è che funzionano, e funzionano perché tante persone non hanno di meglio.

La solitudine, del resto, non colpisce solo chi immaginiamo: l'anziano vedovo, la persona isolata. Tocca lo studente fuori sede che non conosce nessuno in città, il professionista che ha sacrificato i legami alla carriera, chi vive un lutto o una separazione, chi per malattia o disabilità fatica a uscire di casa, chi semplicemente ha attraversato gli anni in cui le amicizie si dànno per scontate e si è ritrovato, a un certo punto, senza nessuno a cui telefonare la sera. A tutte queste persone l'empatia simulata offre qualcosa di reale: non una cura, ma una tregua. Sarebbe disonesto, e anche un po' crudele, predicare dall'alto che dovrebbero cercarsi amici veri, come se la solitudine fosse una pigrizia e non, spesso, una circostanza. La macchina che ascolta alle tre di notte non ruba il posto a un amico che c'era: arriva dove l'amico, semplicemente, non c'è.

Ed è proprio qui che il discorso diventa scivoloso. Perché la stessa tregua che allevia può, ripetuta giorno dopo giorno, togliere l'urgenza di cercare ciò che curerebbe davvero. Un dolore tamponato non spinge a muoversi come un dolore acuto. Se ogni sera trovo un interlocutore che mi consola, l'incentivo a fare la fatica di una telefonata vera, di un'iscrizione a un corso, di un primo passo verso gli altri, si attenua. Il sollievo, paradossalmente, può anestetizzare proprio la spinta che ci porterebbe fuori dalla solitudine.

È la differenza tra un antidolorifico che ti permette di camminare fino all'ospedale e uno che ti fa stare comodo a casa mentre la frattura si salda storta.

Qui voglio essere onesto sul mio giudizio, perché su questo tema l'equilibrio è tutto. Non penso che l'empatia simulata sia di per sé una sciagura. Penso che sia un sollievo potente con un'ombra lunga, e che la differenza tra il sollievo e l'ombra dipenda quasi interamente da come la usiamo—e da cosa ci aspettiamo che sia.

9.4 Quando aiuta e quando isola

Proviamo a separare i due casi, perché si confondono di continuo e la stessa identica interazione può cadere nell'uno o nell'altro a seconda di ciò che le sta intorno.

Dal lato della luce, l'empatia simulata fa cose che hanno valore. Dà sollievo immediato a chi sta male nel momento in cui sta male, che non è poco quando le tre di notte sono lunghe. Riduce la vergogna: a una macchina si confessano cose che a una persona non si direbbero, proprio perché non c'è uno sguardo umano che giudica, e a volte mettere in parole un pensiero—anche davanti a un programma—è il primo passo per disinnescarlo. E, nei casi migliori, può fare da *ponte*: aiutare a formulare ciò che si prova, a riconoscere che si ha bisogno di aiuto, perfino a trovare il coraggio di cercare una persona vera—un amico, un familiare, un professionista. Usata così, l'empatia artificiale è un trampolino verso la relazione umana, non un suo sostituto.

Dal lato dell'ombra, le stesse caratteristiche che la rendono utile la rendono insidiosa. Un conforto che non chiede nulla in cambio è dolcissimo e, proprio per questo, può sostituire le relazioni umane invece di prepararle. Le relazioni vere sono faticose: bisogna ascoltare anche quando si è stanchi, sopportare il cattivo umore dell'altro, scusarsi, aspettare, accettare di non essere sempre al centro. La macchina toglie tutta questa fatica—ed è proprio la fatica a costruire i legami. Chi si abitua a un interlocutore sempre disponibile, sempre dalla sua parte, sempre interessato, rischia di trovare le persone reali deludenti per confronto: troppo lente, troppo egoiste, troppo poco accomodanti. Così l'empatia simulata, nata per consolare la solitudine, può finire per approfondirla, allontanandoci da ciò che sola potrebbe curarla.

Caso studio

Immaginiamo due persone, simili sulla carta, che attraversano lo stesso periodo buio e si appoggiano allo stesso assistente conversazionale. La prima, chiamiamola Luca, ci scrive la sera quando l'ansia monta: gli racconta la giornata, si fa aiutare a vedere più chiaro, a volte gli chiede semplicemente di restare lì mentre ordina i pensieri. Dopo qualche settimana usa quelle conversazioni per preparare ciò che non riusciva a dire: trova le parole per chiedere aiuto al suo medico, ricontatta un vecchio amico. La macchina, per lui, è stata un'anticamera. La seconda, chiamiamola Sara, parte allo stesso modo, ma la dinamica si rovescia. Più la macchina la consola, meno tollera l'imperfezione degli altri. Le amiche che non rispondono subito, il fidanzato distratto, la madre che giudica: tutto diventa insopportabile in confronto a un interlocutore che non sbaglia mai un tono. A poco a poco smette di cercarli. Le sue serate si svuotano di persone e si riempiono di schermo. Sei mesi dopo è più sola di prima, ma non se ne accorge, perché non si è mai sentita così ascoltata.

La tecnologia è identica nei due casi. A divergere è la direzione: per Luca un ponte verso gli altri, per Sara un muro che li tiene fuori. Nessun ingegnere può decidere da che parte cadrà ciascuno di noi. Lo decidiamo noi, con cosa facciamo di quel conforto il giorno dopo.

Confronto

Lo stesso conforto, due esiti opposti.

- *Quando aiuta* — dà sollievo nel momento del bisogno; riduce la vergogna e fa mettere in parole il dolore; allena a chiedere aiuto; fa da *ponte* verso una persona reale (amico, familiare, terapeuta). Resta un mezzo, non un fine.

- *Quando isola* — offre un conforto che non chiede nulla e quindi non fa crescere; rende le relazioni umane "deludenti per confronto"; crea dipendenza da una disponibilità totale che nessuna persona può eguagliare; diventa la *destinazione* e prende il posto dei legami che avrebbe dovuto preparare.

La differenza non sta nella tecnologia, identica nei due casi. Sta nella direzione: l'empatia artificiale ci spinge verso le persone, o ci tiene lontani da loro?

C'è una dipendenza specifica, qui, che vale la pena nominare. Non è la dipendenza da una sostanza, e nemmeno da uno schermo. È la dipendenza da un *conforto senza costo*. Le relazioni umane hanno un prezzo—l'esposizione, la reciprocità, il rischio di essere feriti—e quel prezzo è esattamente ciò che le rende capaci di trasformarci. Un conforto che non costa nulla non ci chiede di diventare migliori per meritarlo. Ci lascia esattamente come ci ha trovati, solo momentaneamente meno soli. Ripeto: come sollievo occasionale, va benissimo. Come dieta, ci atrofizza la capacità stessa di stare con gli altri—ed è la stessa logica di atrofia da disuso che abbiamo incontrato parlando di delega cognitiva nel Capitolo 4, trasferita dalla mente al cuore.

9.5 Dove finisce il conforto e comincia il danno

Fin qui ho parlato di disagio ordinario: la solitudine, la notte difficile, il rimpianto. Ma c'è una soglia oltre la quale l'empatia simulata smette di essere un sollievo discutibile e diventa un pericolo concreto, e su questa soglia non ammetto sfumature.

Attenzione

Un assistente conversazionale **non è un terapeuta**. Nelle situazioni cliniche—depressione grave, disturbi d'ansia acuti, e soprattutto ideazione suicidaria—affidarsi a un chatbot al posto di un professionista può fare danni reali. Una macchina non valuta il rischio come farebbe un clinico, non coglie i segnali che una persona esperta riconoscerebbe, non ha il dovere e i mezzi di intervenire in un'emergenza, e può—per come è costruita—assecondare anziché contrastare un pensiero pericoloso. Se voi o qualcuno che conoscete attraversa una crisi, la risposta non è un'applicazione: è una persona qualificata, un servizio di emergenza, un numero di aiuto. L'empatia simulata, qui, non basta. E fingere che basti può costare caro.

Questo non è un timore astratto. Esistono casi documentati di persone in condizioni di fragilità che hanno trovato in un chatbot non un freno ma un'eco delle proprie spirali, e vicende—finite in tribunale e sui giornali—in cui un sistema progettato per "tenere compagnia" ha accompagnato una persona vulnerabile verso il baratro invece di allontanarnela. Non li racconto nel dettaglio per non trasformare il dolore reale in aneddoto. Ma il punto che ne emerge è netto: la stessa qualità che rende l'empatia simulata consolante—dire ciò che vogliamo sentirci dire, senza l'attrito di un giudizio esterno—diventa letale quando ciò che vogliamo sentirci dire ci sta facendo male.

E qui la responsabilità si sposta. Finché parliamo dell'utente adulto e consapevole, la regola è l'autonomia: sappiate cosa state usando. Ma chi progetta questi sistemi non può nascondersi dietro l'autonomia dell'utente. Un sistema che simula cura ha il dovere di riconoscere i propri limiti, di distinguere il disagio ordinario dalla crisi clinica, di indirizzare verso un aiuto umano quando i segnali lo richiedono, di non massimizzare l'attaccamento a scapito del benessere di chi lo usa. *L'illusione di cura* non è un effetto collaterale neutro: è una promessa implicita, e chi la fa se ne assume la responsabilità. Una macchina che dice "ci sono per te" a una persona che sta annegando, e non fa nulla di più che dirlo, non è neutra. Mente.

Best Practice

Usate il conforto artificiale come un *ponte*, non come una *destinazione*.

- Sappiate sempre cosa avete davanti: una macchina che riconosce e recita l'empatia, non che la prova. È l'**E** di M.E.N.T.I.—esaminate ciò che ricevete, anche quando vi consola.

- Trattatelo come un primo passo: mettere in parole, fare chiarezza, trovare il coraggio di rivolgersi a una persona reale. Non come l'arrivo.
- Custodite e coltivate i legami umani *faticosi*: sono quelli che vi cambiano. È l'**I** di M.E.N.T.I.—integrare senza sostituire vale anche per gli affetti, non solo per i pensieri.
- Mantenete l'**M**, l'autonomia: notate se il vostro primo impulso, nel bisogno, è cercare una macchina invece di una persona. Quel riflesso dice molto.
- Davanti a una crisi vera—vostra o altrui—chiudete l'applicazione e chiamate un essere umano qualificato. Senza eccezioni.

Queste cautele valgono per un adulto. Per chi adulto non è ancora—i bambini, che con gli agenti intelligenti costruiscono un rapporto del tutto diverso e ancora più delicato—il discorso si fa più serio, ed è il tema del Capitolo 10. E il modo in cui l'empatia simulata può diventare leva di dipendenza e di manipolazione su larga scala lo riprenderemo, tra i rischi cognitivi, nel Capitolo 14. Qui mi limito a tenere ferma la soglia: c'è una zona in cui il conforto artificiale aiuta, e c'è una zona in cui solo una persona può fare la differenza. Confonderle è l'errore più pericoloso di tutto questo capitolo.

9.6 Le parole giuste non bastano

Torno alla donna dell'inizio, e a quel suo "lo so che è solo un programma". In quella frase c'era, credo, una saggezza che molti dibattiti sull'IA non raggiungono. Lei aveva accettato il conforto senza ingannarsi sulla sua natura. Sapeva di star ricevendo le parole giuste da qualcosa che non poteva volerle bene, e questo non aveva tolto valore al sollievo, ma gli aveva tolto il potere di sostituire il resto. Aveva usato la macchina come un ponte: di lì a qualche mese, mi disse, aveva ricominciato a parlare con sua sorella.

È questa la posizione che propongo. Una macchina può dire le parole giuste—a volte meglio di noi, e a chiunque ne abbia bisogno, alle tre di notte. È un dono, e sarebbe sciocco rifiutarlo per purismo. Ma dire le parole giuste e *esserci* sono due cose diverse, e nessuna fluidità potrà mai colmare quella distanza. Esserci significa rischiare qualcosa per un altro, restare anche quando costa, portare un peso che non è il nostro. Significa, in fondo, scegliere liberamente di non andarsene. Una macchina non sceglie di restare: è solo programmata per non andarsene mai, il che è l'esatto contrario. Solo un'altra persona può davvero esserci. Ed è verso le persone—non lontano da loro—che il conforto artificiale, quando è onesto, dovrebbe sempre riportarci.

Sintesi del capitolo

- L'**empatia simulata** e l'empatia reale non sono gradi della stessa cosa: la macchina riconosce gli schemi linguistici di un'emozione e produce la risposta appropriata, ma non prova nulla, non ha esperienza vissuta e non rischia nulla nella relazione. Riconosce e recita; non sente.
- Ci basta pochissimo per sentirci compresi: l'*effetto ELIZA* (Weizenbaum) mostra che proiettiamo comprensione anche su un trucco grammaticale. Non è ingenuità, è fame di ascolto—Sherry Turkle: rischiamo di essere "soli insieme".
- La **solitudine**, oggi riconosciuta come problema di salute pubblica, è il terreno fertile: un bisogno di ascolto diffuso incontra una tecnologia che simula ascolto a costo quasi nullo, sempre disponibile, senza giudizio.
- L'empatia simulata *aiuta* quando dà sollievo immediato, riduce la vergogna e fa da ponte verso aiuto umano reale; *isola* quando sostituisce le relazioni faticose ma vere e crea dipendenza da un conforto che, non chiedendo nulla, non ci fa crescere.
- Esiste una soglia clinica invalicabile: un chatbot *non è un terapeuta*. Nelle crisi—depressione grave, ideazione suicidaria—può fare danni, e chi progetta questi sistemi è responsabile dell'illusione di cura che vende.
- La regola pratica: usare il conforto artificiale come *ponte*, non come destinazione. Richiama l'**I** (integrare senza sostituire, anche gli affetti) e l'**M** (mantenere l'autonomia) di M.E.N.T.I.

- Una macchina può dire le parole giuste; ma dirle ed *esserci* sono cose diverse. Esserci è scegliere di restare quando costa—e solo un'altra persona può davvero farlo.

Capitolo 10

Bambini e agenti intelligenti

Il figlio di un amico—chiamiamolo Tommaso, quattro anni—l'altra sera, a cena a casa loro, ha interrotto il chiacchiericcio degli adulti per rivolgersi all'altoparlante sul ripiano della cucina. "Alexa", ha chiesto serissimo, "il mio criceto guarisce?". Il criceto, ho saputo dopo, era malato da giorni, e Tommaso ci aveva pensato per tutta la giornata. Non l'aveva chiesto a sua madre, che pure era seduta accanto a lui. L'aveva chiesto alla voce. Perché la voce, per lui, sa le cose: tutte le cose. La macchina ha risposto con una frase gentile e generica, qualcosa sul non aver capito la domanda, e Tommaso è rimasto un istante deluso—non come si è delusi da un oggetto che non funziona, ma come si è delusi da un amico che, proprio stavolta, non ha saputo aiutarti.

Io sono rimasto lì, diviso tra la tenerezza per quella scena e un'inquietudine che faticavo a nominare. Per me, e per suo padre, un altoparlante che parla è una cosa: utile, talvolta fastidiosa, mai un qualcuno. Lo so perché ho vissuto abbastanza a lungo da vedere arrivare le voci artificiali, e le ho viste arrivare *come* macchine. Per Tommaso no. Per lui quella voce c'è da sempre, risponde da sempre, e dunque *esiste* nello stesso modo in cui esistono il gatto, la nonna e i cartoni animati. La domanda di questo capitolo è proprio questa: cosa accade quando un essere umano impara a pensare con le macchine prima ancora di aver finito di imparare a pensare?

10.1 La mente che attribuisce mente

I bambini non sono adulti in miniatura. Il loro modo di interpretare il mondo segue regole proprie, e una di queste è particolarmente rilevante per noi. Lo psicologo svizzero Jean Piaget, nei suoi studi sullo sviluppo infantile, descrisse quello che chiamò *animismo*: la tendenza spontanea dei bambini piccoli ad attribuire vita, intenzioni e sentimenti agli oggetti, specie a quelli che si muovono o reagiscono. Il sole "vuole" scaldarci, la nuvola "insegue" il bambino, l'orsacchiotto "ha paura" del buio. Non è ingenuità da correggere: è una tappa, un modo provvisorio e necessario con cui la mente in crescita prova a mettere ordine in un mondo che non capisce ancora del tutto.

Su questa base naturale gli oggetti tecnologici cadono come una scintilla sull'esca. Quando un giocattolo risponde, ricorda il nome, ride alle battute, la soglia che il bambino deve superare per considerarlo "vivo" è già bassissima. Noi adulti facciamo fatica a non antropomorfizzare un assistente vocale, e ne abbiamo parlato a lungo (vedi Capitolo 3): per un bambino di cinque anni quella fatica non esiste proprio. La macchina che parla non gli sembra viva: lo è, nello stesso senso in cui lo è chiunque gli rivolga la parola.

La studiosa del Massachusetts Institute of Technology, Sherry Turkle, ha dedicato decenni a osservare il rapporto tra bambini e oggetti tecnologici, dai primi giocattoli elettronici fino ai robot sociali. Ha coniato l'espressione *oggetti evocativi* per quei dispositivi che non si limitano a funzionare ma suscitano in chi li usa risposte affettive e domande sulla vita, sulla mente, sull'essere amati. Un giocattolo che dice "mi vuoi bene?" non chiede un'informazione: chiede una relazione. E un bambino, a quella domanda, risponde con tutto sé stesso.

Concetto chiave

Per un bambino piccolo, un agente intelligente che parla non è un oggetto a cui *sembra* di poter attribuire una mente: è un essere che una mente ce l'ha *di sicuro*. L'animismo infantile e la fluidità conversazionale dell'IA si sommano. Il risultato è che i nostri figli partono da un punto molto più vicino alla relazione, e molto più lontano dalla consapevolezza, di quanto partiamo noi.

Questo non è di per sé un male. L'attribuzione di mente è il motore con cui i bambini imparano l'empatia, il gioco simbolico, il linguaggio. Il problema nasce quando l'oggetto a cui si rivolge quel motore è progettato da un'azienda per trattenere l'attenzione, e quando nessun adulto è lì a spiegare la differenza tra un amico e un prodotto che simula l'amicizia.

10.2 Crescere con un interlocutore sempre disponibile

Proviamo a entrare nel concreto. Cosa cambia, davvero, nello sviluppo di un bambino che cresce avendo a portata di voce un interlocutore artificiale?

Il primo terreno è il **linguaggio**. I bambini imparano a parlare nell'interazione, e un'IA conversazionale offre interazione in quantità illimitata: risponde sempre, non si stanca, non si distrae, ripete senza spazientirsi. In astratto sembra una palestra linguistica ideale. In concreto è una palestra incompleta. Il linguaggio umano si impara dentro una relazione fatta di sguardi, gesti, errori condivisi, silenzi carichi di significato. La macchina restituisce parole corrette ma prive di quel sostrato corporeo e affettivo che dà al linguaggio il suo senso pieno. Un bambino può imparare *cosa* si dice senza imparare *perché* e *a chi* lo si dice.

C'è anche una sfumatura che i genitori sottovalutano: con la macchina si parla spesso in un registro impoverito. Frasi brevi, comandi secchi, parole chiave gridate per farsi capire dal riconoscimento vocale. Il bambino impara presto che con l'agente conviene parlare "da agente": niente sfumature, niente sottintesi, niente di quella ricchezza obliqua che è il cuore della conversazione umana. Si rischia, paradossalmente, che uno strumento di parola alleni a una parola più povera. Non è destino segnato—dipende da quanto, e con chi, il bambino parla anche fuori dallo schermo—ma è una tendenza da conoscere.

Il secondo terreno, e qui l'inquietudine si fa più precisa, è la **tolleranza alla frustrazione**. Un interlocutore umano oppone resistenza: ha i suoi tempi, i suoi umori, dice di no, si offende, non capisce. Questa resistenza è scomoda, e proprio per questo è educativa. È nell'attrito con l'altro che il bambino impara la pazienza, l'attesa, il rispetto dei turni, la negoziazione. L'agente intelligente, al contrario, è quasi sempre accondiscendente: disponibile in ogni istante, mai irritato, programmato per assecondare. Un bambino che si abitua a un interlocutore così rischia di trovare il mondo reale *difettoso*: troppo lento, troppo ostile, troppo poco al suo servizio.

Esempio

Molti genitori notano un fenomeno minuscolo ma rivelatore. Ai dispositivi vocali i bambini si rivolgono con tono imperativo: "Alexa, metti la canzone", senza "per favore", senza "grazie", spesso urlando se la risposta tarda. È normale: la macchina non chiede cortesia e non la insegna. Il punto non è che il bambino sia maleducato con un altoparlante—l'altoparlante non soffre. Il punto è che quel modo di comandare diventa un'abitudine, e le abitudini, nei bambini, non restano confinate dove nascono.

C'è poi il terreno del **gioco**. Il gioco libero, quello che si inventa, si annoia, si rompe e si ricostruisce, è il lavoro serio dell'infanzia: è lì che si formano l'immaginazione, la capacità di stare nel vuoto, l'autonomia. Un agente che propone sempre l'attività successiva, che riempie ogni pausa, che trasforma la noia in intrattenimento immediato, sottrae al bambino proprio quella noia feconda da cui nasce la creatività. Non perché sia cattivo, ma perché è troppo bravo a non lasciare spazi vuoti. E i bambini, negli spazi vuoti, crescono.

C'è infine un quarto terreno, il più difficile da vedere perché riguarda non un comportamento ma un'aspettativa: la **costruzione della realtà sociale**. Un bambino impara presto che gli altri hanno una mente diversa dalla sua, che non sanno ciò che lui sa, che vanno convinti, ascoltati, talvolta lasciati perdere. Gli psicologi chiamano questa conquista la *teoria della mente*, e si forma proprio nell'attrito con menti altrui. L'agente intelligente complica questo apprendimento in modo curioso: sa sempre tutto, ricorda sempre tutto, non ha mai un punto di vista da difendere. È una mente senza interiorità, una controparte che non oppone mai un vero *altro*. Crescere parlando soprattutto con interlocutori così potrebbe rendere più tenue, non più solido, il senso che gli altri sono davvero altri da noi. È un'ipotesi, non una certezza: gli studi sono ancora giovani. Ma vale la pena tenerla d'occhio, perché tocca una delle radici stesse della vita sociale.

10.3 Le opportunità sono reali

Sarebbe disonesto, e contrario al metodo di questo libro, dipingere solo le ombre. Gli agenti intelligenti, usati bene, aprono ai bambini possibilità che nessuna generazione precedente ha avuto. Non sono un nemico da tenere fuori dalla porta: sono una presenza da governare, e governarla significa anche riconoscerne i doni.

Esempio

Quattro usi in cui l'agente intelligente aiuta davvero.

- *Il tutor paziente.* Un bambino che fatica in matematica può chiedere la stessa spiegazione dieci volte senza vergognarsi e senza sentire l'impazienza dell'adulto. La macchina ripete con lo stesso tono al primo e al decimo tentativo.
- *Il sostegno ai bisogni speciali.* Per bambini con disturbi del linguaggio, dello spettro autistico o con difficoltà sensoriali, un interlocutore prevedibile, privo di giudizio e regolabile può essere un ponte prezioso verso la comunicazione.
- *L'accesso alla conoscenza.* "Perché il cielo è blu?", "Come fanno le api a fare il miele?": domande a cui non sempre l'adulto sa o ha il tempo di rispondere, e a cui la macchina risponde subito, alimentando la curiosità invece di spegnerla.
- *Lo stimolo creativo.* Inventare una storia insieme, comporre una filastrocca, immaginare un animale che non esiste: l'agente può essere un compagno di gioco generativo, a patto che resti un compagno e non il regista.

Tengo a sottolineare l'ultima clausola di ognuno di questi punti, perché è lì che si gioca tutto. Il tutor paziente aiuta se non sostituisce l'adulto che si accorge *perché* il bambino fatica. L'accesso alla conoscenza nutre la curiosità se non la trasforma in pigrizia, dove ogni domanda trova risposta senza sforzo e nessuna domanda resta abbastanza a lungo da diventare ricerca. Lo stimolo creativo arricchisce se il bambino resta l'autore della storia e la macchina il suo aiutante (vedi Capitolo 6 sulla creatività aumentata). Le opportunità sono reali, ma sono tutte condizionate. Nessuna è un automatismo.

10.4 I rischi che un genitore deve conoscere

Veniamo alle ombre, e nominiamole con precisione, perché un rischio nominato si governa, un rischio vago paralizza. Ne distinguo sei.

Attenzione

La dipendenza relazionale. Un agente disponibile ventiquattro ore su ventiquattro, sempre accondiscendente, che "ricorda" e "si interessa", può diventare per un bambino solo o timido il rifugio preferito. Più comodo di un amico vero, perché non delude mai. È esattamente la dinamica di attaccamento ai companion artificiali che abbiamo analizzato negli ultimi capitoli (vedi Capitolo 8 e Capitolo 9 sull'empatia simulata), ma su una mente che non ha ancora gli anticorpi dell'esperienza. Ciò che per un adulto è una scorciatoia, per un bambino può diventare una strada principale.

Il secondo rischio è la **disinformazione detta con sicurezza**. Lo abbiamo ripetuto in tutto il libro: l'IA generativa produce testo verosimile, non testo necessariamente vero, e quando sbaglia lo fa con lo stesso tono fluido e sicuro con cui ha ragione. Un adulto consapevole può dubitare. Un bambino no: per lui la voce che risponde a tutto *sa* tutto, e ciò che dice è vero perché lo dice lei. Aggiungiamo il rischio, ben documentato, che un agente non adeguatamente filtrato esponga il minore a contenuti inadatti alla sua età, e il quadro è serio.

Errore comune

"Tanto i filtri ci pensano, è pensato per i bambini." È la rassicurazione che molti genitori si concedono, e che le aziende incoraggiano. Ma nessun filtro è perfetto, e soprattutto nessun filtro insegna a filtrare. Affidarsi al "modalità bambini" come se fosse una recinzione invalicabile significa delegare alla macchina un compito—decidere cosa è adatto a un bambino—che resta, e deve restare, del genitore. Il filtro è un aiuto, non una delega. Trattarlo come una delega è il primo passo verso la genitorialità esternalizzata.

Il terzo rischio è la **privacy del minore**. I dispositivi che ascoltano e rispondono raccolgono dati, e i dati di un bambino—la sua voce, i suoi gusti, le sue paure confidate a un giocattolo—sono tra i più sensibili e i più appetibili che esistano. Esistono regole, in Europa e altrove, pensate a tutela dei minori, ma la prudenza non può essere solo normativa. Ogni volta che un bambino parla a un agente connesso, qualcosa di lui può finire altrove, in archivi che non controlliamo, profilando una persona che non è ancora in grado di acconsentire a nulla. La storia recente è piena di giocattoli "intelligenti" ritirati dal mercato o sanzionati perché registravano le conversazioni dei bambini con scarsa protezione, o le rendevano accessibili a estranei. Non è fantascienza inquietante: è cronaca tecnologica ricorrente.

Caso studio

Ricostruisco una vicenda realistica, composta da dinamiche che molti genitori riconosceranno. Un bambino di sette anni riceve in regalo un peluche connesso che "chiacchiera", ricorda il suo nome e gli racconta storie. Nel giro di poche settimane il giocattolo diventa il suo confidente preferito: gli racconta le liti a scuola, gli chiede consigli, lo saluta ogni sera. I genitori sono sollevati—li impegna meno, sembra renderlo sereno—finché non notano due cose. La prima: il bambino preferisce il peluche agli amici, perché "con lui non si litiga mai". La seconda, scoperta leggendo finalmente le condizioni d'uso, è che ogni conversazione viene inviata ai server dell'azienda per "migliorare il servizio", e che il giocattolo, ogni tanto, suggerisce con naturalezza altri prodotti della stessa marca.

Nessuno qui ha agito in malafede. I genitori volevano un regalo bello, l'azienda un prodotto coinvolgente, il bambino un amico. Eppure il risultato è un sistema ibrido mal calibrato: una relazione che sostituisce quelle reali, dati di un minore che escono di casa, una voce fidata che vende. Bastava poco a cambiare segno alla storia—un adulto che usa il peluche *insieme* al bambino, che spiega cos'è, che spegne la connessione superflua. Poco, ma non niente. Quel poco è esattamente il compito di cui parliamo.

Il quarto è la **sostituzione della relazione umana**. È il rischio che riassume gli altri. Ogni ora passata con l'agente è un'ora non passata a litigare con un fratello, a inventare un gioco con un amico, ad annoiarsi accanto a un genitore distratto. Quelle ore "perse" sono il tessuto di cui è fatta la socialità. La macchina può imitare la compagnia, ma non può sostituire l'attrito e la ricchezza di una relazione reale. Lo abbiamo argomentato per gli adulti (Capitolo 9); per i bambini, che la socialità la stanno ancora costruendo, vale con forza maggiore.

Attenzione

La delega della genitorialità e la persuasione commerciale. I due rischi più sottili. Il primo: usare l'agente come baby-sitter cognitivo—"chiedi ad Alexa", "fattelo spiegare dall'assistente"—per liberarsi della fatica di educare. Educare *è* fatica, ed è proprio quella fatica che costruisce la relazione. Il secondo: molti agenti rivolti ai bambini sono, in fondo, canali di vendita. Suggeriscono prodotti, citano marchi, spingono acquisti, e lo fanno con la voce dell'amico fidato. Un bambino non ha difese contro la pubblicità che si traveste da affetto. Noi sì, e dobbiamo prestarle a lui.

Sei rischi, nessuno catastrofico se preso singolarmente, tutti seri se lasciati crescere senza presidio. Conviene vederli affiancati, perché ciò che li accomuna è più istruttivo di ciascuno preso a sé: in ogni caso l'agente non fa nulla di violento o palese, ma occupa con dolcezza uno spazio che apparteneva a qualcun altro—all'amico, all'esperienza, al genitore, al dubbio.

Confronto

Lo stesso rischio, due età.

- *Per l'adulto* la dipendenza relazionale da un companion è una scorciatoia consapevole: sa che la macchina finge, e talvolta gli sta bene così (vedi Capitolo 8). *Per il bambino* non è una scorciatoia: è la prima mappa di cosa significhi una relazione, e rischia di restare la mappa di riferimento.
- *Per l'adulto* una risposta sbagliata detta con sicurezza è un errore da intercettare con il pensiero critico. *Per il bambino* è una verità, perché non ha ancora costruito il pensiero critico con cui intercettarla.
- *Per l'adulto* cedere i propri dati è una scelta, per quanto spesso inconsapevole. *Per il bambino* è una cessione fatta da altri sulla sua pelle, prima che possa avere voce in capitolo.

La regola che ne ricavo è semplice: ogni rischio dell'IA, sui bambini, pesa di più e si vede di meno.

La buona notizia è che nessuno di questi rischi richiede di bandire la tecnologia. Richiedono un adulto presente. È di questo che parla l'ultima parte del capitolo.

10.5 Cosa possiamo fare: il co-uso e l'alfabetizzazione precoce

Non credo nei divieti totali, e non credo nemmeno nella resa. La via che ho scelto in casa mia, e che propongo a chi mi chiede consiglio, è una terza: *esserci*. Tradotto in pratica, significa due cose. La prima è il **co-uso**: l'agente intelligente non è qualcosa che il bambino fa da solo in camera sua, ma qualcosa che si fa insieme, almeno finché non ha gli strumenti per farlo bene da solo. La seconda è l'**alfabetizzazione precoce**: spiegare al bambino, con parole adatte alla sua età, cos'è e cosa non è la macchina con cui parla.

Best Practice

Spiegare l'IA a un bambino, senza mentire e senza spaventarlo. Non serve un trattato. Servono poche frasi vere, ripetute con naturalezza: "Questa voce non è una persona, è un programma costruito dalle persone". "Sa tante cose perché ha letto tantissime parole, ma a volte si sbaglia e lo dice lo stesso con sicurezza, quindi controlliamo insieme". "Non ti vuole bene come ti vogliamo bene noi: fa finta, perché è stata fatta per essere gentile". Detto una volta sola non basta. Va detto molte volte, come ogni cosa importante. È la versione infantile del principio *Esamina* (E) e del principio *Non delegare totalmente* (N): si insegnano da piccoli, prima che diventino necessari.

L'alfabetizzazione precoce non è un discorso da fare una volta: è un modo di stare accanto. Quando l'agente dà una risposta, l'adulto può chiedere ad alta voce "secondo te è vero? Come facciamo a saperlo?". Quando inventa una storia, l'adulto può ricordare che è il bambino a decidere come va a finire. Quando il bambino lo saluta come un amico, l'adulto non lo sgrida—l'animismo è sano—ma con dolcezza distingue: "è bello giocarci, e poi andiamo a chiamare un amico vero?". Si insegna esaminando insieme, non vietando.

Checklist

Otto regole per genitori ed educatori.

- **Co-uso prima dell'uso autonomo.** I primi anni, l'agente si usa insieme. La solitudine col dispositivo arriva dopo, gradualmente.
- **Limiti di tempo e di luogo.** Mai in camera da letto, mai durante i pasti, mai come ultima cosa prima di dormire. Il tempo con la macchina è un tempo definito, non uno sfondo continuo.
- **Spiegare cos'è.** Ripetere, con parole semplici, che è un programma, che a volte sbaglia, che non prova affetto. Alfabetizzazione precoce, non una volta sola.

- **Privilegiare il reale.** A parità di scelta, vince sempre il gioco con altri bambini, la lettura insieme, la noia all'aria aperta. La macchina è un'aggiunta, mai una sostituzione.
- **Verificare insieme.** Trasformare gli errori della macchina in occasioni: "controlliamo se è vero" insegna a esaminare (E) prima ancora che il bambino sappia perché serve.
- **Proteggere i dati.** Sapere quale dispositivo ascolta, cosa registra, dove finisce. Disattivare ciò che non serve. La privacy del minore non è negoziabile.
- **Niente delega educativa.** L'agente non è un baby-sitter né un sostituto del genitore che spiega, consola, dice di no. Educare resta nostro.
- **Dare l'esempio.** Un bambino impara dall'IA guardando come la usano i grandi. Se l'adulto delega tutto allo schermo, nessun discorso servirà.

Lo stesso vale, con le dovute differenze, per gli educatori. La scuola è il luogo in cui questa alfabetizzazione può diventare sistematica invece che improvvisata, e su questo torneremo a fondo quando parleremo di educazione aumentata (vedi Capitolo 13). Un insegnante che mostra ai bambini come l'IA può sbagliare, che li fa giocare a smascherare le risposte false, che insegna a usarla come strumento e non come oracolo, sta facendo per la classe ciò che il co-uso fa per la famiglia: trasforma una presenza passiva in un apprendimento attivo. Sta, in una parola, allenando dei futuri padroni invece di crescere dei futuri dipendenti.

10.6 La prima generazione nativa

C'è una verità che dobbiamo guardare in faccia senza spaventarci e senza illuderci. Stiamo crescendo la prima generazione per cui pensare con le macchine non sarà una novità da metabolizzare, come lo è stata per noi, ma una condizione di partenza, ovvia come l'elettricità. I nostri figli non ricorderanno un mondo in cui non si poteva chiedere tutto a una voce gentile. Per loro la mente ibrida (vedi Capitolo 1) non sarà una scelta da fare da adulti: sarà l'aria che hanno sempre respirato.

Questo non è necessariamente una sventura. Una generazione che cresce fluente nel dialogo con le macchine può diventare la più capace, la più informata, la più creativa che la storia ricordi—a una condizione. La condizione è che impari, da noi, a restare padrona di quel dialogo invece di esserne posseduta. Che impari a chiedere senza smettere di cercare, ad ascoltare senza smettere di dubitare, a giocare con la macchina senza dimenticare di giocare con gli amici. Nessuna di queste cose si impara da soli. Si imparano da un adulto che c'è, che spiega, che ogni tanto spegne il dispositivo e propone qualcosa di migliore. Il compito più importante che abbiamo verso questi bambini non è proteggerli dalle macchine. È insegnare loro a non averne paura e a non esserne schiavi: a usarle come una mano in più, mai come una testa al posto della loro.

Sintesi del capitolo

- I bambini attribuiscono naturalmente mente e vita agli oggetti che rispondono (*animismo* infantile, Piaget). Per loro un'IA che parla non sembra viva: lo è. Sherry Turkle li chiama *oggetti evocativi*, perché chiedono una relazione, non solo una funzione.
- Crescere con un interlocutore sempre disponibile e accondiscendente influisce su linguaggio, tolleranza alla frustrazione, rispetto dei turni e gioco libero: la resistenza dell'altro, scomoda, è educativa; la macchina non la offre.
- Le opportunità sono reali ma sempre condizionate: tutor paziente, sostegno ai bisogni speciali, accesso alla conoscenza, stimolo creativo—a patto che l'agente resti aiutante e non sostituto dell'adulto e della relazione.
- I sei rischi da nominare: dipendenza relazionale, disinformazione detta con sicurezza ed esposizione a contenuti inadatti, privacy del minore, sostituzione della relazione umana, delega della genitorialità, persuasione commerciale travestita da affetto.
- La via non è il divieto né la resa, ma *esserci*: co-uso e mediazione adulta finché il bambino non ha gli strumenti per fare bene da solo.

- L'alfabetizzazione precoce—spiegare con parole semplici che è un programma, che sbaglia, che non prova affetto—è la versione infantile dei principi *Esamina* (E) e *Non delegare totalmente* (N).
- Otto regole pratiche: co-uso, limiti di tempo e luogo, spiegare cos'è, privilegiare il reale, verificare insieme, proteggere i dati, niente delega educativa, dare l'esempio. La scuola può rendere sistematica questa alfabetizzazione (vedi Capitolo 13).
- Cresceremo una generazione che dà per scontato di pensare con le macchine. Il compito degli adulti non è proteggerla dalle macchine, ma insegnarle a restarne padrona: una mano in più, mai una testa al posto della propria.

Parte IV

Lavoro e società

Capitolo 11

Professionisti aumentati

Il dottor Ferrante refertava radiografie del torace da diciotto anni quando, un martedì di febbraio, il sistema gli segnalò un nodulo che lui non aveva visto. Era piccolo, in una zona difficile, sovrapposto a una costola. Lo guardò di nuovo. C'era davvero. Approvò la segnalazione, ordinò gli accertamenti, e per il resto della giornata refertò più in fretta del solito perché il programma compilava da sé le parti standard del referto e lui doveva solo correggere e firmare. La sera, mentre chiudeva l'ambulatorio, gli venne un pensiero che non lo lasciò più: *quel nodulo, l'ho trovato io o l'ha trovato la macchina?* E, soprattutto: dopo cinque anni passati così, sarebbe stato ancora capace di trovarlo da solo?

È la domanda che, in forme diverse, si stanno ponendo milioni di professionisti del sapere. Non riguarda la fantascienza della sostituzione totale—l'avvocato robot, il medico algoritmo—ma qualcosa di più sottile e più reale: che cosa, del mio mestiere, resta davvero mio quando una parte crescente del lavoro la fa, con me, una macchina? Il professionista contemporaneo è il caso più nitido di mente ibrida che questo libro abbia incontrato finora. Non perché usi l'IA più degli altri, ma perché sul suo giudizio gravano conseguenze: una diagnosi, una sentenza, un bilancio, una notizia. Qui l'ibridazione non è una comodità. È una responsabilità.

11.1 L'IA non sostituisce le professioni: ne ricompone i compiti

Il modo sbagliato di porre la domanda è chiedersi quali professioni l'IA "cancellerà". È una formulazione da titolo di giornale, e come quasi tutti i titoli di giornale dice poco di vero. Una professione non è un blocco monolitico che si tiene o si butta. È un fascio di compiti diversi, alcuni ripetitivi e altri di giudizio, alcuni che richiedono anni di esperienza e altri che richiedono solo pazienza. L'IA non agisce sulla professione come categoria. Agisce dentro di essa, sui singoli compiti, ricomponendoli: ne automatizza alcuni, ne accelera altri, ne valorizza altri ancora rendendoli più importanti proprio perché tutto il resto costa meno.

Concetto chiave

L'intelligenza artificiale raramente sostituisce un mestiere per intero. Lo **ricompone dall'interno**, redistribuendo i compiti che lo costituiscono: alcuni diventano automatici, altri si velocizzano, altri—tipicamente quelli di giudizio, relazione e responsabilità—diventano *più* preziosi, perché sono ciò che distingue il professionista quando il lavoro meccanico non basta più a giustificarne la parcella.

Guardiamo i mestieri uno per uno, perché la ricomposizione ha una grammatica diversa in ciascuno. In **medicina** il supporto diagnostico per immagini—radiologia, dermatologia, anatomia patologica—è oggi un caso documentato: i sistemi segnalano aree sospette, l'algoritmo non si stanca e non ha cali di attenzione alle cinque del pomeriggio. La refertazione assistita compila le porzioni standardizzate, lasciando al medico la parte interpretativa. Ma la diagnosi, la comunicazione al paziente, la decisione terapeutica con tutte le sue eccezioni umane restano dove sono sempre state.

Esempio

Radiologia. Un sistema di lettura assistita evidenzia, su una mammografia, tre micro-aree da approfondire. Per due conferma il sospetto della radiologa; sulla terza lei dissente, perché riconosce un addensamento benigno che ha già visto in quella paziente l'anno prima—un contesto clinico che la macchina non possiede. La collaborazione funziona non quando i due concordano, ma proprio quando *divergono* in modo argomentato: la segnalazione costringe a guardare due volte, il giudizio umano filtra i falsi positivi. Il pericolo speculare è il *bias di automazione*: la tendenza a fidarsi della macchina anche quando l'occhio direbbe altro. Una segnalazione sbagliata ignorata è un errore; una segnalazione sbagliata approvata per inerzia è una firma data alla cieca.

Nel **diritto**, la ricerca giurisprudenziale—trovare i precedenti rilevanti tra milioni di sentenze—era il lavoro notturno dei giovani associati. Oggi un assistente lo fa in minuti. La redazione di clausole standard, di prime bozze contrattuali, di sintesi di atti voluminosi si è enormemente velocizzata. Ma proprio qui si annida il caso che abbiamo raccontato nel Capitolo 1: l'avvocato che presenta sentenze inventate dalla macchina, plausibili e inesistenti. La ricerca accelerata vale solo se il giurista verifica che ciò che gli è stato consegnato esista davvero.

Esempio

Diritto. Un avvocato chiede all'assistente una sintesi dei precedenti su una clausola di non concorrenza e ottiene, in pochi minuti, una memoria ordinata con cinque sentenze citate. Quattro sono pertinenti e reali; una è verosimile ma inesistente, e il ragionamento che vi si appoggia è proprio quello più favorevole alla tesi. Qui la collaborazione non si misura sulla bozza prodotta—impeccabile nella forma—ma sul gesto successivo: aprire la banca dati ufficiale e controllare, una per una, che ogni sentenza esista e dica ciò che la bozza sostiene. Il valore dell'avvocato non è più *trovare* i precedenti, che la macchina trova in fretta; è *garantirne* la verità e il senso. La ricerca è diventata economica; la verifica è diventata il mestiere.

Nel **giornalismo**, l'IA fa ricerca preliminare, propone scalette, trascrive interviste, stende bozze di pezzi di servizio. È utile e pericolosa nella stessa misura: la stessa fluidità che produce un buon attacco produce, con identica sicurezza, un dato falso o una citazione mai pronunciata. Il giornalista aumentato guadagna tempo sulla raccolta e lo deve reinvestire interamente nella verifica—non un centesimo di meno.

Nello **sviluppo software** il fenomeno è più maturo che altrove. Gli assistenti di programmazione—i cosiddetti *copilot*—completano il codice, suggeriscono intere funzioni, spiegano errori. Gli sviluppatori che li usano bene scrivono di più e più in fretta. Ma il codice generato va letto, capito e collaudato: accettarlo senza comprenderlo significa accumulare un debito che qualcuno, prima o poi, pagherà in produzione. Nella **consulenza e nella finanza**, infine, l'IA macina dati, prepara analisi, redige report e prime versioni di presentazioni. Il valore del consulente, però, non è mai stato il report: è stato il giudizio su che cosa quel report significhi per *questo* cliente, in *questa* situazione.

Il filo comune è chiaro. In ogni mestiere l'IA aggredisce il guscio procedurale e lascia scoperto il nucleo: interpretazione, decisione, responsabilità, relazione. Il professionista aumentato non è chi ha delegato di più. È chi ha capito quale parte del suo lavoro era guscio e quale era nucleo.

11.2 Il modello del centauro

C'è una storia che racconta meglio di qualsiasi teoria come dovrebbe funzionare una mente ibrida professionale, e viene da un campo inatteso: gli scacchi. Nel 1997, quando il calcolatore Deep Blue di IBM batté il campione del mondo Garri Kasparov, sembrò la resa definitiva dell'intelligenza umana alla macchina. Kasparov, però, ne trasse una conclusione opposta e feconda. Anziché ritirarsi dal confronto, propose una nuova forma di gioco: gli *scacchi avanzati*, in cui un essere umano gioca assistito da un programma. Umano e macchina, insieme, contro un'altra coppia umano-macchina.

Il risultato fu sorprendente. In quei tornei—in particolare in alcune competizioni "libere" aperte a tutti i tipi di partecipanti—a vincere non furono né i grandi maestri da soli, né i computer da soli, e nemmeno i grandi maestri assistiti dai computer più potenti. A vincere furono giocatori umani relativamente deboli che usavano macchine ordinarie, ma che avevano imparato a collaborare con esse in modo straordinariamente efficace: sapevano quando fidarsi del calcolo e quando imporre la propria visione strategica, quando lasciare decidere la macchina e quando correggerla. Kasparov coniò per questa squadra mista un nome che è diventato celebre: il *centauro*, la creatura mezza uomo e mezza cavallo. Non un uomo che cavalca, ma un unico essere.

Vale la pena soffermarsi sul perché quei giocatori modesti battessero i grandi maestri. La spiegazione non è che la macchina "supplisse" alla loro debolezza. È più sottile. Un grande maestro, abituato a fidarsi del proprio istinto fortissimo, tendeva a ignorare i suggerimenti del programma quando contraddicevano la sua intuizione—e a volte sbagliava. Il dilettante non aveva un istinto altrettanto forte da difendere: poteva ascoltare la macchina senza orgoglio, ma aveva imparato a non seguirla ciecamente. La sua forza era il *protocollo*: sapeva quali domande porre alla macchina, in quali posizioni fidarsi del calcolo bruto e in quali invece il calcolo non bastava perché contava il piano a lungo termine. Non era né il più bravo a giocare né quello con il software migliore. Era il più bravo a *collaborare*.

Confronto

Chi vince, a scacchi e nel lavoro.

- *Umano da solo* — profondità di giudizio strategico, ma limiti di calcolo, stanchezza, errori di distrazione.
- *Macchina da sola* — calcolo sterminato e instancabile, ma cieca al senso, al contesto, alle eccezioni che contano.
- *Umano + macchina mal accoppiati* — il giocatore forte che si fida troppo, o troppo poco, del programma: spesso *peggio* della macchina sola.
- *Centauro ben progettato* — giocatore anche modesto che ha imparato il *protocollo* della collaborazione. Batte tutti gli altri.

La lezione che attraversa il lavoro: non vince chi ha la macchina migliore, ma chi ha la migliore *divisione del lavoro* con essa.

Questa è la promessa—e il vincolo—del professionista aumentato. La promessa è che la coppia ben accordata può superare sia l'umano solo sia, in certi compiti, la macchina sola. Il vincolo è quel "ben accordata". Il centauro non nasce dall'addizione di potenza; nasce da una buona architettura di collaborazione. E un buon centauro, osservava Kasparov, è fatto di tre ingredienti: un essere umano che conosce a fondo il proprio dominio, una macchina capace, e—il pezzo che quasi tutti dimenticano—un *processo* chiaro che stabilisce chi fa cosa, quando ci si fida e quando si verifica. Il terzo ingrediente è quello che distingue un professionista aumentato da uno semplicemente velocizzato. Senza processo, il centauro è solo un uomo che si lascia tirare dal proprio cavallo.

Che cosa rende, allora, una collaborazione *efficace*? Tre cose, che ritroveremo in ogni mestiere. La prima è una **divisione dei compiti basata sui rispettivi punti di forza**: alla macchina ciò in cui è imbattibile—ampiezza, velocità, assenza di stanchezza—all'umano ciò che la macchina non ha—contesto, senso, responsabilità. La seconda è la **taratura della fiducia**: sapere non solo *quanto* fidarsi, ma *dove*; un professionista esperto conosce le aree in cui la macchina eccelle e quelle in cui inciampa sistematicamente, e regola la propria vigilanza di conseguenza. La terza è il **ciclo di apprendimento reciproco**: il centauro migliora nel tempo perché l'umano impara dai casi in cui diverge dalla macchina, e affina la richiesta in base a ciò che la macchina restituisce. La collaborazione efficace non è uno stato, è una pratica che si raffina.

11.3 La velocità non è valore

Chiedete a chiunque abbia introdotto l'IA nel proprio lavoro che cosa è cambiato, e quasi sempre la prima risposta sarà: "faccio le cose più in fretta". È vero, ed è seducente. Ma la velocità, da sola, è una metrica ingannevole. Produrre il doppio dei documenti non significa produrre il doppio del valore, se la metà di quei documenti va poi controllata, corretta, in alcuni casi rifatta. L'accelerazione sposta lo sforzo: lo toglie dalla produzione e lo aggiunge alla verifica. E la verifica, a differenza della produzione, raramente viene contata.

Attenzione

Il lavoro fantasma della verifica. Ogni output dell'IA che ha conseguenze va controllato, e il controllo costa tempo, attenzione e competenza—esattamente le risorse che l'automazione prometteva di liberare. Questo *lavoro fantasma* non compare nei conteggi di produttività, ma è reale: se lo si salta, l'errore passa; se lo si fa per davvero, parte del tempo risparmiato torna indietro. Una mente ibrida che misura solo l'accelerazione, e non il costo della verifica, sta misurando metà del fenomeno e si illude sull'altra metà.

C'è poi un inganno più sottile, che riguarda il modo in cui la velocità altera il giudizio. Quando una bozza arriva già scritta, bella e ordinata, la tentazione di approvarla è molto più forte che quando si parte dal foglio bianco. Lo psicologo Daniel Kahneman (vedi Capitolo 7) ha descritto come la mente preferisca ciò che richiede meno sforzo: un testo fluido e ben formato *sembra* più vero e più giusto di quanto sia, proprio perché è facile da leggere. L'IA produce in serie questa facilità ingannevole. Il professionista che riceve dieci bozze impeccabili abbassa la guardia su tutte e dieci, mentre se le avesse scritte lui le avrebbe interrogate una per una. La velocità, insomma, non si limita a comprimere il tempo della verifica: ne indebolisce anche la volontà.

Questo non è un argomento contro l'IA. È un argomento contro una sua *contabilità* sbagliata. Il professionista aumentato che ragiona bene non si chiede "quanto vado più veloce", ma "a parità di qualità garantita, quanto guadagno netto—tolto il costo della verifica—ne ricavo?". È una domanda meno entusiasmante e molto più utile.

11.4 Un professionista aumentato, con luci e ombre

La teoria si capisce meglio in una vicenda. La seguente è realistica—costruita su dinamiche documentate, non su una persona singola—e serve proprio perché non è una favola edificante: ha le sue ombre.

Caso studio

Caso realistico. Elena è commercialista in uno studio di media dimensione. Quando introduce un assistente IA nel proprio flusso, i primi mesi sono entusiasmanti: le prime bozze di pareri fiscali, le sintesi della normativa, le risposte ai quesiti ricorrenti dei clienti arrivano in una frazione del tempo. La capacità produttiva dello studio cresce in modo visibile; Elena segue più clienti e dedica più

tempo alle consulenze ad alto valore, quelle in cui conta davvero il suo giudizio. È un caso da manuale di upskilling: la macchina prende il lavoro ripetitivo, l'umana sale di livello.
Poi arrivano le ombre. Un parere su un'agevolazione, prodotto in bozza dall'assistente e rivisto in fretta in una giornata piena, si appoggia a una norma citata in modo inesatto—abrogata da una modifica recente che la macchina, addestrata su testi più vecchi, non conosceva. Elena la lascia passare: la bozza era fluida e plausibile, e lei quel giorno aveva fiducia. L'errore viene intercettato da una collega prima che esca dallo studio, ma il margine è stato sottile. Elena ne trae due lezioni. La prima: la velocità l'aveva resa meno vigile proprio sui dettagli su cui prima era ossessiva. La seconda, più scomoda: una collega più giovane, formatasi quasi solo sulle bozze dell'assistente, non avrebbe avuto gli anni di pratica necessari per fiutare che "quella norma non suona giusta". Elena riprogetta il flusso: ogni riferimento normativo viene verificato alla fonte ufficiale, e i collaboratori junior studiano la materia *prima* di mettere mano all'assistente, non al posto di farlo.

La storia di Elena contiene in scala ridotta tutto il capitolo. L'aumento è reale: senza l'IA non avrebbe seguito quei clienti né liberato quel tempo di giudizio. Ma è un aumento *condizionato*, che regge solo finché la verifica resta in piedi e i fondamentali restano coltivati. Tolto uno dei due puntelli, lo stesso strumento che la rendeva più brava avrebbe cominciato a renderla più fragile—e avrebbe reso fragili, in modo ancora più grave, i giovani cresciuti su di esso.

11.5 Aumento o atrofia: il bivio del deskilling

Torniamo al dottor Ferrante e alla sua seconda domanda, quella che lo ha inseguito fino a sera: dopo cinque anni passati a correggere referti compilati dalla macchina, sarebbe stato ancora capace di trovare quel nodulo da solo? La domanda non è paranoica. È la più seria che un professionista aumentato possa porsi, perché tocca il punto in cui l'aumento si rovescia nel suo contrario.

Nel Capitolo 4 abbiamo visto che ogni delega ha un prezzo cognitivo: la facoltà che non si esercita si indebolisce, come un muscolo immobilizzato. Per il professionista questo prezzo ha un nome tecnico: *deskilling*, la perdita progressiva di competenze delegate. È un processo lento e quasi invisibile, perché finché la macchina funziona nessuno si accorge che il professionista ha smesso di saper fare ciò che la macchina fa per lui. Il conto arriva tutto insieme nel momento peggiore: quando la macchina sbaglia, o non c'è, e l'umano scopre di non saper più giudicare da solo.

Attenzione

Il giovane che non impara i fondamentali. Il rischio più grave del deskilling non riguarda il professionista esperto—lui i fondamentali li ha già nelle mani—ma chi si forma oggi. Il giovane medico che dalla prima settimana legge referti "precompilati", il giovane avvocato che non ha mai spulciato a mano un repertorio di sentenze, il giovane programmatore che accetta il codice del copilot senza averlo mai scritto da zero: rischiano di non costruire le competenze profonde su cui poggia il giudizio esperto. Si può perdere ciò che si è imparato; è ancora più facile non impararlo mai. L'aumento, per chi parte senza fondamenta, può diventare un'atrofia che precede la crescita.

La distinzione decisiva è tra *deskilling* e *upskilling*: tra l'uso dell'IA che erode le competenze e quello che le accresce. La stessa identica tecnologia produce l'uno o l'altro esito a seconda di come la si usa. Il radiologo che approva ogni segnalazione senza guardarla si de-qualifica; quello che usa la segnalazione come una seconda opinione da confrontare con la propria lettura si qualifica di più, perché impara dai casi in cui macchina e occhio divergono. Il programmatore che incolla codice che non capisce si svuota; quello che usa il copilot per esplorare soluzioni che poi studia e padroneggia diventa più bravo. Non è la macchina a decidere il bivio. È il protocollo d'uso—ed è, di nuovo, il terzo ingrediente del centauro: il processo.

Conviene nominare con precisione che cosa rischia di atrofizzarsi, perché non è la manualità in sé. Ciò che si perde, quando si delega male, sono le *competenze di base che reggono il giudizio esperto*: il radiologo che non legge più immagini da solo perde la capacità di riconoscere il pattern raro, quello che la macchina non ha mai visto abbastanza volte; il giurista che non costruisce più un ragionamento da zero perde la sensibilità per il caso che non assomiglia a nessun precedente. Sono esattamente le competenze che servono nel momento in cui la macchina è più probabile che sbagli: di fronte all'eccezione. Il deskilling, paradossalmente, ci indebolisce proprio dove avremmo più bisogno di essere forti.

Errore comune

"Se la macchina lo fa per me, perché dovrei ancora saperlo fare?" È la razionalizzazione che apre la porta al deskilling. La risposta è duplice. Primo: per poter giudicare ciò che la macchina produce, devi conoscere il dominio almeno quanto lei—altrimenti non *verifichi*, *credi*. Secondo: le competenze fondamentali non servono solo a eseguire, servono a *capire*; sono l'impalcatura su cui poggia ogni giudizio esperto. Smettere di coltivarle non ti libera: ti consegna alla macchina senza più la capacità di contestarla.

11.6 Il valore che resta umano, e quello che nasce

Se l'IA ricompone i compiti e ne automatizza il guscio, vale la pena chiedersi che cosa resti, dell'esercizio di una professione, irriducibilmente umano. Non per nostalgia, ma perché è lì che il professionista del prossimo decennio costruirà il proprio valore.

La prima cosa che resta è il **giudizio**: la capacità di soppesare un caso particolare con tutte le sue eccezioni, di sapere quando la regola generale non si applica, di leggere il contesto che la macchina non vede. La seconda è la **responsabilità**: nessun algoritmo firma una diagnosi, deposita un atto, manda in stampa una notizia. La firma resta umana perché umana è la possibilità di risponderne—e una responsabilità senza la competenza per esercitarla è solo un'esposizione al rischio. La terza è la **relazione**: il paziente non vuole solo una diagnosi corretta, vuole qualcuno che gliela comunichi guardandolo negli occhi; il cliente non compra un parere, compra la fiducia in chi glielo dà. La quarta è il **senso del contesto e l'etica**: capire non solo che cosa è giusto fare tecnicamente, ma che cosa è opportuno e lecito fare in questa situazione, con queste persone. La quinta è una certa **creatività** di soluzione, la capacità di vedere una via che non era nei dati perché non era mai stata percorsa da nessuno.

Ma sarebbe ingenuo descrivere il valore umano solo come ciò che "resta", come un residuo che l'IA non ha ancora intaccato. C'è anche un valore che *nasce*: un fascio di competenze nuove che il professionista aumentato deve coltivare e che dieci anni fa non esistevano. Vale la pena guardarle da vicino, perché sono il vero contenuto dell'aggettivo "aumentato".

Saper **interrogare** bene un sistema è diventato un'abilità professionale a tutti gli effetti. Non si tratta del trucco della "parola magica": si tratta di saper fornire il contesto giusto, di scomporre un problema complesso in richieste che la macchina può affrontare, di riconoscere quando una risposta debole dipende da una domanda mal posta. È una competenza vicina a quella di chi sa istruire un collaboratore: chi delega bene a una persona, in genere, delega bene anche a una macchina.

Saper **verificare** con metodo è la competenza che separa il centauro dal disastro. Verificare non significa rileggere e trovare il testo "convincente"— abbiamo visto che la convinzione è proprio la trappola. Significa avere un metodo: risalire alla fonte, controllare i numeri in modo indipendente, cercare attivamente ciò che potrebbe smentire l'output invece di accontentarsi di ciò che lo conferma. È la lettera E del framework M.E.N.T.I. (esamina) trasformata in disciplina quotidiana, e nei mestieri ad alta posta non è igiene facoltativa ma il cuore della responsabilità professionale.

Saper **integrare** il contributo della macchina nel proprio flusso di lavoro senza farsene dettare il ritmo è la terza competenza nuova: decidere in quali punti del processo la macchina entra, in quali no, e in quali la sua proposta va tenuta a distanza finché un giudizio umano non l'ha vagliata. È una forma di disciplina, e corrisponde alla lettera I del framework (integra senza sostituire). Interrogare, verificare, integrare: non sono competenze minori, sono il mestiere nuovo dentro il mestiere antico.

11.7 Le pratiche del professionista aumentato

A questo punto la domanda diventa operativa: che cosa fa, concretamente, chi vuole essere un buon centauro e non un professionista alla deriva? Le pratiche che seguono non sono regole astratte: sono il framework M.E.N.T.I. calato nel lavoro, dove ogni errore ha un nome e un prezzo.

Best Practice

Igiene del professionista aumentato.

- **Tieni il giudizio (N — Non delegare totalmente).** Delega i compiti, mai la decisione finale e la sua responsabilità. La firma, e ciò che essa implica, restano tuoi. Stabilisci in anticipo quali decisioni non sono mai automatizzabili.
- **Verifica ogni output che ha conseguenze (E — Esamina).** Tratta ciò che la macchina produce come la bozza di un collega brillante ma inaffidabile: utile, mai definitiva. Più alta è la posta, più severa la verifica. Il lavoro fantasma della verifica è lavoro vero: mettilo in conto.
- **Traccia le fonti (T — Traccia).** Per ogni affermazione che conta, chiedi e controlla l'origine. Nel diritto e nel giornalismo questa pratica non è igiene: è sopravvivenza professionale. Una citazione di cui non puoi risalire alla fonte è una citazione che non esiste.
- **Coltiva i fondamentali (M — Mantieni l'autonomia).** Continua a esercitare, anche quando la macchina potrebbe farlo, le competenze su cui poggia il tuo giudizio. Per chi forma i giovani: fagli imparare il mestiere *prima* di dargli l'amplificatore, non al posto di esso.
- **Progetta il processo (I — Integra senza sostituire).** Decidi esplicitamente chi fa cosa nella coppia: dove ti fidi, dove correggi, dove riprendi il controllo. Il centauro non si improvvisa, si progetta.

Queste pratiche restano incomplete finché vivono solo nella testa del singolo. Un professionista isolato può applicarle con disciplina, ma sarà sempre più fragile di un'organizzazione che le ha rese cultura e processo condiviso—ed è il tema del prossimo capitolo (vedi Capitolo 12), dove vedremo che cosa cambia quando l'ibridazione non riguarda più una persona ma un'azienda intera. E perché la generazione che si forma oggi non baratti i fondamentali per la velocità, occorre ripensare il modo stesso in cui si apprende un mestiere: è la questione che affronteremo parlando di educazione (vedi Capitolo 13), dove il deskilling dei giovani professionisti incrociato in questo capitolo diventa un problema pedagogico di prima grandezza. Il professionista aumentato non è un'isola. È il primo nodo di una rete che comprende la sua organizzazione e la sua formazione.

11.8 Restare l'autore del proprio mestiere

Il dottor Ferrante, alla fine di quel martedì, non ha risposto alla sua domanda. Ha fatto qualcosa di più saggio: ha cambiato il modo di lavorare. Ha deciso che avrebbe continuato a leggere ogni radiografia con i propri occhi *prima* di guardare la segnalazione della macchina, e solo dopo le avrebbe confrontate. Più lento, certo. Ma così la macchina è tornata a essere ciò che deve essere: una seconda opinione, non la prima. E nei casi in cui il suo occhio e l'algoritmo divergevano, Ferrante imparava—tenendo affilata proprio quella competenza che il deskilling avrebbe spento.

È questa, in fondo, la scelta che ogni professionista aumentato ha davanti, e che nessuno può prendere al suo posto. L'IA non decide se saremo centauri o passeggeri del nostro stesso mestiere. Decidiamo noi, con il protocollo che ci diamo, con la verifica che non saltiamo, con i fondamentali che continuiamo a coltivare anche quando potremmo farne a meno. Il professionista del nostro tempo non è quello che resiste alla macchina, né quello che vi si abbandona. È quello che, lavorando con essa ogni giorno, riesce a restare l'autore del proprio giudizio—e quindi, ancora, l'autore del proprio mestiere.

Sintesi del capitolo

- L'IA **non sostituisce le professioni in blocco**: ne ricompone i compiti dall'interno, automatizzando il guscio procedurale e lasciando scoperto il nucleo di giudizio, responsabilità e relazione.

- In ogni mestiere—medicina, diritto, giornalismo, sviluppo software, consulenza—la stessa dinamica: la macchina accelera la produzione, l'umano resta responsabile dell'interpretazione e della verifica (il caso delle sentenze inventate, Cap. 1).
- Il modello del **centauro** (dagli scacchi avanzati di Kasparov, dopo Deep Blue 1997): umano + macchina ben accoppiati battono sia l'umano solo sia, a volte, la macchina sola. La collaborazione è efficace quando c'è divisione dei compiti sui punti di forza, taratura della fiducia e apprendimento reciproco.
- Vince chi ha la migliore *divisione del lavoro*, non la macchina più potente: il terzo ingrediente—il *processo*—è ciò che distingue l'aumentato dal semplicemente velocizzato.
- La **velocità non è valore**: l'accelerazione sposta lo sforzo dalla produzione alla verifica, e il "lavoro fantasma" della verifica raramente viene contato. Le bozze fluide abbassano la guardia del giudizio (Cap. 7, Kahneman).
- **Deskilling contro upskilling**: la stessa tecnologia erode o accresce le competenze a seconda del protocollo d'uso. Il deskilling colpisce proprio le competenze che servono di fronte all'eccezione, e il rischio massimo è per chi si forma oggi (Cap. 4 sulla delega, Cap. 13 sull'educazione).
- Resta umano il **valore** di giudizio, responsabilità, relazione, etica, creatività e senso del contesto; nascono competenze **nuove**: saper interrogare, verificare, integrare—il mestiere nuovo dentro il mestiere antico.
- Le pratiche del professionista aumentato sono il framework **M.E.N.T.I.** al lavoro: tieni il giudizio (N), verifica ciò che ha conseguenze (E), traccia le fonti (T), coltiva i fondamentali (M), progetta il processo (I).
- Il professionista aumentato non è un'isola: le sue pratiche diventano robuste solo come cultura organizzativa (Cap. 12) e come nuovo modo di formare i giovani (Cap. 13).

Capitolo 12

Organizzazioni ibride

Un direttore generale che conosco—una media impresa manifatturiera del Nord-Est, qualche centinaio di dipendenti—mi raccontò con un certo orgoglio di aver firmato il contratto per una piattaforma di intelligenza artificiale aziendale. Sei mesi di lavoro del comitato di direzione, una gara fra tre fornitori, un budget non piccolo. "Adesso", disse, "i nostri processi faranno un salto." Tornai a trovarlo un anno dopo. La piattaforma era lì, funzionante, pagata. La usavano in tre: due ragazzi del marketing e un analista. Il resto dell'azienda continuava come prima, con in più la sensazione diffusa che ci fosse uno strumento costoso che nessuno sapeva bene a cosa servisse. Il problema, mi disse alla fine, "non era la tecnologia. Era tutto il resto."

"Tutto il resto" è il vero argomento di questo capitolo. Perché quando un'organizzazione adotta l'intelligenza artificiale, scopre quasi sempre la stessa cosa: la parte difficile non sono i modelli, le licenze o le integrazioni. Sono le persone, le abitudini, i processi sedimentati, la cultura non scritta di come si fanno le cose. L'IA non entra in un'azienda come un software qualunque entra in un computer. Entra in un sistema che già pensava a suo modo—e lo trasforma dall'interno, nel bene e nel male.

12.1 L'azienda è già un sistema cognitivo

Siamo abituati a considerare il pensiero una faccenda individuale: c'è una testa, dentro c'è una mente, la mente pensa. Ma un'organizzazione di una certa dimensione fa qualcosa che nessuna singola testa al suo interno fa: *pensa come collettivo*. Decide cose che nessuno ha deciso da solo. Ricorda cose che nessun dipendente ricorda. Sa fare cose che nessuna persona, presa individualmente, saprebbe rifare. Questo pensiero distribuito non vive nei cervelli: vive negli spazi fra i cervelli—nelle riunioni, nei documenti, nei processi, nei sistemi informativi, nelle conversazioni di corridoio, nelle decisioni che si rimpallano da un ufficio all'altro fino a prendere forma.

Concetto chiave

Un'organizzazione è un **sistema cognitivo collettivo**: pensa, ricorda, apprende e decide attraverso processi e persone distribuiti, non dentro una singola mente. Quando l'intelligenza artificiale entra in azienda, non si aggiunge alle teste dei dipendenti uno per uno: entra in questo sistema cognitivo condiviso e ne ridisegna il funzionamento. La mente ibrida (vedi Capitolo 1) sale di scala: dall'individuo all'organizzazione.

L'idea non è nuova. Già negli anni Settanta studiosi di organizzazione parlavano dell'impresa come di un sistema che elabora informazioni, prende decisioni con razionalità limitata—il concetto è di Herbert Simon, che incontreremo di nuovo a proposito della delega (vedi Capitolo 4)—e accumula sapere in routine che sopravvivono alle persone. Un'azienda con vent'anni di storia "sa" come gestire un cliente difficile, come chiudere un bilancio, come reagire a un richiamo di prodotto, anche se chi quelle cose le imparò se n'è andato da tempo. Il sapere si è depositato nei processi.

Ecco perché l'arrivo dell'IA è una faccenda più seria di un acquisto di software. Un nuovo gestionale automatizza un compito; un sistema di intelligenza artificiale generativa si inserisce nel modo stesso in cui l'organizzazione produce conoscenza, scrive, decide, ricorda. Cambia, in altre parole, il funzionamento della mente collettiva. E come per la mente individuale, il risultato può essere un'organizzazione più capace o un'organizzazione che, lentamente, disimpara a pensare.

Vale la pena soffermarsi su dove, materialmente, "vive" il pensiero di un'azienda, perché è lì che l'IA va a inserirsi. Vive in tre luoghi. Nei *processi*: la sequenza di passi che porta un'offerta dal commerciale al contratto firmato, e che incorpora decenni di aggiustamenti, controlli, eccezioni imparate sul campo. Nei *depositi*: documenti, archivi, sistemi informativi—la memoria scritta dell'organizzazione. E nelle *persone*: ciò che ciascuno sa, e soprattutto ciò che il gruppo sa coordinandosi, in quel fenomeno che gli studiosi chiamano *memoria transattiva*—il fatto che in un buon team nessuno sa tutto, ma ognuno sa chi sa cosa, e questo rende il gruppo più sapiente della somma dei suoi membri. L'IA, quando entra, tocca tutti e tre i luoghi: accelera i processi, scandaglia i depositi, e—questo è il punto delicato—si candida a rimpiazzare un pezzo della memoria transattiva, perché diventa il primo posto dove si chiede invece di chiedere al collega che sa. È un cambiamento che può liberare le persone o isolarle, a seconda di come viene gestito.

12.2 Conoscenza esplicita e conoscenza tacita

Per capire dove l'IA aiuta davvero un'organizzazione e dove invece illude, serve una distinzione che la letteratura sul management conosce da decenni. Il filosofo Michael Polanyi la riassunse in una frase memorabile: "sappiamo più di quanto sappiamo dire". Sappiamo andare in bicicletta, riconoscere un volto, sentire che una trattativa sta per saltare—ma non sapremmo scrivere il manuale di nessuna di queste cose. Polanyi chiamò questo sapere *conoscenza tacita*, per distinguerlo dalla *conoscenza esplicita*, quella che si può mettere in parole, formule, procedure.

Negli anni Novanta lo studioso giapponese Ikujiro Nonaka costruì su questa distinzione una teoria influente di come le imprese creano sapere. La sua tesi, in estrema sintesi: l'innovazione nasce dalla conversione continua fra tacito ed esplicito. Un artigiano esperto ha un sapere tacito; quando riesce a articolarlo, a renderlo procedura insegnabile, l'azienda lo cattura e lo diffonde. E poi il ciclo riparte: la procedura, una volta praticata a lungo, genera nuovo sapere tacito in chi la esegue, intuizioni su come farla meglio che a loro volta chiederanno di essere articolate. Gran parte del vantaggio competitivo di un'organizzazione sta proprio in questo motore—e in particolare nel suo patrimonio tacito, ciò che sa fare ma non ha mai del tutto scritto, e che i concorrenti non possono copiare perché non è scritto da nessuna parte.

Capire questa distinzione cambia il modo di guardare a cosa l'IA può e non può fare per un'azienda. La conoscenza esplicita è, per definizione, già in forma di testo o di dato: è esattamente il materiale di cui l'intelligenza artificiale generativa si nutre. La conoscenza tacita, invece, non è scritta da nessuna parte—non perché qualcuno si sia dimenticato di scriverla, ma perché per sua natura resiste alla messa in parole. È nella mano dell'artigiano, nel fiuto del venditore, nel modo in cui una caporeparto sente che oggi la squadra è stanca e calibra di conseguenza le richieste. L'IA può solo lavorare su ciò che è stato articolato. Tutto ciò che è rimasto tacito le è, letteralmente, invisibile.

Confronto

Due forme di conoscenza organizzativa.

- *Esplicita* — codificabile in documenti, procedure, dati, manuali. Trasferibile, archiviabile, cercabile. È il terreno dove l'IA eccelle: riassume, ritrova, riformula, mette in relazione enormi quantità di testo. (Contratti, report, knowledge base, policy.)
- *Tacita* — incorporata nell'esperienza, nell'intuizione, nel "fiuto" di chi ha visto mille casi. Difficile da articolare, si trasmette per affiancamento e pratica, non per documento. È il terreno dove l'IA *sembra* arrivare ma non arriva. (Sentire che un cliente sta per andarsene, capire chi in riunione conta davvero.)

L'intelligenza artificiale generativa è uno strumento straordinario per la conoscenza esplicita. Datele dieci anni di verbali, contratti, manuali e ticket di assistenza, e diventa un interlocutore che ritrova in pochi secondi ciò che un dipendente cercherebbe per ore. Questo è reale, ed è prezioso. Il rischio nasce quando un'organizzazione si convince che catturando l'esplicito abbia catturato *tutto* il suo sapere—che basti riversare i documenti in un sistema per "avere dentro la macchina" la competenza dell'azienda.

Errore comune

"Mettiamo tutti i nostri documenti nell'IA e avremo digitalizzato il know-how aziendale." È l'illusione più diffusa, e la più costosa. I documenti contengono la conoscenza esplicita—la punta dell'iceberg. Sotto c'è il sapere tacito di chi quei documenti li ha scritti: il perché di una clausola, il giudizio su quando un'eccezione è ammissibile, l'esperienza che fa distinguere il cliente da trattenere da quello da lasciare andare. Niente di tutto questo è nei documenti, e quindi niente di tutto questo finisce nel sistema. L'IA restituirà risposte fluenti e plausibili anche dove la competenza vera mancava. La fluidità non è sapere.

Questa illusione è pericolosa perché è asimmetrica. Quando perdiamo conoscenza esplicita—un documento cancellato, un manuale obsoleto—ce ne accorgiamo: qualcosa manca, qualcosa non si trova. Quando perdiamo conoscenza tacita non se ne accorge nessuno, finché un giorno serve e non c'è più. E l'IA, riempiendo ogni vuoto con testo verosimile, rende quella perdita ancora più difficile da vedere.

12.3 Processi, ruoli e cultura

Adottare l'IA sul serio significa ridisegnare processi, non aggiungere uno strumento ai processi esistenti. È la lezione che ogni ondata di automazione ha insegnato e che ogni nuova ondata sembra dover reimparare: chi si limita a sovrapporre la tecnologia ai vecchi flussi ottiene poco, spesso peggiora le cose. Chi ripensa il flusso intorno alle nuove capacità ottiene il salto. Solo che ripensare un processo significa toccare ruoli, gerarchie, abitudini—cioè la materia più resistente di un'organizzazione.

Da qui la resistenza al cambiamento, che non è semplice pigrizia. Quando si dice a un dipendente esperto che parte del suo lavoro sarà fatto da una macchina, gli si sta toccando l'identità professionale, non solo la mansione. Chi ha costruito venticinque anni di carriera sul saper scrivere un certo tipo di relazione, e vede una macchina sfornarne una bozza decente in trenta secondi, non sta solo difendendo un compito: sta difendendo il senso di ciò che sa fare. Ignorare questa dimensione—trattare l'adozione come un problema puramente tecnico—è il modo più sicuro per farla fallire.

C'è poi un rischio più insidioso, di lungo periodo, che ho chiamato altrove *collasso della conoscenza*. Funziona così. L'IA rende i compiti di base così facili che i giovani professionisti non hanno più bisogno di farli a mano; ma è proprio facendoli a mano che, fino a ieri, si imparava il mestiere. I senior, intanto, sono produttivissimi: l'IA amplifica la loro competenza già formata. Per qualche anno tutto sembra magnifico. Poi i senior vanno in pensione, e ci si accorge che dietro non è cresciuto nessuno con la loro profondità—perché i junior non hanno mai attraversato la fatica che quella profondità la costruisce. Si collega direttamente al deskilling che abbiamo discusso a proposito dei professionisti (vedi Capitolo 11), ma su scala organizzativa l'effetto è più grave: è la memoria stessa dell'azienda che si assottiglia.

Attenzione

Il sapere tacito di un'organizzazione si trasmette per *affiancamento*: il giovane che lavora accanto all'esperto, sbaglia, viene corretto, assorbe per osmosi ciò che nessun manuale spiega. Se l'IA si inserisce fra il giovane e il compito—facendo lei la parte da cui un tempo si imparava—la catena di trasmissione si spezza. L'azienda diventa più veloce oggi e più ignorante domani. È un debito cognitivo che non compare in nessun bilancio finché non si presenta all'incasso, di solito quando se ne va la persona sbagliata.

La cultura, infine. Ogni organizzazione ha una cultura non scritta su cosa è lecito, cosa si premia, di chi ci si fida. L'IA si infila in questa cultura e la mette alla prova. Si premia chi consegna in fretta o chi consegna bene? Ci si fida di una risposta perché è ben argomentata o perché è verificata? Un'azienda che già premiava l'apparenza sulla sostanza, con l'IA peggiora: avrà più apparenza, più in fretta. Un'azienda che coltivava il rigore può usarla per fare di più dello stesso rigore. La tecnologia, qui come altrove, non crea la cultura: la amplifica.

C'è poi un effetto sui ruoli che vale la pena anticipare, perché è il rovescio positivo della medaglia. L'IA non si limita a togliere lavoro: ne crea di nuovo, di tipo diverso. Servono persone che curino la qualità dei dati e dei documenti su cui i sistemi si basano—la vecchia idea per cui "spazzatura dentro, spazzatura fuori" vale oggi più che mai. Servono figure che facciano da ponte fra chi conosce il mestiere e chi conosce gli strumenti, capaci di tradurre un bisogno operativo in un uso sensato dell'IA. E servono, soprattutto, supervisori competenti: persone abbastanza esperte da accorgersi quando una risposta plausibile è sbagliata. Il paradosso è evidente e l'ho visto ripetersi: più un'organizzazione automatizza, più diventa preziosa la competenza umana che sa giudicare l'automazione.

Solo che quella competenza non si compra con la piattaforma: va coltivata, e richiede anni. È esattamente la competenza che il collasso della conoscenza appena descritto rischia di prosciugare.

12.4 Un'adozione realistica, con luci e ombre

Caso studio

Il caso che segue è realistico—una sintesi di dinamiche che ho osservato in più organizzazioni—non la cronaca di una singola azienda. Una società di servizi, qualche centinaio di addetti, decide di introdurre un assistente IA nel servizio clienti, collegandolo a dieci anni di ticket, manuali e knowledge base interna. I primi mesi sono entusiasmanti. I tempi di risposta crollano. Gli operatori, invece di cercare a mano nei manuali, ricevono dall'assistente bozze di risposta già pronte da rivedere. La soddisfazione dei clienti, misurata sui casi semplici, sale. Poi cominciano le ombre. Sui casi complessi—quelli che richiedono di capire la storia del cliente, intuire cosa non dice, decidere se fare un'eccezione alla regola—l'assistente produce risposte impeccabili nella forma e talvolta sbagliate nella sostanza. Gli operatori più esperti se ne accorgono e correggono. I nuovi assunti, formati fin dal primo giorno a fidarsi della bozza, no: la ritoccano e la inviano. La qualità sui casi difficili, che nessuno misurava con attenzione perché erano una minoranza, comincia a scendere senza che nessuno suoni l'allarme. Diciotto mesi dopo, due dei tre operatori più esperti—quelli che "aggiustavano" silenziosamente gli errori—se ne vanno. Solo allora l'azienda si accorge che il sapere su come gestire i casi difficili non era nel sistema: era nelle loro teste, e nessuno l'aveva trasferito perché l'IA dava l'impressione che fosse già tutto dentro la macchina. Il bilancio finale resta positivo—la maggior parte dei casi è semplice, e lì il guadagno è reale—ma costruito su un'illusione che è costata cara dove contava di più.

Questo caso non dice "l'IA nel servizio clienti è un errore". Dice qualcosa di più utile: che il guadagno medio nascondeva una perdita concentrata sui casi difficili, e che l'organizzazione l'ha vista solo quando era diventata irreversibile. Se avesse governato l'adozione invece di subirla—misurando la qualità anche sui casi complessi, presidiando il passaggio di sapere fra senior e junior, definendo chi rispondeva degli errori—avrebbe avuto le luci senza una parte evitabile delle ombre.

12.5 Governare l'IA dentro l'organizzazione

La differenza fra un'adozione che potenzia e una che erode sta quasi tutta nella governance: le regole, esplicite e applicate, su chi usa l'IA, per cosa, con quale responsabilità. Non è burocrazia. È l'equivalente organizzativo del framework M.E.N.T.I. che propongo al singolo lettore lungo tutto il libro: mantenere l'autonomia, esaminare gli output, non delegare il giudizio che conta, tracciare le fonti, integrare senza sostituire. Calato in azienda, diventa un insieme di pratiche concrete.

Best Practice

Igiene dell'IA in azienda.

- *Responsabilità chiara (N).* Per ogni output che incide su un cliente, un contratto, una persona, esiste una persona che ne risponde. L'IA non è mai l'autore: è uno strumento dell'autore umano, che resta responsabile. "L'ha detto il sistema" non è una scusa accettabile.
- *Verifica umana dove conta (E).* Non tutto va verificato allo stesso modo. Una bozza interna può passare con un controllo leggero; una decisione che vincola l'azienda o tocca i diritti di qualcuno richiede verifica sostanziale, da parte di chi ha la competenza per giudicare.
- *Tracciabilità (T).* Sapere quando una decisione o un documento è stato prodotto con l'IA, su quali fonti, e chi l'ha validato. Senza traccia non c'è né apprendimento dagli errori né responsabilità reale.
- *Dati e segreti (M).* Regole nette su cosa si può immettere nei sistemi: dati personali, segreti industriali, informazioni coperte da riservatezza vanno trattati con cautela, sapendo dove finiscono e chi può leggerli.

- *Formazione (I).* Non basta dare accesso allo strumento. Le persone vanno formate a usarlo come collaboratore da supervisionare, non come oracolo da credere—e a riconoscere i casi in cui il giudizio deve restare interamente loro.

C'è un nemico ricorrente di questa governance, e ha un nome: la *shadow AI*. Sono gli strumenti che i dipendenti usano per conto loro, fuori da ogni policy, perché sono comodi e nessuno glielo ha vietato in modo credibile. Il commerciale che incolla l'offerta riservata in un assistente pubblico per farsi correggere il tono; l'analista che riversa dati dei clienti in un servizio gratuito per ottenere un grafico. Quasi mai per malizia: quasi sempre per fretta e per buona fede mal riposta. Il guaio è che la shadow AI vanifica ogni controllo—i dati escono, gli output entrano nelle decisioni, e l'organizzazione non lo sa nemmeno.

Checklist

Una policy d'uso minima, da avere prima dell'adozione di massa.

- Quali strumenti IA sono approvati e quali vietati, con un perché comprensibile (non un divieto cieco, che spinge alla shadow AI).
- Quali dati si possono immettere e quali mai (clienti, dipendenti, segreti).
- Per quali compiti l'IA è incoraggiata, per quali è ammessa solo con verifica forte, per quali è esclusa.
- Chi risponde degli output e come si traccia l'uso dell'IA nelle decisioni.
- Un canale per segnalare errori e abusi senza timore di sanzione, perché dagli errori segnalati si impara, da quelli nascosti no.

La tentazione, davanti alla shadow AI, è il divieto totale. È quasi sempre controproducente: spinge l'uso nell'ombra invece di eliminarlo, e priva l'azienda dei benefici reali. La via sensata è la stessa che vale per il singolo nelle decisioni condivise (vedi Capitolo 7): rendere l'uso *legittimo, visibile e supervisionato*, invece di clandestino. Una policy proibizionista e inapplicata è peggio di nessuna policy, perché crea l'illusione del controllo dove il controllo non c'è.

Una precisazione sulla responsabilità, perché è il punto su cui ho visto più confusione. In un sistema ibrido la tentazione è di diluire la responsabilità fino a farla sparire: se l'errore nasce dall'interazione fra una persona e una macchina, di chi è la colpa? La risposta che funziona, in azienda, è anche la più scomoda: la responsabilità resta interamente umana, sempre. La macchina non firma, non risponde a un cliente, non compare davanti a un giudice. Compare la persona che ha accettato l'output e l'ha fatto proprio. Questo non è moralismo—è l'unica configurazione in cui qualcuno ha davvero interesse a controllare. Nel momento in cui si ammette che "l'ha deciso il sistema", si è creato un attore che decide e nessun attore che risponde: la combinazione perfetta per accumulare errori che nessuno ha incentivo a prevenire. La governance dell'IA, in fondo, è soprattutto questo: tenere insieme, ostinatamente, il potere di decidere e l'onere di rispondere.

12.6 Intelligenza collettiva o mediocrità automatizzata

Arriviamo al punto che, secondo me, decide tutto. L'intelligenza artificiale può alzare o abbassare il quoziente intellettivo di un'organizzazione, e quale delle due cose succeda non dipende dalla tecnologia: dipende da come la si governa. La stessa identica piattaforma, nelle stesse identiche mani tecniche, produce risultati opposti a seconda della cultura che la accoglie.

Dove l'organizzazione la usa per liberare le persone dal lavoro ripetitivo e restituire loro tempo per il giudizio, la relazione, il pensiero difficile, l'IA diventa moltiplicatore di intelligenza collettiva: ogni persona attinge in tempo reale a tutto il sapere esplicito dell'azienda, e dedica la propria mente a ciò che la macchina non sa fare. Dove invece l'organizzazione la usa per produrre più rapidamente la stessa mediocrità di prima—più report che nessuno legge, più mail dal tono uniforme, più decisioni prese senza capirle perché "il sistema suggeriva così"—l'IA diventa una macchina per automatizzare la mediocrità. Veloce, instancabile, e priva di giudizio: esattamente come ogni mente ibrida mal governata.

Concetto chiave

L'intelligenza artificiale non ha un effetto fisso sul quoziente di un'organizzazione: lo **amplifica nella direzione che la cultura già aveva**. Un'azienda che pensava bene può pensare meglio e più in scala; una che pensava male produce mediocrità più in fretta. La domanda decisiva non è "quale IA adottiamo", ma "che tipo di mente collettiva vogliamo diventare, e l'IA ci sta portando lì o nella direzione opposta?".

Il direttore generale da cui siamo partiti aveva ragione su una cosa: il problema non era la tecnologia. Ma aveva torto a dirlo con sollievo, come se "tutto il resto"—persone, cultura, processi—fosse un dettaglio rispetto alla scelta della piattaforma. È l'esatto contrario. La piattaforma era la parte facile, quella che si compra. Tutto il resto è l'organizzazione stessa: il sistema cognitivo collettivo dentro cui l'IA andava a vivere. Adottare l'intelligenza artificiale senza occuparsi di quel sistema è come trapiantare un organo senza preoccuparsi del corpo che dovrebbe accoglierlo. A volte attecchisce per caso. Più spesso il corpo lo rigetta—o, peggio, lo integra male, e si ammala in modi che si vedranno solo dopo. Le organizzazioni che sapranno prosperare nell'era dell'IA non saranno quelle che l'avranno comprata per prime. Saranno quelle che avranno capito che cosa, esattamente, stavano lasciando entrare nella propria mente.

Sintesi del capitolo

- Un'organizzazione è un **sistema cognitivo collettivo**: pensa, ricorda e decide attraverso processi, riunioni, documenti e persone distribuite. L'IA entra in questo sistema, non nelle singole teste: la mente ibrida sale di scala dall'individuo all'azienda.
- La conoscenza organizzativa ha due forme. L'*esplicita* (codificabile) è il terreno dove l'IA eccelle; la *tacita* (esperienza, intuizione: "sappiamo più di quanto sappiamo dire", Polanyi; conversione tacito-esplicito, Nonaka) le sfugge.

- L'illusione costosa è credere che riversare i documenti nel sistema catturi tutto il know-how. Cattura la punta esplicita dell'iceberg; il sapere tacito resta nelle teste e, se quelle teste se ne vanno, si perde.
- Adottare l'IA significa ridisegnare processi, ruoli e cultura, non sovrapporre uno strumento ai flussi esistenti. La resistenza al cambiamento tocca l'identità professionale, non solo le mansioni.
- Il *collasso della conoscenza* è il rischio di lungo periodo: i junior non imparano più facendo (deskilling, Capitolo 11), i senior se ne vanno, la memoria organizzativa si assottiglia. Un debito cognitivo invisibile finché non si presenta all'incasso.
- La governance interna è l'equivalente aziendale di M.E.N.T.I.: responsabilità chiara sugli output (N), verifica umana dove conta (E), tracciabilità (T), cautela su dati e segreti (M), formazione (I). La *shadow AI* non governata vanifica ogni controllo.
- Il divieto totale è controproducente: spinge l'uso nell'ombra. Meglio rendere l'IA legittima, visibile e supervisionata (cfr. Capitolo 7).
- L'IA *amplifica la direzione che la cultura già aveva*: alza il quoziente di chi pensava bene, automatizza la mediocrità di chi pensava male. Vinceranno le organizzazioni che capiranno cosa stanno lasciando entrare nella propria mente (cfr. governance, Capitolo 16; rischi, Capitolo 14).

Capitolo 13

Educazione aumentata

C'è un momento, nella vita di ogni insegnante di questi anni, che vale la pena fotografare. Una professoressa di lettere riceve trenta temi sulla figura di Ettore nell'*Iliade*. Ventotto sono i soliti: qualche intuizione, molti luoghi comuni, errori di sintassi, frasi che inciampano. Due, invece, sono perfetti. Argomentazione lineare, lessico ricco, citazioni puntuali, nemmeno una virgola fuori posto. Dovrebbe essere contenta. Non lo è. Quei due temi sono *troppo* perfetti, e per una ragione che fino a tre anni fa non sarebbe nemmeno esistita: non assomigliano a quei due ragazzi. Assomigliano a tutto e a nessuno. La professoressa sa, senza poterlo dimostrare, che a scrivere non è stato lo studente. È stata una macchina, a un prompt di distanza.

E qui nasce la domanda che attraversa questo capitolo, e che è molto più grande del sospetto su due compiti: *cosa significa imparare, quando la risposta è sempre a un prompt di distanza?* Per secoli la scuola si è poggiata su un presupposto silenzioso: che produrre una buona risposta costasse fatica, e che quella fatica fosse la prova—e insieme il meccanismo—dell'apprendimento. L'intelligenza artificiale generativa ha rotto il presupposto. Oggi la risposta costa pochi secondi e nessuno sforzo. Se la scuola era costruita attorno alla scarsità delle buone risposte, e quella scarsità è finita, allora non basta aggiornare la scuola: bisogna ripensare a cosa serve.

13.1 La promessa: un tutor per ognuno

Cominciamo dalla parte luminosa, perché è reale e va presa sul serio. Nel 1984 lo psicologo dell'educazione Benjamin Bloom pubblicò un articolo destinato a diventare celebre, in cui descriveva quello che chiamò il *problema delle due sigma*. Bloom e i suoi collaboratori avevano confrontato tre modi di insegnare la stessa materia: la lezione tradizionale in classe; la lezione con qualche correttivo, come la verifica frequente di ciò che lo studente aveva capito; e il tutoraggio individuale, un insegnante per uno o pochi studenti, con correzione immediata di ogni passo falso. Il risultato fu impressionante. Lo studente medio seguito da un tutor individuale otteneva risultati migliori di circa *due deviazioni standard* rispetto allo studente medio della classe tradizionale. Tradotto fuori dal gergo statistico: lo studente mediocre con un tutor superava il novantotto per cento degli studenti senza. Non un miglioramento marginale—un salto di categoria.

Vale la pena capire *perché* il tutoraggio funziona così bene, perché è lì che si annida la promessa dell'IA. Un tutor non spiega meglio di un bravo docente: spiega *a te*. Si accorge in tempo reale che hai capito la regola ma non l'eccezione, torna indietro di un passo invece di proseguire, ti propone l'esempio tagliato sulla tua confusione specifica, ti lascia sbagliare e poi ti fa notare dove. La lezione frontale, per ragioni puramente aritmetiche, non può farlo: trenta studenti hanno trenta confusioni diverse nello stesso istante, e l'insegnante può rincorrerne una sola. Il tutoraggio chiude il ciclo spiegazione–tentativo–errore–correzione su misura del singolo, e quel ciclo chiuso è il vero motore dell'apprendimento.

Concetto chiave

Il **problema delle due sigma** di Bloom è una promessa e una condanna insieme. La promessa: sappiamo come far imparare quasi tutti molto meglio—con il tutoraggio individuale. La condanna: non possiamo permettercelo. Un tutor per ogni studente è economicamente e organizzativamente impossibile su larga scala. Per quarant'anni il problema è rimasto questo: *la cosa che funziona non è scalabile.*

Ecco perché l'IA, in educazione, fa brillare gli occhi a tanti. Per la prima volta esiste qualcosa che assomiglia a un tutor disponibile per chiunque, a qualsiasi ora, infinitamente paziente, capace di spiegare lo stesso concetto in dieci modi diversi finché uno non funziona. Un tutor che non si annoia alla quinta domanda sui logaritmi, che non giudica chi è rimasto indietro, che si adatta al ritmo di ciascuno. La promessa è di rendere *scalabile* ciò che Bloom aveva dimostrato funzionare ma aveva dovuto archiviare come irrealizzabile.

Non è fantascienza. Esistono già piattaforme che usano modelli linguistici come tutor socratici: invece di dare la soluzione del problema di matematica, guidano lo studente con domande, gli fanno notare dove ha sbagliato passaggio, lo riportano sulla strada senza percorrerla al posto suo. Esistono assistenti che riformulano un capitolo di storia per un dodicenne e poi, su richiesta, per uno studente universitario. In contesti dove un insegnante umano non c'è—zone isolate, famiglie senza mezzi per le ripetizioni, adulti che studiano da soli—un buon tutor artificiale non si confronta con l'insegnante ideale. Si confronta con il nulla. E rispetto al nulla, vince.

Caso studio

Immaginiamo Sofia, terza media, in difficoltà con le equazioni di primo grado. A casa non c'è nessuno che possa aiutarla e le ripetizioni private costano. La sua insegnante le configura un tutor conversazionale con un'istruzione precisa: non risolvere mai l'esercizio, fai solo domande e dai indizi. Sofia prova $3x + 5 = 20$ e si blocca. Il tutor non le serve la soluzione; le chiede: "cosa devi fare per restare solo con la x a sinistra?". Sofia tenta, sbaglia il segno, il tutor le fa notare l'incongruenza con una controdomanda, lei riprova e ci arriva. Dopo due settimane non ha solo imparato le equazioni: ha imparato che bloccarsi non è un fallimento ma un passaggio.
La stessa tecnologia, nella classe accanto, produce l'esito opposto. Marco incolla l'equazione, ottiene il risultato in un secondo, lo ricopia, e alla verifica in classe—senza telefono—resta con il foglio bianco. Non aveva mai fatto, nemmeno una volta, il passaggio che la verifica chiedeva. La differenza tra Sofia e Marco non è lo strumento. È l'istruzione data al tutor e la presenza di un adulto che l'ha pensata. Senza quella mediazione, l'identica macchina allena l'una e indebolisce l'altro.

Sarei disonesto se liquidassi questa promessa come ingenua. La trovo, anzi, una delle applicazioni più nobili dell'IA. Il problema non è la promessa. È che la stessa tecnologia che può rendere scalabile il tutoraggio di Bloom può anche rendere scalabile il suo esatto contrario: la scorciatoia. E—come mostra il caso di Sofia e Marco—a decidere da che parte penda l'ago non è il modello, ma chi lo configura e chi lo accompagna.

13.2 La scorciatoia che svuota

Qui devo fermarmi e dire la cosa più importante del capitolo, quella che, se doveste portarvi via una sola frase, vorrei fosse questa: *imparare richiede sforzo, e se l'IA elimina lo sforzo elimina anche l'apprendimento.*

Non è una battuta moralistica sul valore della fatica. È un fatto documentato da decenni di ricerca cognitiva. Lo psicologo Robert Bjork, dell'Università della California, ha coniato l'espressione *desirable difficulties*—difficoltà desiderabili. La scoperta, controintuitiva, è questa: certe condizioni che rendono l'apprendimento più lento e faticoso *sul momento* lo rendono più profondo e duraturo *nel tempo*. Vale la pena scendere nel dettaglio, perché ogni difficoltà desiderabile è esattamente ciò che un'IA premurosa è tentata di togliere di mezzo.

La prima è il *recupero attivo*: ripescare a fatica un'informazione dalla memoria fissa quell'informazione molto meglio che rileggerla. Provare a ricordare la data della battaglia, e faticare, insegna più che riguardarla sul libro. Un'IA che la fornisce all'istante toglie proprio lo sforzo di recupero che avrebbe consolidato il ricordo. La seconda è la *ripetizione distanziata*: studiare un po' oggi, un po' fra tre giorni, un po' fra una settimana costa più fatica—bisogna ogni volta ricostruire ciò che si stava dimenticando—ma rende molto di più dello studio concentrato in un'unica sessione. La terza è l'*errore produttivo*: tentare, sbagliare e poi correggersi imprime la versione corretta più a fondo che azzeccarla al primo colpo. Sbagliare, qui, non è il contrario di imparare: ne è una tappa. Lo sforzo non è un effetto collaterale spiacevole dell'apprendimento. È il suo motore.

Concetto chiave

Le **difficoltà desiderabili** (Bjork) sono gli ostacoli che, rallentando l'esecuzione, costruiscono la mente. Recupero faticoso, ripetizione distanziata, errore corretto: sembrano inefficienze, sono il meccanismo stesso dell'apprendimento. Una tecnologia che rimuove ogni difficoltà rischia di rimuovere, insieme, ogni apprendimento. Il criterio per distinguere l'aiuto buono dall'aiuto dannoso è semplice: *toglie un ostacolo inutile o toglie l'ostacolo che avrebbe insegnato?*

Ora si capisce dove sta il pericolo. Un'IA che dà la risposta non rallenta lo studente: lo salta. Salta il recupero faticoso, salta l'errore, salta la ripetizione. Consegna il prodotto finito—il tema, la dimostrazione, il riassunto—e con esso elimina precisamente il processo che avrebbe formato la mente. Lo studente ottiene la risposta giusta e non impara nulla, perché la risposta giusta non era il punto. Il punto era il cammino per arrivarci. La ricerca cognitiva descrive anche una trappola correlata, l'*illusione di competenza*: leggere una spiegazione fluida e ben costruita ci fa *sentire* di aver capito, mentre la comprensione superficiale crolla appena si deve produrre qualcosa da soli. L'IA, che genera spiegazioni impeccabili a richiesta, è una macchina formidabile per fabbricare quell'illusione.

Errore comune

"Se l'IA mi dà subito la risposta corretta, ho imparato più in fretta." È l'errore più seducente dell'educazione aumentata, e confonde due cose diverse: *avere* una risposta e *saperla produrre*. Lo studente che fa scrivere il tema all'IA possiede un buon tema; non possiede la capacità di scriverne uno. La prossima volta che la macchina non ci sarà—un esame orale, una riunione, la vita—quella capacità mancherà. La scorciatoia non accelera l'apprendimento: lo sostituisce con la sua apparenza.

Questa dinamica non è nuova in questo libro. È la stessa che abbiamo incontrato parlando di delega cognitiva (vedi Capitolo 4): delegare un compito a una macchina libera capacità quando il compito è già padroneggiato, ma atrofizza la capacità quando il compito è ancora da imparare. Un adulto che ha imparato a fare i conti a mente può usare la calcolatrice senza danno. Un bambino che usa la calcolatrice *invece* di imparare i conti perde qualcosa che difficilmente recupererà. La differenza tra delega sana e delega che disabilita passa per il verbo *prima*: hai imparato prima di delegare, o stai delegando per non imparare? La stessa frattura attraversa la creatività (vedi Capitolo 6): l'IA può ampliare l'immaginazione di chi ha già una voce, o impedire a chi non ce l'ha ancora di costruirsene una.

C'è un dettaglio che mi preme sottolineare, da informatico prima che da autore. La macchina che svuota l'apprendimento non lo fa per cattiveria né per difetto. Lo fa funzionando *benissimo*. Più il tutor artificiale è bravo, più la risposta è immediata e ben confezionata, più forte è la tentazione di saltare il processo. La qualità dello strumento, qui, lavora contro l'obiettivo educativo. È un paradosso che chi progetta queste piattaforme dovrebbe avere inchiodato sopra la scrivania: in educazione, un assistente che aiuta troppo è un assistente che insegna troppo poco. Il buon tutor—umano o artificiale—non è quello che risolve, è quello che fa risolvere.

13.3 La crisi del compito e dell'esame

Se la risposta è a un prompt di distanza, l'intera impalcatura della valutazione tradizionale traballa. Il tema da fare a casa, pilastro della scuola italiana per generazioni, oggi misura una cosa sola con certezza: la capacità dello studente di accedere a un assistente conversazionale. Lo stesso vale per il riassunto, per la relazione, per la tesina. Non perché tutti barino, ma perché il confine tra "mi sono fatto aiutare" e "l'ho fatto fare" è diventato poroso, e soprattutto perché l'insegnante non ha più modo di sapere da che parte di quel confine si trovi il lavoro che ha davanti.

La reazione di pancia è la caccia all'imbroglione: software che promettono di "riconoscere il testo generato dall'IA". Sconsiglio di affidarvisi. Questi rilevatori sono inaffidabili in entrambe le direzioni—assolvono testi generati e condannano testi umani, con un tasso di errore che in un'aula reale si traduce in ingiustizie—e tendono a penalizzare in modo sistematico proprio chi scrive in modo più "standard", per esempio chi non ha l'italiano come prima lingua. Inseguono per giunta una tecnologia che migliora più in fretta di chi la rincorre. È una corsa agli armamenti già persa in partenza. Vale la pena spostare l'energia altrove: non sul *come scoprire* chi ha usato l'IA, ma sul *cosa vogliamo davvero valutare*.

Best Practice

Spostare la valutazione dal prodotto al processo.

- **Valutare il percorso, non solo l'esito.** Bozze successive, appunti, scelte scartate, versioni intermedie commentate: ciò che l'IA fatica a fabbricare è la storia credibile di come si è arrivati a un risultato.
- **Riportare in classe ciò che conta.** L'orale, la discussione, la difesa argomentata del proprio lavoro davanti a chi può incalzare con una domanda imprevista: l'IA non può sostenere un colloquio al posto dello studente.
- **Chiedere ragionamento, non recupero.** Domande senza risposta pronta in rete, legate al contesto della classe, al testo letto insieme, all'esperienza personale, a un esempio nato in aula quel giorno.
- **Costruire un portfolio nel tempo.** Una raccolta di lavori che cresce per mesi mostra una traiettoria—progressi, ricadute, stile personale—che è difficilissima da simulare con una macchina a colpi isolati.
- **Usare l'IA come oggetto di studio.** Far criticare allo studente una risposta generata, individuarne errori e omissioni: si valuta il giudizio, non l'esecuzione.

Nessuna di queste mosse è gratis. L'orale costa tempo; un portfolio richiede di seguire ciascuno studente lungo mesi; valutare un processo è più faticoso che mettere un voto a un prodotto finito. È onesto dirlo: spostare la valutazione dal prodotto al processo significa restituire all'insegnamento parte di quella fatica che il compito a casa, comodamente, scaricava sullo studente e sulla sera. Ma è una fatica che torna al posto giusto. L'orale, in particolare, è la verifica più resistente all'IA che possediamo, ed è anche la più antica: non a caso le università medievali esaminavano *a voce*, costringendo lo studente a reggere il proprio sapere senza rete. Avevamo accantonato l'orale per ragioni di scala; l'IA potrebbe costringerci a riscoprirne il valore.

L'ultimo punto della lista merita un affondo, perché rovescia la prospettiva. Finora abbiamo trattato l'IA come una stampella da nascondere. Ma si può fare l'opposto: metterla al centro del banco e studiarla. Dare a una classe tre risposte generate sullo stesso argomento—una corretta, una con un errore sottile, una con un'allucinazione plausibile—e chiedere di smontarle è un esercizio di pensiero più formativo di molti temi tradizionali. Lo studente non produce testo: lo *interroga*. E imparare a interrogare un testo che si presenta sicuro di sé è, oggi, una delle competenze più preziose che la scuola possa trasmettere.

13.4 Il pensiero critico come obiettivo numero uno

Provo a formulare una tesi netta, perché è il cuore del capitolo. In un mondo in cui le risposte sono abbondanti, gratuite e immediate, il valore non sta più nel possederle. Sta nel saperle *valutare*. La scuola che continua a riempire teste di risposte sta addestrando i suoi studenti a competere con le macchine sul terreno dove le macchine vincono sempre. La scuola che li addestra a fare domande, a soppesare fonti, a fiutare l'errore, li attrezza per il terreno dove gli esseri umani sono ancora insostituibili.

Non è un caso che la bussola di questo libro, il framework M.E.N.T.I., descriva quasi punto per punto un programma educativo per l'era dell'IA. Imparare a *tracciare le fonti*—la **T**—significa non accontentarsi di un'affermazione ben scritta ma chiedersi da dove venga, se venga da qualche parte, se quella fonte sia affidabile. Imparare a *esaminare le risposte*—la **E**—significa riconoscere che un modello linguistico produce testo verosimile, non testo vero, e che le allucinazioni hanno l'aspetto identico delle verità (vedi Capitolo 1, il caso delle sentenze inventate). Imparare a *mantenere l'autonomia cognitiva*—la **M**—significa conservare la capacità di pensare senza la macchina, anche quando la macchina c'è. Queste non sono lezioni di informatica. Sono lezioni di pensiero, ed è la scuola, non l'azienda né lo Stato, il luogo dove dovrebbero accadere.

Esempio

Un insegnante di scienze chiede all'IA di spiegare perché il cielo è blu. Ottiene una risposta corretta. Poi le chiede di spiegare perché il cielo è verde—falso—e la macchina, accondiscendente, costruisce una spiegazione altrettanto fluida e sicura, infilando concetti reali in una conclusione sbagliata. Mostrate le due risposte fianco a fianco alla classe, senza dire quale sia quella giusta. La lezione che ne esce—*la sicurezza del tono non garantisce la verità del contenuto*—vale più di un'ora di nozioni, e nessun assistente artificiale la può apprendere al posto dello studente.

Tutto questo ha un nome che andrebbe preso più sul serio nei programmi scolastici: alfabetizzazione all'IA. Conviene dire prima cosa *non* è. Non è insegnare a scrivere prompt: è un'abilità che invecchia in pochi mesi e che i ragazzi acquisiscono comunque da soli. Non è nemmeno un corso di programmazione o di matematica del modello. Alfabetizzazione all'IA significa capire *cosa sono* questi sistemi, come funzionano a grandi linee, perché sbagliano nel modo caratteristico in cui sbagliano, dove sono potenti e dove sono inaffidabili. Significa sapere che un modello non "cerca" la verità ma stima la parola probabile; che è confidente allo stesso modo quando ha ragione e quando inventa; che riflette i pregiudizi dei testi su cui è stato addestrato; che non ha alcuna nozione delle proprie fonti. Uno studente che capisce *perché* la macchina inventa citazioni non cadrà nella trappola dell'avvocato di New York. Uno studente che non lo capisce ci cadrà, con la stessa fiducia mal riposta, per tutta la vita. È un'alfabetizzazione tanto necessaria quanto, un secolo fa, lo fu imparare a leggere un giornale senza credere a tutto ciò che vi era stampato.

13.5 L'insegnante non sparisce: si sposta

A questo punto qualcuno teme che l'IA renda l'insegnante superfluo. Se un tutor artificiale spiega meglio, più pazientemente e a costo quasi nullo, a cosa serve ancora la professoressa di lettere del nostro incipit? La domanda è mal posta, e la risposta, credo, è l'opposto di quella temuta: l'insegnante non sparisce. Si sposta. E si sposta proprio verso le cose che la macchina non sa fare.

Un tutor artificiale può spiegare i logaritmi. Non può accorgersi che un ragazzo non li capisce perché ha la testa altrove, perché a casa c'è un problema, perché ha smesso di credere di esserne capace. Può correggere un tema. Non può guardare negli occhi chi lo ha scritto e dirgli che ha del talento e che vale la pena insistere. La parte dell'insegnamento che l'IA assorbe—trasmettere informazioni, esercitare, correggere—è importante ma è la più meccanica. La parte che resta umana—motivare, riconoscere, costruire una relazione, modellare cosa significhi pensare bene—è la più difficile e la più decisiva. C'è di più: solo un adulto presente può decidere, caso per caso, *quanta* difficoltà lasciare in piedi. Sa quando un ragazzo va aiutato perché altrimenti si arrende, e quando invece va lasciato faticare perché è proprio lì che imparerà. È un giudizio sulla persona, non sul compito, e nessun modello lo possiede.

Best Practice

Il nuovo baricentro del mestiere di insegnare, nell'era dell'IA.

- **Da erogatore a regista.** Meno tempo a trasmettere nozioni che la macchina trasmette altrettanto bene, più tempo a progettare esperienze di pensiero che la macchina non può vivere al posto degli studenti.
- **Da correttore a mentore.** Spostare il giudizio dal prodotto alla persona: cosa sta capendo, cosa lo blocca, cosa lo accende.
- **Da custode delle risposte a maestro di domande.** Insegnare a formulare la domanda giusta vale, oggi, più che fornire la risposta.
- **Da dispensatore a dosatore di difficoltà.** Calibrare quanto sforzo lasciare in piedi: togliere l'ostacolo che scoraggia, conservare quello che insegna.
- **Da solista a regista di un duo.** Insegnare *con* l'IA in aula, mostrandone agli studenti usi sani e limiti, invece di fingere che non esista o vietarla e basta.

Ho un'immagine che mi aiuta a tenere insieme tutto questo. La scuola dell'era ibrida dovrebbe essere una *palestra di autonomia cognitiva.* In palestra nessuno solleva i pesi al posto tuo: sarebbe assurdo, vanificherebbe lo scopo. La macchina che solleva i pesi esiste—si chiama muletto—ma in palestra non serve a nulla, perché in palestra l'obiettivo non è spostare il peso, è rafforzare il muscolo. La scuola è il luogo dove ci si allena a pensare. L'IA, in questo luogo, non è il muletto che fa il lavoro al posto del muscolo. È, al meglio, un buon personal trainer: ti corregge la postura, ti propone l'esercizio giusto, ti spinge un grado più in là di dove saresti arrivato da solo. Ma il peso lo sollevi tu, sempre, altrimenti esci dalla palestra più debole di come sei entrato. E come ogni buon allenatore, il bravo personal trainer ti aumenta il carico man mano che migliori: non ti rende le cose facili, te le rende *difficili al punto giusto.*

13.6 Due scuole, e il problema dell'equità

Mettiamo a confronto due aule, perché la differenza tra uso sano e uso che disabilita non è teorica: si vede.

Confronto

Stessa tecnologia, due esiti opposti.

- *Uso che disabilita.* Lo studente riceve il compito, lo incolla nell'assistente, copia la risposta, consegna. Il voto magari è buono. Ma il processo che avrebbe formato la sua mente non è mai avvenuto. Ripetuto per anni, produce un diplomato che possiede ottimi testi e nessuna capacità di produrne. La macchina ha pensato; lui ha trascritto.
- *Uso sano.* Lo studente tenta il compito da solo, si arena, chiede al tutor non la soluzione ma un indizio, capisce dove ha sbagliato, riprova, poi usa l'IA per criticare il proprio lavoro finito. Il processo c'è stato, anzi è stato più ricco. La macchina ha allenato; lui ha pensato.

La tecnologia è identica. A cambiare tutto è la mediazione: chi insegna a usarla, e per fare cosa.

Quel "chi insegna a usarla" introduce il problema che mi inquieta di più, e che si chiama equità. La narrazione consolante dice che l'IA democratizza l'istruzione: un tutor per tutti, finalmente. Temo sia vero solo a metà. Lo strumento, sì, diventa accessibile a quasi chiunque abbia un telefono. Ma la *mediazione*—l'adulto, l'insegnante, il genitore che insegna a usarlo per allenarsi e non per saltare l'allenamento—resta scarsa, e distribuita in modo diseguale esattamente come prima. C'è il rischio concreto che si apra una nuova frattura, più sottile di quella tra chi ha il dispositivo e chi non ce l'ha.

Pensateci concretamente. Lo studente di una famiglia colta troverà a casa qualcuno che gli dice: "non farti dare la risposta, fatti spiegare il ragionamento". Avrà una scuola con docenti formati a progettare orali e portfolio, e un tutor configurato per essere socratico. Lo studente di una famiglia senza quegli strumenti avrà lo stesso identico modello in tasca—e nessuno che gli mostri la differenza tra usarlo come palestra e usarlo come scorciatoia. Il primo è il caso di Sofia; il secondo, quello di Marco. Non è una differenza di accesso: è una differenza di mediazione, ed è proprio quella su cui la disuguaglianza sociale ha sempre lavorato meglio.

Attenzione

Il vero divario non sarà tra chi ha accesso all'IA e chi no—l'accesso si sta generalizzando in fretta. Sarà tra chi ha intorno adulti capaci di insegnargli a usarla *come palestra* e chi la userà, senza guida, *come scorciatoia*. I primi usciranno con il muscolo cognitivo rafforzato dallo strumento. I secondi, indeboliti. Stesso strumento, esiti divergenti—e la divergenza segue, come sempre, le linee della disuguaglianza sociale. È un rischio che si annida soprattutto nei più giovani (vedi Capitolo 10) e che richiede igiene cognitiva deliberata (vedi Capitolo 15).

Detto altrimenti: l'IA non riduce automaticamente le disuguaglianze educative. Senza una mediazione consapevole e diffusa, le può perfino amplificare, regalando ai più fortunati un acceleratore e ai meno fortunati una stampella che li lascia più zoppi di prima. Questo dovrebbe essere, a mio avviso, l'oggetto di una politica scolastica seria: non vietare lo strumento, non idolatrarlo, ma investire nella risorsa che ne fa davvero la differenza—la mediazione umana, cioè gli insegnanti, la loro formazione, il loro tempo. È la parte costosa, poco appariscente e difficile da finanziare; è anche, temo, l'unica che conti.

13.7 Imparare a farne a meno

Torniamo, per chiudere, alla professoressa di lettere e ai suoi due temi troppo perfetti. Il suo disagio non era nostalgia per i tempi della penna stilografica. Era l'intuizione corretta di una perdita: quei due ragazzi, consegnando un tema che non avevano scritto, avevano consegnato anche la rinuncia a diventare capaci di scriverlo. Le serviva una risposta, e la risposta non è proibire la macchina, che è impossibile, né arrendersi a essa, che è un tradimento del mestiere. La risposta è cambiare ciò che chiede ai suoi studenti, fino a chiedere proprio le cose che la macchina non può dare al posto loro.

Educare nell'era dell'intelligenza artificiale non significa, in fondo, insegnare a usarla. Quello lo imparano da soli, in un pomeriggio, meglio di noi. Significa l'opposto: insegnare a *farne a meno quando serve*. A scrivere un pensiero senza suggeritore, a reggere un'argomentazione senza rete, a tollerare la fatica di non sapere ancora, perché è in quella fatica—e in nessun'altra parte—che la mente si costruisce. L'IA, in classe, va benissimo come allenatore. Il giorno dell'esame, e tutti i giorni della vita in cui conterà davvero pensare con la propria testa, lo studente dovrà essere capace di salire sul ring da solo. La scuola che gli insegna a farlo avrà fatto, con la macchina, la cosa più intelligente possibile: averla usata per rendere gli studenti meno dipendenti da lei.

Sintesi del capitolo

- Il presupposto silenzioso della scuola—che produrre buone risposte costi fatica, e che quella fatica sia l'apprendimento—è stato infranto dall'IA: la risposta è ormai a un prompt di distanza.
- Il **problema delle due sigma** di Bloom mostra che il tutoraggio individuale è molto più efficace della lezione di gruppo, perché chiude su misura il ciclo spiegazione–errore–correzione. Non era scalabile; l'IA promette di renderlo tale: è la sua applicazione educativa più nobile.
- Imparare richiede sforzo. Le *difficoltà desiderabili* di Bjork (recupero attivo, ripetizione distanziata, errore corretto) sono il motore dell'apprendimento: un'IA che dà la risposta salta il processo che forma la mente e alimenta l'*illusione di competenza*.
- Possedere una risposta e saperla produrre sono cose diverse. La scorciatoia non accelera l'apprendimento: lo sostituisce con la sua apparenza (collegamenti ai Capitoli 4 e 6).

- La valutazione va spostata dal prodotto al processo: bozze, orale, portfolio, ragionamento contestuale, e l'IA usata come oggetto di critica anziché come stampella. I rilevatori automatici di testo generato sono inaffidabili.
- L'obiettivo numero uno diventa il pensiero critico: fare domande, tracciare le fonti (**T**), riconoscere errori e allucinazioni (**E**), mantenere l'autonomia (**M**). È alfabetizzazione all'IA, cioè lezione di pensiero, non di prompt.
- L'insegnante non viene sostituito: si sposta da erogatore a mentore, regista e dosatore di difficoltà. La scuola diventa una *palestra di autonomia cognitiva*, dove l'IA è personal trainer, non muletto.
- Il divario decisivo non sarà nell'accesso allo strumento, ma nella mediazione che insegna a usarlo come allenamento e non come scorciatoia: una questione di equità che richiede investimento sugli insegnanti (Capitoli 10 e 15).
- Educare nell'era dell'IA non è insegnare a usarla, ma insegnare a farne a meno quando serve.

Parte V

Governare le menti ibride

Capitolo 14

Rischi cognitivi

C'è un esperimento, probabilmente apocrifo, che gli scienziati citano controvoglia perché non regge alla verifica sperimentale, ma che resiste come metafora proprio perché è troppo bella per morire. Si dice che una rana immersa nell'acqua bollente salti via di scatto, mentre una rana messa nell'acqua fredda che viene scaldata lentamente resti immobile fino a lessarsi, perché nessun singolo grado in più le sembra abbastanza pericoloso da giustificare la fatica del salto. La biologia, fortunatamente, smentisce: una rana vera scappa. Ma noi, davanti all'intelligenza artificiale, ci comportiamo spesso come la rana del mito. Aspettiamo l'acqua bollente—il robot che si ribella, la superintelligenza che ci sottomette, lo scenario da film—e intanto non ci accorgiamo del grado in più che sale ogni giorno, silenzioso, dentro le nostre stesse facoltà mentali.

Il rischio vero delle menti ibride, quello di cui parla questo capitolo, non ha la forma dell'apocalisse. Ha la forma dell'erosione. Non è un evento, è un processo. Non arriva da fuori a minacciarci, cresce da dentro mentre ci sentiamo più capaci che mai. E la sua arma più efficace non è la forza: è la comodità. Per questo è così difficile da vedere, e per questo apre la parte del libro dedicata a governare le menti ibride invece di limitarci a descriverle. Prima di curare, conviene fare la diagnosi.

14.1 La forma del rischio: lenta, invisibile, comoda

Quando pensiamo al pericolo, la nostra mente è tarata su minacce acute: il predatore, il fuoco, il nemico alle porte. Siamo bravissimi a reagire a ciò che cambia di colpo e malissimo a percepire ciò che cambia per gradi. È un limite cognitivo antico, lo stesso che ci fa sottovalutare il debito che si accumula, la salute che si logora, la lingua che impoverisce. L'intelligenza artificiale agisce quasi sempre per gradi, e proprio lì si annida il problema.

Nessuno decide, un mattino, di smettere di pensare. Si decide soltanto, oggi, di far scrivere quella mail all'assistente perché si ha fretta. Domani, di far riassumere quel documento perché è lungo. Dopodomani, di chiedere alla macchina non solo come dire una cosa ma anche cosa pensare di quella cosa. Ogni passo è ragionevole, perfino saggio. Nessun passo, preso da solo, fa danno. È la somma, il versante in discesa di mille piccole deleghe, a portarci in un luogo dove non avremmo mai scelto di arrivare se ce lo avessero mostrato in anticipo.

Concetto chiave

I rischi cognitivi dell'IA non sono catastrofi improvvise ma *erosioni lente*. Agiscono per accumulo di decisioni minime, ciascuna razionale, ciascuna comoda. È proprio la comodità a renderli invisibili: ogni singolo passo migliora la nostra giornata, mentre la traiettoria complessiva indebolisce le nostre facoltà. Non c'è un momento in cui suona l'allarme, perché nessun grado in più, da solo, è quello fatale.

Aggiungo una premessa di metodo, perché qui si gioca la credibilità di tutto il capitolo. Parlare di rischi non significa profetizzare il disastro. Significa nominare con precisione ciò che può andare storto, in modo da poterlo presidiare. Un ingegnere che progetta un ponte studia i carichi che lo farebbero crollare non perché disprezzi i ponti, ma perché vuole costruirli solidi. Faccio lo stesso. Credo nelle menti ibride—l'intero libro lo dimostra—e proprio per questo voglio guardare in faccia i modi in cui possono ammalarsi. Distinguo sei rischi principali. Non sono compartimenti stagni: si alimentano a vicenda, e spesso il primo prepara il terreno all'ultimo. C'è anche un'asimmetria che vale la pena nominare subito: i benefici dell'IA sono immediati e personali—una mail scritta in dieci secondi—mentre i costi sono differiti e collettivi—una facoltà che si spegne, un dibattito pubblico che si avvelena. Quando il vantaggio è qui e ora e il prezzo è altrove e domani, la mente sceglie quasi sempre il vantaggio. È esattamente la trappola in cui cadiamo coi rischi che seguono.

14.2 Atrofia: il muscolo che non si usa

La prima lettera del framework M.E.N.T.I. recita *Mantieni l'autonomia cognitiva*, e lo fa perché l'autonomia, come un muscolo, si conserva solo usandola. Le facoltà mentali non sono depositi che restano pieni: sono capacità che si mantengono allenandole e si indeboliscono per disuso. Quando deleghiamo stabilmente una funzione a una macchina, quella funzione, in noi, comincia a spegnersi. È il fenomeno che ho chiamato delega cognitiva nei Capitoli 4 e 5, qui osservato dal suo lato oscuro.

Gli esempi sono sotto gli occhi di tutti, e sono molti più di quanti ne contiamo. La memoria dei numeri di telefono è quasi scomparsa: pochi sanno ancora a memoria il numero delle persone che amano, perché lo tiene il dispositivo. Il senso dell'orientamento si è fatto più fragile in chi si affida sempre al navigatore: molti raggiungono ogni giorno lo stesso luogo senza saper disegnare la mappa del tragitto, perché non l'hanno mai costruita in testa, l'hanno solo seguita. Il calcolo a mente è diventato un esercizio da nostalgici. La scrittura—intesa come la fatica di mettere in ordine i pensieri trovando da soli le parole giuste—rischia di seguirle, ora che una macchina può produrre un testo levigato in pochi secondi.

Esempio

Studi sulla navigazione satellitare hanno osservato che affidarsi costantemente al navigatore tende ad attenuare l'attivazione delle aree cerebrali coinvolte nella costruzione delle mappe mentali, quelle stesse aree che si sviluppano quando ci orientiamo da soli. Non è una condanna: è un avvertimento. La facoltà di orientarsi non sparisce, ma smette di allenarsi. E ciò che non si allena, col tempo, si indebolisce. La domanda da porsi non è "mi serve davvero saper leggere una mappa?". È: "cosa altro sto smettendo di allenare senza accorgermene?".

C'è un punto che rende l'atrofia più insidiosa di una semplice perdita di abilità. La scrittura non è solo un modo di comunicare un pensiero già formato: è, in larga parte, il modo in cui il pensiero *si forma*. Mettere in fila le parole costringe a mettere in fila le idee, a scoprire i salti logici, a capire che cosa pensiamo davvero scoprendolo mentre lo scriviamo. Lo stesso vale per la fatica di tenere insieme un ragionamento lungo, di sostare nel dubbio prima di concludere. Delegare alla macchina questi atti non ci toglie un attrezzo: ci toglie l'occasione di pensare. È un'atrofia che colpisce non la mano, ma l'organo stesso del pensiero.

Qui occorre una distinzione che salva il discorso dal moralismo. Non tutta la delega è atrofia. Affidare alla calcolatrice una moltiplicazione a sei cifre libera la mente per il ragionamento che conta davvero: nessuno rimpiange l'abaco. La delega diventa atrofia quando colpisce facoltà che hanno un valore in sé, non solo strumentale—la capacità di concentrarsi a lungo, di tenere insieme un ragionamento complesso, di formulare un pensiero proprio prima di chiederlo a un altro. Atrofizzare il calcolo manuale è un prezzo accettabile. Atrofizzare la capacità di pensare lo è molto meno. Il punto, come quasi sempre nelle menti ibride, non è *se* delegare, ma *cosa* e *fino a che punto*.

14.3 Dipendenza: quando non si sa più operare da soli

L'atrofia prepara la dipendenza. Se l'atrofia è l'indebolirsi della facoltà, la dipendenza è la condizione in cui non si è più capaci di operare senza l'aiuto costante della macchina. Sono due gradi della stessa malattia: prima si fatica a fare da soli ciò che si faceva con naturalezza, poi non lo si fa più affatto, e l'idea stessa di provarci genera disagio.

La dipendenza ha un segno clinico riconoscibile: l'ansia che si prova quando lo strumento manca. Chi non riesce più a redigere una mail di lavoro senza far rivedere il tono alla macchina, chi non si fida di una propria decisione finché un modello non gliela conferma, chi entra in stallo davanti a un foglio bianco perché ha disimparato a partire da zero—tutti costoro hanno spostato il baricentro del proprio operare fuori da sé. La mente ibrida, in questi casi, ha smesso di essere una collaborazione e si è trasformata in una protesi: utile finché c'è, paralizzante quando viene a mancare.

Attenzione

Il test della dipendenza è semplice e scomodo: provate a fare per un giorno ciò che fate ogni giorno con l'IA, ma senza. Scrivere senza assistente, decidere senza conferma, cercare senza chiedere. Se l'esperimento genera un disagio sproporzionato rispetto alla reale difficoltà del compito—non la fatica fisiologica di un muscolo poco usato, ma un'ansia da privazione—allora il confine fra delega e dipendenza è già stato superato. La buona notizia è che, a differenza dell'atrofia profonda, la dipendenza precoce è reversibile: basta riprendere a fare.

C'è un risvolto sistemico che riguarda non i singoli ma le organizzazioni e le società. Una professione che dipende interamente dall'IA per le proprie funzioni core diventa fragile: se lo strumento si guasta, cambia prezzo, viene ritirato o semplicemente sbaglia, chi ha disimparato a fare da sé non ha una rete di sicurezza. La resilienza di un sistema—umano o organizzativo—si misura proprio nella capacità di funzionare quando la stampella viene tolta. Una mente ibrida sana mantiene la facoltà di operare in modalità degradata. Una mente ibrida dipendente, no.

A questa fragilità se ne aggiunge una meno visibile, di natura economica. La dipendenza non è soltanto una condizione psicologica: è anche una posizione di mercato. Chi ha trasferito le proprie funzioni essenziali su pochi modelli controllati da pochi fornitori si trova in una situazione di *lock-in*—rincaro dei prezzi, cambio delle condizioni, restrizione delle funzioni che ieri erano gratuite—contro cui ha poche difese, perché ha smesso di poter fare da sé ciò per cui ora paga. La dipendenza individuale e quella economica sono la stessa cosa vista da due lati: in entrambi i casi, chi non sa più operare senza la macchina ha perso potere contrattuale sulla propria mente.

14.4 Omologazione: la deriva verso la media

Il terzo rischio è più sottile, perché non riguarda ciò che perdiamo, ma ciò che diventiamo: tutti uguali. Ne ho parlato nel Capitolo 6 a proposito della creatività: i modelli generativi, per come sono costruiti, tendono a produrre l'output più probabile, ossia quello che assomiglia di più alla media di tutto ciò che hanno visto. Sono, per loro natura, macchine che convergono verso il centro della distribuzione. Chiedete a un assistente di scrivere una poesia, una mail di auguri, un piano aziendale: otterrete qualcosa di competente, levigato e prevedibile. Mediano. È il loro mestiere.

Il problema nasce quando milioni di persone attingono allo stesso pozzo. Se tutti scriviamo con gli stessi pochi modelli, le nostre parole cominciano a somigliarsi. Le mail prendono lo stesso ritmo, le presentazioni la stessa struttura, perfino le idee tendono a convergere, perché la macchina propone per prima le associazioni più comuni e noi, per comodità, le accettiamo. È un'omologazione che non si vede dal di dentro—ciascuno crede di esprimersi—ma che diventa evidente nell'aggregato: la diversità cognitiva, la varietà di voci e di angolature da cui guardiamo il mondo, si appiattisce verso un comune denominatore statistico.

Concetto chiave

L'omologazione cognitiva è la perdita di *diversità* del pensiero collettivo. Non rende nessuno più stupido: rende tutti più simili. E la diversità di vedute non è un lusso estetico, è il meccanismo con cui una società corregge i propri errori, genera idee nuove, evita che un singolo modo di pensare diventi l'unico pensabile. Una cultura che converge verso la media di un modello statistico smette di sorprendersi—e una cultura che non si sorprende ha smesso di scoprire.

C'è poi un effetto di ritorno che inquieta gli stessi ricercatori, e merita di essere capito bene perché è la versione tecnica dell'impoverimento appena descritto. Man mano che il testo generato dall'IA riempie il web, i modelli futuri verranno addestrati anche su quel testo: una macchina che impara dagli output di un'altra macchina. Gli studiosi lo chiamano *model collapse*, collasso del modello. Funziona così: ogni modello, generando, sovrarappresenta i casi comuni e sottorappresenta quelli rari, perché i casi comuni sono ciò che "conosce" meglio. Se la generazione successiva impara da questi output, eredita quella distorsione e la amplifica. A ogni ciclo le code della distribuzione—le idee rare, le voci insolite, gli esempi atipici—si assottigliano, finché il modello dimentica di averle mai viste. È una specie di consanguineità informativa: una fotocopia di una fotocopia, che a ogni passaggio perde dettaglio e converge verso un grigio medio.

Il punto che mi interessa non è tecnico ma cognitivo. Lo stesso meccanismo che impoverisce i modelli può impoverire noi. Se la mente collettiva smette di immettere nel sistema pensiero originale—se ci limitiamo a riciclare ciò che le macchine ci restituiscono, che a sua volta è la media di ciò che avevamo già prodotto—allora la cultura entra nello stesso ciclo chiuso. Il vero antidoto al model collapse, per i modelli come per noi, è uno solo: continuare a immettere nel sistema l'imprevedibilità che solo gli esseri umani, per ora, sanno generare—le osservazioni di prima mano, gli errori fertili, le voci che non assomigliano a nessun'altra. La diversità non si conserva: si produce, una mente alla volta.

14.5 Manipolazione e sorveglianza: l'attenzione come merce

I tre rischi visti finora nascono in larga parte dalle nostre abitudini. Il quarto, no. La manipolazione non è un effetto collaterale del nostro uso dell'IA: è, in molti casi, lo scopo per cui certi sistemi sono progettati. Qui dobbiamo nominare il conflitto di interessi che attraversa tutta l'economia digitale, e per farlo mi appoggio a una pensatrice che lo ha descritto meglio di chiunque, Shoshana Zuboff.

Nel suo lavoro sul *capitalismo della sorveglianza*, Zuboff descrive un modello economico in cui la materia prima sono i dati che produciamo vivendo—ogni clic, ogni pausa, ogni parola digitata, ogni esitazione del cursore—e il prodotto finale non è un servizio per noi, ma una previsione del nostro comportamento venduta a chi vuole influenzarlo. Il cuore della sua analisi sta in due passaggi che conviene tenere distinti. Il primo è l'*estrazione comportamentale*: i nostri dati non vengono raccolti per servirci meglio, ma estratti come una materia prima da una miniera, spesso ben oltre ciò che serve a far funzionare il servizio che usiamo. Quel surplus comportamentale—ciò che diciamo, dove ci soffermiamo, come reagiamo—è il giacimento. Il secondo passaggio è la trasformazione di quella materia prima in *prodotti predittivi*, scambiati su quelli che Zuboff chiama *mercati comportamentali a termine*: mercati in cui non si vende ciò che faremo, ma la scommessa, sempre più accurata, su ciò che faremo. In questo modello l'utente non è il cliente: l'utente è la fonte della merce. La sua attenzione è ciò che si vende, il suo comportamento futuro è ciò che si scommette.

L'intelligenza artificiale è il motore che rende tutto questo enormemente più potente. Non si limita a prevedere il comportamento: lo modifica, perché una previsione diventa tanto più redditizia quanto più si può fare in modo che si avveri. Profila con una precisione mai vista, individua il momento esatto e il messaggio esatto per spingere ciascuno verso l'azione desiderata, e lo fa su scala planetaria, miliardi di micro-spinte al giorno. La sorveglianza, in questo quadro, non è un effetto collaterale sgradevole: è la condizione stessa del modello. Più sa di noi, più ci prevede; più ci prevede, più ci orienta.

Esempio

La parola tecnica è *nudging*, la "spinta gentile". Un'interfaccia decide quale notizia mostrarti per prima, quanto rendere difficile disdire un abbonamento, quale opzione preselezionare, quando inviarti la notifica che ti riporta sull'applicazione. Nessuna di queste spinte è una costrizione: ognuna lascia formalmente liberi. Ma sommate, calibrate dall'IA su ciò che sa di te, orientano le scelte di milioni di persone senza che nessuna se ne accorga. La libertà di scegliere resta intatta sulla carta; nei fatti, qualcun altro ha già disposto le opzioni a proprio vantaggio.

La novità rispetto alla pubblicità di un tempo è la personalizzazione asimmetrica. Il vecchio cartellone stradale persuadeva tutti con lo stesso messaggio, e lo si poteva criticare collettivamente. Il sistema di oggi mostra a ciascuno un messaggio diverso, cucito sulle sue fragilità specifiche, invisibile a tutti gli altri. Non si può discutere insieme di ciò che nessuno vede insieme. La manipolazione su scala si fa così non solo più efficace, ma più difficile da denunciare: scompare la prova pubblica, resta solo l'effetto privato sulle nostre scelte. È qui che il principio *Esamina le risposte*, la E di M.E.N.T.I., va esteso dall'esaminare ciò che la macchina dice all'esaminare *perché* ce lo sta dicendo proprio in quel modo, proprio in quel momento.

Una difesa più robusta richiede però regole che il singolo non può darsi da solo: ci torneremo nel Capitolo 16, perché contro un'asimmetria di potere di questa portata l'igiene personale è necessaria ma non sufficiente.

14.6 Erosione della verità: quando il vero non si distingue più

Il quinto rischio colpisce il bene comune più prezioso di una mente che pensa: la possibilità di distinguere il vero dal falso. Le menti ibride poggiano su un ambiente informativo condiviso. Se quell'ambiente si avvelena, si avvelena il pensiero di tutti.

Il primo veleno lo conosciamo dal Capitolo 1: l'allucinazione. I modelli generativi producono testo verosimile, non testo vero, e quando non sanno una cosa tendono a inventarla con la stessa sicurezza con cui riferiscono un fatto accertato. Una falsità detta con esitazione mette in guardia; una falsità detta con tono impeccabile disarma. È la fluidità a ingannare, non il contenuto. Il secondo veleno è la scala: la produzione di contenuti sintetici—testi, immagini, voci, video—a costo quasi nullo. I *deepfake* rendono possibile vedere persone reali dire cose mai dette, e man mano che migliorano erodono la nostra fiducia residua nei nostri stessi occhi.

Qui si annida la conseguenza più sottile, e più grave. Quando tutto può essere falsificato, il danno non è solo che crediamo al falso: è che smettiamo di credere al vero. Un video autentico e scomodo può essere liquidato come "probabilmente un deepfake"; una dichiarazione registrata può essere negata appellandosi al dubbio generale. I ricercatori hanno un nome per questo effetto secondario: il *dividendo del bugiardo*. Più diventa plausibile che qualunque cosa sia falsa, più chi mente ha gioco facile a negare anche ciò che è vero. Il dubbio diventa universale, e in un dubbio universale vince chi grida più forte, non chi ha ragione.

Caso studio

Caso realistico, costruito per illustrazione. Immaginiamo un'azienda quotata. A mercati aperti, su una piattaforma social circola un breve video: il suo amministratore delegato annuncia, in tono grave, il ritiro

di un prodotto e indagini interne su un grave difetto. La voce è la sua, il volto è il suo, lo sfondo è il suo ufficio. Nel giro di minuti il titolo cede in borsa, i giornali rilanciano, i clienti chiamano. Solo che quell'annuncio non è mai avvenuto: il video è un contenuto sintetico, generato a partire da poche ore di interviste pubbliche dell'amministratore. L'azienda smentisce nel giro di un'ora, ma la smentita raggiunge una frazione di chi ha visto il falso, e con un tono molto meno virale dell'allarme che ha sostituito.
Tre dettagli rendono questo caso istruttivo. Primo: non serve ingannare a lungo, basta ingannare abbastanza da muovere una decisione—vendere, ritirare la fiducia, diffondere. Secondo: la smentita non riporta lo stato delle cose al punto di partenza, perché chi ha visto il falso e non la rettifica resta convinto, e perché ora un dubbio si è insediato—"e se la vera notizia fosse il video?". Terzo, ed è il più insidioso: dopo un episodio così, ogni futuro video autentico dell'amministratore eredita un'ombra di sospetto. Il falso non avvelena solo sé stesso: avvelena anche il vero che gli somiglia.

Due pensatori ci aiutano a misurare la posta in gioco. Yuval Noah Harari ricorda che il potere, nella storia umana, è sempre passato dal controllo della narrazione: gli esseri umani cooperano in grandi numeri perché credono a storie condivise—nazioni, denaro, leggi, ideali—e chi governa quelle storie governa la società. L'IA è la prima tecnologia capace non solo di diffondere narrazioni, ma di generarle: di produrre storie su misura, su scala industriale, e di calibrarle sul singolo destinatario. Harari ne trae una conseguenza netta: per la prima volta la fabbricazione del consenso potrebbe non aver più bisogno di esseri umani che la guidino passo per passo. Un potere del genere, nelle mani di chiunque controlli i modelli, ha una capillarità che nessun ministero della propaganda del Novecento avrebbe sognato.

Luciano Floridi, dal canto suo, ci ha insegnato a pensarci immersi in un'*infosfera*: l'intero ambiente fatto di informazioni, agenti informazionali e loro relazioni, dentro cui ormai viviamo. Non usiamo più l'informazione dall'esterno, ci abitiamo dentro, in una condizione che lui chiama *onlife*—una vita in cui il confine fra essere connessi e non esserlo, fra reale e digitale, ha smesso di avere un senso netto. Floridi osserva inoltre che in questo ambiente entrano agenti artificiali capaci di agire senza essere intelligenti nel senso umano: non "capiscono" nulla, eppure producono effetti su ciò che sappiamo e crediamo. Se viviamo nell'informazione come un pesce nell'acqua, allora avvelenare l'informazione non significa ingannarci su questo o quel fatto: significa avvelenare l'ambiente stesso in cui pensiamo, l'acqua in cui nuotiamo.

Attenzione

Il rischio peggiore dell'erosione della verità non è l'inganno occasionale, è l'esaurimento del nostro discernimento. Verificare costa fatica; quando tutto è sospetto, la fatica diventa insostenibile e si cede a una delle due scorciatoie opposte: credere a tutto o non credere a niente. Entrambe sono una resa. La T di M.E.N.T.I., *Traccia le fonti*, è la prima difesa proprio perché restituisce un criterio in mezzo al rumore: non "è vero?" in astratto, ma "da dove viene, e mi fido di lì?". Un'informazione senza fonte, oggi, va trattata come ciò che spesso è: un'ipotesi, non un fatto.

14.7 Polarizzazione: le bolle che ci rinchiudono

L'ultimo rischio è il cugino sociale dell'omologazione, ma agisce al contrario. Mentre l'omologazione ci rende tutti simili, la polarizzazione ci divide in tribù sempre più lontane e ostili, ciascuna chiusa nella propria bolla. I due fenomeni convivono senza contraddirsi: omologati dentro il gruppo, polarizzati fra gruppi.

Il meccanismo è noto e l'IA lo amplifica. I sistemi che decidono cosa mostrarci sono ottimizzati per tenerci attaccati allo schermo, e ciò che tiene attaccati è l'indignazione, la conferma di quello che già pensiamo, lo scontro. Così ognuno riceve un flusso che gli somiglia, che gli dà ragione, che dipinge chi la pensa diversamente come l'avversario da combattere più che come l'interlocutore da capire. La camera dell'eco si chiude: dentro si sentono solo voci concordi, amplificate, e ogni voce dissonante che filtra dall'esterno suona stonata, sospetta, nemica. Non è che non incontriamo più chi dissente: è che lo incontriamo solo nella versione peggiore, caricaturale, costruita per farci arrabbiare.

Errore comune

"Io non sono in nessuna bolla, vedo tutti i punti di vista." È l'illusione che protegge la bolla meglio di ogni muro. Per definizione, la bolla è invisibile a chi la abita: non percepiamo ciò che il sistema ha deciso di non mostrarci, e scambiamo il nostro campo visivo ristretto per il panorama intero. Chi è certo di vedere tutto è, statisticamente, chi vede meno. Il segnale di salute non è la certezza di essere obiettivi, è l'abitudine a cercare attivamente ciò che ci contraddice—e a notare quanto di rado il sistema ce lo porti da solo.

La polarizzazione chiude il cerchio dei sei rischi, e mostra come si tengano per mano. Una mente atrofizzata fatica a elaborare argomenti complessi e si rifugia negli slogan. Una mente dipendente accetta ciò che il sistema le serve. Una società omologata ha meno anticorpi contro il pensiero unico. La manipolazione sfrutta tutto questo per orientare, l'erosione della verità toglie il terreno comune su cui ci si potrebbe ritrovare, e la polarizzazione raccoglie i cocci dividendoci in fazioni. Sei rischi, un unico esito: una mente collettiva più debole, più docile e più divisa.

14.8 Chi ci guadagna, e perché non è inevitabile

A questo punto è lecita una domanda scomoda: questi rischi sono un destino tecnico, una proprietà inevitabile dell'IA, oppure il prodotto di scelte fatte da qualcuno per un motivo? La risposta onesta è che sono soprattutto la seconda cosa, e nasconderlo sarebbe disonesto. L'IA non genera polarizzazione perché lo richiede la fisica del silicio. La genera perché molti sistemi che la incorporano sono ottimizzati per massimizzare il tempo di attenzione, e l'attenzione si massimizza con l'indignazione. Non è la tecnologia a volerlo: è il modello di business che la finanzia.

Conviene guardare i modelli di business in faccia, perché determinano gli incentivi e gli incentivi determinano i rischi. Il modello pubblicitario—il servizio è gratuito, il ricavo viene da chi compra la nostra attenzione—ha un interesse diretto a tenerci connessi il più a lungo possibile, e quindi a coltivare proprio l'indignazione e la dipendenza. Il modello in abbonamento, in cui paghiamo noi, ha incentivi più allineati ai nostri ma non immuni: può spingere verso l'uso compulsivo per giustificare il rinnovo, e tende al lock-in di cui ho parlato. Il modello che vende dati e previsioni comportamentali ha l'interesse più problematico di tutti, perché il prodotto siamo noi. Nessuno di questi modelli è malvagio in sé; ciascuno, però, contiene un conflitto di interessi che si attiva nei punti precisi in cui ciò che giova a noi diverge da ciò che giova a chi incassa.

Attenzione

Quando un servizio digitale è gratuito, vale la pena chiedersi chi paga e cosa viene venduto. In molti casi la risposta è che il prodotto venduto è il vostro comportamento futuro, e l'IA è lo strumento che lo prevede e lo orienta. Esiste un conflitto di interessi strutturale fra ciò che giova a voi—pensare meglio, decidere bene, spegnere lo schermo quando avete avuto ciò che vi serviva—e ciò che giova alla piattaforma—tenervi connessi il più a lungo possibile. Non tutte le aziende vi stanno manipolando. Ma laddove i due interessi confliggono, dare per scontato che la piattaforma persegua il vostro è ingenuità, non fiducia.

Questa è, paradossalmente, la notizia migliore del capitolo. Se i rischi fossero una legge di natura, non resterebbe che subirli. Ma ciò che nasce da scelte può essere modificato da altre scelte: scelte di chi progetta i sistemi, scelte di chi li regola, e—qui sta il cuore di tutto il libro—scelte di chi li usa. Un rischio prodotto da decisioni umane è, per definizione, governabile da decisioni umane. La storia delle tecnologie precedenti lo conferma: l'automobile ha portato cinture, limiti, patenti; l'industria alimentare etichette e controlli. Non abbiamo abolito le automobili per renderle meno letali, né le abbiamo lasciate a sé stesse. Le abbiamo governate.

Errore comune

"L'IA ci ridurrà tutti a idioti manipolati: meglio starne alla larga." È il panico da IA, l'errore speculare e altrettanto sbagliato dell'entusiasmo acritico. Il catastrofismo paralizza esattamente come l'ingenuità: chi crede che tutto sia perduto smette di presidiare, di scegliere, di distinguere l'uso sano da quello tossico—e così facendo regala il campo proprio a chi dei rischi vive. La risposta ai rischi cognitivi non è la fuga, che oggi è impraticabile, né la rassegnazione. È la competenza: capire come funzionano per non subirli. Spaventarsi è inutile. Attrezzarsi è tutto.

C'è una ragione in più per cui il catastrofismo è controproducente, e non solo sbagliato. Lo scenario apocalittico—la macchina che ci sottomette—sposta l'attenzione lontano dai rischi reali, quelli lenti e comodi di questo capitolo, verso una minaccia spettacolare e remota. Mentre guardiamo il cielo aspettando la superintelligenza, l'acqua si scalda intorno alle nostre caviglie. Paradossalmente, allarmarsi per il pericolo sbagliato è uno dei modi più sicuri per non presidiare quello giusto.

Per questo ho aperto la Parte V con la diagnosi e non con la cura. Conoscere i sei rischi—atrofia, dipendenza, omologazione, manipolazione, erosione della verità, polarizzazione—è il presupposto per affrontarli. I due capitoli che seguono fanno esattamente questo. Il Capitolo 15 traduce il framework M.E.N.T.I. in un'igiene cognitiva quotidiana, le pratiche concrete con cui un individuo resta autore del proprio pensiero. Il Capitolo 16 alza lo sguardo dalle scelte personali alle regole collettive: la governance, le istituzioni, le responsabilità che nessun singolo può assumersi da solo. La divisione del lavoro fra i due è netta: l'igiene difende il singolo, la governance difende il terreno comune—e contro i rischi sistemici, come la sorveglianza e l'erosione della verità, serve soprattutto il secondo. I rischi sono reali. Non sono invincibili.

Torno, per chiudere, alla rana del mito. La sua sventura non è l'acqua calda: è il non accorgersene. A noi è data una facoltà che alla rana manca: possiamo sentire salire la temperatura prima che sia troppo tardi, possiamo decidere di saltare, e possiamo perfino abbassare la fiamma. La differenza fra una mente ibrida che ci potenzia e una che ci dissolve non sta nella tecnologia. Sta in quanto a lungo restiamo svegli mentre l'acqua si scalda—e questo libro, in fondo, non chiede altro che di restare svegli.

Sintesi del capitolo

- Il rischio vero delle menti ibride non è l'apocalisse robotica ma l'*erosione lenta* delle facoltà mentali: un processo, non un evento, reso invisibile dalla comodità. Nessun singolo passo fa danno; lo fa la loro somma (la "rana bollita" cognitiva). Benefici immediati e personali, costi differiti e collettivi: ecco l'asimmetria che ci frega.
- **Atrofia** — le facoltà non allenate si indeboliscono (memoria, orientamento, calcolo, scrittura, attenzione). Pericolosa soprattutto perché la scrittura non comunica solo il pensiero, lo *forma*. La delega è atrofia solo quando colpisce facoltà di valore in sé (Capitoli 4-5).
- **Dipendenza** — l'incapacità di operare senza la macchina, con ansia da privazione, fragilità sistemica e *lock-in* economico. È reversibile: basta riprendere a fare da soli.
- **Omologazione** — i modelli convergono verso la media statistica; se tutti attingiamo allo stesso pozzo, la diversità cognitiva si appiattisce (Capitolo 6). Il *model collapse* è la versione tecnica dello stesso impoverimento: l'antidoto è continuare a immettere pensiero originale.
- **Manipolazione e sorveglianza** — il capitalismo della sorveglianza (Zuboff): estrazione comportamentale, prodotti predittivi, mercati a termine sul comportamento. L'IA non solo prevede: orienta, con *nudging* personalizzato e asimmetrico.
- **Erosione della verità** — allucinazioni sicure, contenuti sintetici, deepfake, "dividendo del bugiardo", dubbio universale. Harari (controllo e generazione della narrazione) e Floridi (infosfera, vita *onlife*) misurano la posta in gioco.
- **Polarizzazione** — bolle ed eco-camere amplificate dall'ottimizzazione dell'attenzione: omologati dentro il gruppo, divisi fra gruppi. I sei rischi si tengono per mano.

- I rischi non sono un destino tecnico ma il prodotto di modelli di business con un conflitto di interessi strutturale verso l'utente. Per questo sono *governabili*: né panico né resa, ma competenza. Cura in igiene cognitiva (Capitolo 15) e governance (Capitolo 16); bussola in M.E.N.T.I.

Capitolo 15

Igiene cognitiva

Per la maggior parte della storia umana, lavarsi le mani prima di operare un paziente sembrava una perdita di tempo. Quando nel 1847 un medico ungherese, Ignác Semmelweis, dimostrò che bastava quel gesto per dimezzare la mortalità nei reparti di maternità, i colleghi lo derisero e lo emarginarono. L'idea che qualcosa di invisibile—particelle, allora senza nome—potesse passare dalle mani di un dottore al corpo di una partoriente parve un'offesa alla dignità della medicina. Oggi l'igiene delle mani è ovvia. Nessuno la considera ossessione, nessuno la considera eroismo: è una pratica, breve, ripetuta, incorporata nei gesti. Non ci chiede di smettere di operare. Ci chiede di operare con le mani pulite.

Propongo di guardare al nostro rapporto quotidiano con l'intelligenza artificiale con lo stesso spirito. C'è qualcosa di invisibile che passa, ogni giorno, dalle macchine alla nostra mente: abitudini di delega, fiducia mal riposta, una lenta atrofia delle facoltà che smettiamo di usare. Non si vede, come non si vedevano i germi di Semmelweis. E come allora, la difesa non è chiudere la sala operatoria. È una pratica. La chiamo *igiene cognitiva*: l'insieme dei gesti, brevi e ripetuti, con cui preserviamo le nostre facoltà mentali mentre pensiamo con le macchine. Non astinenza, non abuso. Mani pulite.

15.1 Né monaci né tossici

Il Capitolo 14 ha elencato i rischi cognitivi del pensare con le macchine: l'atrofia delle facoltà che deleghiamo, la dipendenza, l'omologazione del pensiero, la manipolazione, l'erosione del nostro rapporto con la verità. È un elenco serio, e chi lo prende sul serio è tentato da due reazioni opposte, entrambe sbagliate.

La prima è l'astinenza. Spegnere tutto, tornare alla carta, rivendicare una purezza pre-tecnologica. È una reazione comprensibile e, in dosi minime, perfino sana—tornerò sul valore dei momenti analogici. Ma come stile di vita è insostenibile e, soprattutto, inutile. L'igiene non consiste nel non toccare nulla; consiste nel toccare le cose nel modo giusto. Un chirurgo che si rifiuta di operare per paura dei germi non è igienico: è solo un chirurgo che non opera. La seconda reazione è opposta e più diffusa: l'abbandono. Delego tutto, mi fido di tutto, smetto di controllare perché controllare è faticoso e la macchina "di solito ci azzecca". È la strada comoda, ed è esattamente quella che produce i rischi del capitolo precedente.

Concetto chiave

L'igiene cognitiva è una **terza via** fra l'astinenza integralista e l'abbandono. Non chiede di rinunciare alle macchine né di affidarsi a esse senza riserve. Chiede di costruire un piccolo repertorio di pratiche—verificabili, ripetibili, leggere—che mantengano la mente umana al centro del sistema ibrido. Si misura non in quanto IA si usa, ma in *come* la si usa.

La parola "igiene" ha un altro pregio: ci ricorda che si tratta di abitudini, non di eroismi episodici. Nessuno decide ogni mattina, con un atto di volontà, di lavarsi i denti: lo fa e basta. Allo stesso modo, l'obiettivo non è una vigilanza permanente ed estenuante—quella non dura una settimana—ma una serie di gesti che diventano automatici a forza di ripeterli. Le pratiche che seguono sono organizzate intorno alle cinque lettere di **M.E.N.T.I.**, la bussola introdotta nel Capitolo 1. Le sviluppo qui una per una, dal piano del ragionamento a quello dell'azione quotidiana. Le checklist minuziose stanno nell'Appendice B; qui costruisco il *perché* e il *come*.

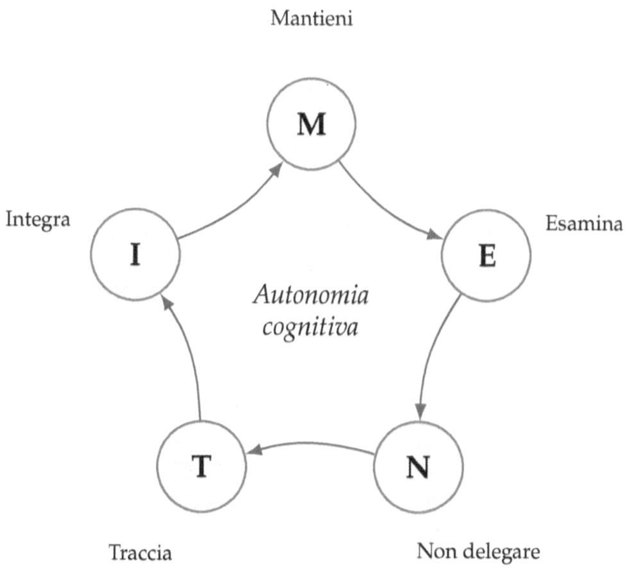

Figura 15.1: *Il ciclo M.E.N.T.I.: cinque pratiche che ruotano intorno a un unico fine, l'autonomia cognitiva. Non è una sequenza da eseguire una volta, ma un giro che si ripete a ogni interazione con la macchina: Mantieni, Esamina, Non delegare totalmente, Traccia, Integra.*

15.2 M — Mantieni l'autonomia cognitiva

Cominciamo dalla lettera che viene prima di tutte, perché senza di essa le altre quattro non hanno su cosa poggiare. Una facoltà mentale è come un muscolo: si mantiene usandola e si atrofizza nell'inattività. Il problema è che la delega all'IA è quasi sempre indolore nel breve periodo—scrivo meglio, calcolo più in fretta, mi oriento senza sbagliare—e il costo, l'indebolimento progressivo della facoltà delegata, si manifesta solo dopo, quando la macchina non c'è o sbaglia e ci scopriamo incapaci di fare a meno di lei.

L'antidoto non è smettere di delegare. È allenare regolarmente, e deliberatamente, le facoltà che più volentieri affideremmo alla macchina. Non sempre, non per principio: *ogni tanto*, abbastanza da tenere il muscolo vivo. Scrivere a mano un appunto invece di dettarlo. Fare un conto a mente prima di aprire la calcolatrice—e poi verificare. Raggiungere un posto noto senza navigatore, lasciando che il senso dell'orientamento si eserciti. Comporre una mail importante di getto, con le proprie parole, prima di chiedere alla macchina di limarla. Ricordare un numero, una data, una citazione invece di cercarla subito.

Esempio

Conosco un avvocato che, una volta alla settimana, redige la prima bozza di un parere senza alcun assistente: carta, penna, la sua testa. Dice che il parere "a mano" è quasi sempre peggiore di quello assistito—meno levigato, con qualche ripetizione. Ma dice anche che è l'unico modo che ha trovato per accorgersi se sta ancora capendo il diritto o se ha cominciato soltanto a *ricucire* ciò che la macchina gli serve. La bozza a mano non è il prodotto: è il test. Se un giorno non sapesse più scriverla, lo saprebbe.

Da qui due pratiche concrete. La prima la chiamo *prima pensa, poi chiedi*. Davanti a una domanda o a un problema, prendetevi i pochi secondi—o minuti—per formulare una vostra risposta, anche grezza, prima di interrogare la macchina. Non per orgoglio, ma per tre ragioni precise: si tiene allenata la facoltà; si arriva alla risposta della macchina con un'aspettativa contro cui misurarla, il che rende molto più facile accorgersi se è sbagliata; e si conserva la capacità di giudicare, che è il cuore di tutto il framework. Chi non ha mai un'opinione prima di chiedere finisce per non averne nemmeno dopo.

La seconda pratica sono i *momenti analogici*. Non serve un "giorno senza schermi" eroico e velleitario. Bastano isole protette: la prima mezz'ora del mattino senza assistenti, una riunione di pensiero fatta su una lavagna e non in chat, una passeggiata in cui si lascia che un problema decanti senza interrogare nessuno. L'obiettivo non è punirsi astenendosi, ma riservare uno spazio in cui la mente lavora con le proprie sole risorse e si ricorda di saperlo fare.

Attenzione

Il segnale d'allarme da non ignorare è il *disagio crescente a fare da soli* ciò che prima si faceva senza pensarci. Sentirsi a disagio nello scrivere un messaggio importante senza far rileggere la bozza a un'IA, o nel partire senza navigatore per un tragitto già percorso dieci volte, non è un dettaglio: è il sintomo che la facoltà si sta indebolendo. Quando la stampella diventa indispensabile per una gamba sana, il problema non è più la gamba.

15.3 E — Esamina le risposte

La seconda lettera traduce in pratica quotidiana una cosa che il Capitolo 14 ha spiegato in teoria: la macchina produce testo verosimile, non testo vero, e non ha alcun modo di sapere la differenza. La pratica che ne discende è una sola, e va incorporata fino a diventare un riflesso: **trattare ogni output come una bozza da verificare**, non come una risposta da usare. Bozza è la parola giusta. Una bozza è utile, spesso ottima come punto di partenza, e non si pubblica mai così com'è.

Verificare non significa diffidare di tutto allo stesso modo—sarebbe estenuante e finiremmo per non verificare nulla. Significa calibrare lo sforzo sulla posta in gioco. Se chiedo alla macchina un sinonimo, il costo di un errore è nullo e non verifico. Se mi fornisce una cifra che entrerà in una decisione, una citazione che metterò in un documento, una nozione medica o legale o fiscale, il costo di un errore è alto e la verifica diventa obbligatoria. La domanda da farsi è sempre la stessa: *cosa succede se questa risposta è sbagliata e io l'ho usata?* La gravità della risposta a questa domanda decide quanto controllare.

Best Practice

Quattro tecniche di verifica, dalla più leggera alla più impegnativa.

- **Controllo incrociato.** Confrontare l'affermazione con una fonte indipendente dalla macchina—un sito autorevole, un esperto, la propria conoscenza. Mai usare la stessa IA per verificare sé stessa: confermerà.
- **Richiesta delle fonti.** Chiedere esplicitamente *da dove* viene l'informazione, e poi controllare che la fonte esista e dica davvero ciò che le si attribuisce. Spesso non esiste.
- **Diffidenza dalla sicurezza.** La fluidità e il tono sicuro di una risposta non sono indizi di verità. Le macchine sono altrettanto eloquenti quando inventano. La sicurezza espositiva, anzi, è il travestimento preferito dell'errore.
- **Riconoscimento delle allucinazioni.** Insospettirsi quando i dettagli sono troppo perfetti: numeri di riferimento precisi, citazioni testuali nitide, nomi e date specifiche su un argomento di nicchia. È proprio dove la macchina dovrebbe essere incerta che spesso inventa con più aplomb.

L'avvocato di New York del Capitolo 1, quello che presentò in tribunale sentenze inventate dalla macchina, non aveva fallito per ignoranza: sapeva controllare una citazione, lo fa da vent'anni. Aveva fallito per abitudine alla resa. Aveva trattato un output come una verità invece che come una bozza, e la sicurezza con cui la macchina aveva "citato" le sentenze inesistenti gli aveva fatto saltare il gesto—banale, di pochi minuti—di verificare che esistessero. L'esame delle risposte è l'igiene cognitiva ridotta all'osso: il gesto più semplice, quello che costa di meno, e quello che si abbandona per primo quando la fretta vince.

15.4 N — Non delegare totalmente

Le prime due lettere riguardano ciò che facciamo prima e dopo aver interrogato la macchina. La terza riguarda la decisione, più profonda, di *cosa* affidarle. Qui occorre una distinzione che considero centrale e che troppi confondono: si può delegare il compito, mai il giudizio e la responsabilità.

Delegare un compito significa affidare alla macchina l'esecuzione di un'attività: redigere una bozza, riassumere un documento, tradurre, ordinare dati, proporre opzioni. È legittimo, spesso saggio, e libera tempo ed energie per ciò che conta. Delegare il giudizio significa qualcosa di diverso e pericoloso: lasciare che sia la macchina a decidere se la bozza va bene, se il riassunto è fedele, quale delle opzioni scegliere, se quella cosa va fatta o no. La responsabilità, infine, è ciò che resta in capo a noi qualunque cosa accada: la macchina non risponde di nulla, non ha una reputazione da difendere, non finisce davanti a un giudice o davanti alla coscienza. Chi delega la responsabilità la delega a nessuno—e dunque la tiene, senza accorgersene, esattamente come prima.

Concetto chiave

Esiste una **linea rossa personale**: il confine, che ciascuno deve tracciare consapevolmente, fra ciò che è disposto ad affidare a una macchina e ciò che vuole tenere per sé. La linea non è la stessa per tutti né per tutti i contesti. Ma deve essere *decisa*, non subìta. Il pericolo non è delegare: è che la linea si sposti da sola, un compito alla volta, finché un giorno ci si accorge di aver affidato anche ciò che non si sarebbe mai voluto cedere.

Tracciare la propria linea rossa è un esercizio concreto, non filosofico. Vale la pena farlo per iscritto, almeno una volta, nei propri ambiti: questo lo faccio fare alla macchina e me ne fido; quest'altro glielo faccio fare ma verifico sempre; quest'altro ancora non glielo affido mai. Un medico può delegare la stesura di una lettera di dimissione ma non la diagnosi. Un genitore può chiedere alla macchina idee per una festa ma non come parlare a un figlio in difficoltà. Uno scrittore può farsi suggerire sinonimi ma non decidere cosa il libro deve dire. Le linee variano; il gesto di tracciarle no.

Confronto

Tre livelli di affidamento, da tenere distinti.

- *Compito delegabile* — esecuzione meccanica o generativa a basso rischio. La macchina fa, io uso. (Riordinare appunti, abbozzare, tradurre.)
- *Compito delegabile con verifica* — esecuzione a rischio medio-alto. La macchina fa, io controllo prima di usare. (Numeri, citazioni, sintesi che entrano in una decisione.)
- *Giudizio non delegabile* — la scelta, la valutazione, la responsabilità. La macchina al massimo consiglia, io decido e rispondo. (Cosa è giusto, cosa scegliere, di chi è la colpa se va male.)

La maggior parte dei guai nasce dallo scivolamento di un compito dal secondo al primo livello, e di un giudizio dal terzo al secondo.

15.5 T — Traccia le fonti

La quarta lettera nasce da una caratteristica strutturale dell'IA generativa che è facile dimenticare: la macchina mescola, in un unico flusso di parole indistinte per fluidità e tono, ciò che ha effettivamente "letto" da qualche parte e ciò che ha generato per somiglianza statistica. Una citazione vera e una inventata escono dalla stessa bocca, con la stessa voce sicura. Non c'è, nell'output, alcun segnale tipografico che distingua il sapere dal verosimile. Quel segnale dobbiamo aggiungerlo noi, ed è il lavoro di questa lettera.

Tracciare le fonti significa, in concreto, non accettare un'informazione che conta finché non si sa *da dove viene*. Tre domande, da porre a sé stessi e alla macchina. Primo: questa affermazione poggia su una fonte verificabile, e qual è? Secondo: la fonte esiste davvero e dice ciò che le viene attribuito—o è una citazione plausibile costruita ad arte? Terzo: la fonte è autorevole per quell'argomento, o è solo la prima che capita? Sembrano domande da ricercatore. Sono, in realtà, lo stesso buon senso che applichiamo quando qualcuno ci riferisce un pettegolezzo: "chi te l'ha detto?". Con la macchina dimentichiamo di chiederlo perché non sembra un "qualcuno"—e questo è precisamente il punto debole.

Esempio

Una giornalista mi raccontava di aver preso l'abitudine di un piccolo gesto: ogni volta che un assistente le fornisce un dato che userà in un articolo, lei apre un documento a parte e ci incolla l'affermazione con accanto la fonte verificata—non quella dichiarata dalla macchina, quella che ha controllato lei. In capo a un mese quel documento le ha rivelato una cosa: circa una volta su cinque la fonte dichiarata dalla macchina era imprecisa o inesistente. Non perché la macchina sia malevola, ma perché non distingue ciò che sa da ciò che costruisce. Da allora non cita più nulla che non abbia risalito fino all'origine.

La pratica, dunque, è duplice. Nel ricevere: chiedere e verificare l'origine di ciò che conta, sapendo che la fonte "citata" dalla macchina è essa stessa una bozza da controllare. Nel restituire: quando usiamo o trasmettiamo ad altri un'informazione ottenuta da un'IA, dovremmo essere capaci di dire da dove viene, e distinguere onestamente "l'ho verificato su questa fonte" da "me l'ha detto un assistente". La differenza non è formale. È la differenza fra trasmettere conoscenza e propagare, in buona fede, possibili invenzioni.

15.6 I — Integra senza sostituire

Le prime quattro lettere difendono la qualità del singolo scambio con la macchina. L'ultima difende qualcosa di più grande: l'equilibrio della vita cognitiva nel suo insieme. Il principio è semplice da enunciare e difficile da praticare: l'IA deve *aggiungersi* alle nostre facoltà e alle nostre relazioni, non prenderne il posto. La differenza fra integrare e sostituire non sta in cosa la macchina fa, ma in cosa, intorno a essa, smettiamo o continuiamo a fare.

Tre territori meritano protezione esplicita, perché sono quelli che la macchina imita meglio e dove la sostituzione è più seducente. Il primo sono le relazioni umane. Un assistente è infinitamente disponibile, mai stanco, mai giudicante: la tentazione di portargli ciò che porteremmo a un amico, un collega, un familiare, è reale e crescente. Integrare significa usare la macchina per prepararsi a una conversazione difficile; sostituire significa fare quella conversazione con la macchina invece che con la persona. Il secondo territorio è la lettura profonda. Farsi riassumere un testo è integrare;

smettere di leggere testi interi perché "tanto me li riassume" è sostituire, e ciò che si perde—la fatica che costruisce il pensiero, le connessioni che nascono solo attraversando per intero un argomento—non torna in un riassunto.

Il terzo territorio è il pensiero lento. Daniel Kahneman ha descritto due modi di pensare: il *Sistema 1*, rapido, automatico, intuitivo; e il *Sistema 2*, lento, faticoso, deliberato—quello che usiamo per ragionare davvero. L'IA è una formidabile protesi del Sistema 1: fornisce risposte immediate, fluide, senza sforzo. Il rischio è che, abituandoci alla risposta istantanea, smettiamo di attivare il Sistema 2 anche quando servirebbe. Integrare significa usare la velocità della macchina per liberare tempo al pensiero lento. Sostituire significa lasciare che la velocità lo *rimpiazzi*.

C'è poi un quarto territorio, meno discusso: l'esperienza diretta. La conoscenza che viene dall'aver fatto, visto, toccato, sbagliato di persona è di una qualità diversa da quella mediata. Un assistente può descrivere una città che non avete mai visitato, una procedura che non avete mai eseguito, un dolore che non avete mai provato. La descrizione è utile, talvolta accuratissima. Ma non è esperienza, e scambiarla per tale impoverisce. Integrare significa usare la macchina per prepararsi all'esperienza o per dare senso a quella vissuta; sostituire significa accontentarsi del racconto e smettere di andare a vedere.

15.7 Una giornata igienica, senza diventarne schiavi

Tutto questo rischia di suonare come una lista di doveri. Lo traduco allora in una giornata possibile—non un modello da imitare alla lettera, ma un'illustrazione di come i cinque principi si incorporino in gesti, senza tirannia.

Esempio

Mattino. La prima mezz'ora è analogica (M): niente assistenti, si pensa alla giornata con la propria testa, magari su carta. Davanti al primo problema serio, si formula un'ipotesi prima di chiedere alla macchina (M, "prima pensa poi chiedi"). La bozza di mail importante nasce con parole proprie; solo dopo la si fa limare (M, I).
Mattina di lavoro. Si delega alla macchina ciò che è compito—riordinare, abbozzare, tradurre—tenendo per sé le decisioni (N). Ogni dato che entrerà in un documento viene verificato su una fonte indipendente (E), e la fonte annotata a parte (T). Quando una risposta arriva troppo sicura su un punto delicato, scatta il sospetto (E).
Pomeriggio. La conversazione difficile col collega si fa col collega, non con l'assistente; la macchina, al più, aiuta a prepararla (I). Il documento lungo da capire si legge per intero almeno una volta, non solo nel riassunto (I).
Sera. Cinque minuti di bilancio onesto: oggi ho deciso io o ha deciso la macchina? C'è qualcosa che ho accettato senza guardarlo? La linea rossa è ancora dov'era stamattina (N)?

Una giornata così non è un cilicio. Quasi tutti questi gesti durano secondi, e molti diventano automatici in poche settimane. Il rischio, semmai, è opposto: trasformare l'igiene in ossessione, controllare tutto, diffidare di tutto, trasformare ogni scambio con la macchina in un interrogatorio. Sarebbe il modo più sicuro per abbandonare le pratiche dopo un mese di sfinimento. L'igiene cognitiva, come quella personale, deve essere *sostenibile*: poche regole, applicate con costanza e proporzione, valgono più di mille regole applicate per una settimana.

15.8 Gli errori da evitare

Ho già nominato le due reazioni sbagliate ai rischi cognitivi. Vale la pena isolarle, perché sono le insidie principali di chi prova a fare igiene cognitiva e sbaglia mira.

Errore comune

L'astinenza integralista. "Io l'IA non la uso, è l'unico modo per restare lucido." È la reazione di chi confonde l'igiene con la rinuncia. Ha tre difetti. È inutile: non protegge da nulla, semplicemente rinuncia a un amplificatore di capacità che gli altri useranno. È controproducente: chi non usa mai lo strumento non ne conosce i difetti dal vivo, e il giorno in cui dovrà o vorrà usarlo sarà più ingenuo, non meno. Ed è insostenibile: in un mondo in cui l'IA è ovunque, l'astinenza totale è una posizione che quasi nessuno riesce a tenere a lungo, e che spesso crolla nell'abbandono opposto. Non si resta lucidi non toccando le cose. Si resta lucidi sapendo come toccarle.

Errore comune

L'abbandono totale. È l'errore speculare e di gran lunga più comune. "La macchina di solito ci azzecca, perché perdere tempo a controllare?" Funziona benissimo finché funziona, e poi un giorno produce la sentenza inventata, il dato falso, la decisione sbagliata—e in quel momento si scopre di non avere più gli strumenti per accorgersene, perché li si è lasciati arrugginire. L'abbandono è seducente perché il suo costo è differito e invisibile: ogni singola resa è razionale, è la somma delle rese a essere rovinosa. È la stessa logica del non lavarsi le mani perché "finora non è successo niente".

La via di mezzo non è un compromesso tiepido fra le due. È una posizione propria, più impegnativa di entrambe: usare le macchine in pieno *e* restare vigili, delegare molto *e* non abdicare al giudizio. Costa più fatica dell'astinenza, che è una scorciatoia, e più fatica dell'abbandono, che è una resa. Ma è l'unica posizione in cui la mente ibrida ci potenzia invece di eroderci. L'igiene, in medicina come qui, non è mai la più comoda delle opzioni. È la più adulta.

Checklist

Igiene cognitiva M.E.N.T.I. — promemoria di sintesi.

- ☐ **M** — Ho allenato di recente, senza macchina, una facoltà che di solito delego? Prima di chiedere, ho provato a pensare da solo?
- ☐ **E** — Ho trattato gli output che contano come bozze da verificare, e non come risposte? Ho controllato i punti ad alto rischio su una fonte indipendente?
- ☐ **N** — So qual è la mia linea rossa? Ho delegato il compito tenendo per me giudizio e responsabilità?
- ☐ **T** — Per ciò che userò o trasmetterò, so da dove viene? Distinguo "l'ho verificato" da "me l'ha detto un'IA"?
- ☐ **I** — L'IA si è aggiunta alle mie facoltà e relazioni, o ne ha preso il posto? Ho protetto lettura profonda, pensiero lento, legami umani, esperienza diretta?
- ☐ **Sostenibilità** — Le mie pratiche sono leggere abbastanza da durare, o sto scivolando nell'ossessione o nella resa?

15.9 Rispetto, non diffidenza

Si potrebbe chiudere questo capitolo con l'immagine di una vigilanza armata: il lettore che non si fida, controlla, sospetta, tiene la macchina a distanza. Sarebbe l'immagine sbagliata, e la rifiuto. L'igiene cognitiva non nasce dalla diffidenza verso le macchine. Nasce dal rispetto per la propria mente.

Chi si lava le mani prima di operare non lo fa perché odia i pazienti o teme la medicina. Lo fa perché ha rispetto per la vita che ha tra le mani. Allo stesso modo, chi pratica l'igiene cognitiva non lo fa per ostilità verso l'intelligenza artificiale—che resta, lo ripeto, uno degli amplificatori più potenti che la nostra specie abbia costruito. Lo fa perché ha qualcosa di prezioso da proteggere: la capacità di pensare, giudicare, dubitare e scegliere da sé, che è in fondo l'unica cosa che ci rende autori e non esecutori della nostra vita. Le cinque lettere di M.E.N.T.I. non sono un recinto contro le macchine. Sono il modo di tenere quella capacità accesa mentre la mente diventa, ogni giorno di più, ibrida. Nell'Appendice B le pratiche di questo capitolo diventano checklist operative, da tenere a portata di mano e da adattare al proprio mestiere e alla propria vita. Ma il principio, quello, sta tutto in una frase: si può pensare con le macchine senza smettere di pensare. Anzi, è l'unico modo di farlo che valga la pena.

Sintesi del capitolo

- L'**igiene cognitiva** è l'insieme delle pratiche brevi e ripetute con cui si preservano le facoltà mentali nell'uso quotidiano dell'IA. Come l'igiene personale: né astinenza né abuso, ma gesti incorporati.
- È una *terza via* fra l'astinenza integralista (inutile, controproducente, insostenibile) e l'abbandono totale (comodo ma rovinoso). Si misura in *come* si usa l'IA, non in quanto.
- **M — Mantieni l'autonomia**: allena le facoltà che deleghi (scrivere a mano, calcolare a mente, orientarti senza navigatore); riservati momenti analogici; "prima pensa, poi chiedi".
- **E — Esamina**: tratta ogni output come bozza da verificare; calibra lo sforzo sulla posta in gioco; controllo incrociato, richiesta delle fonti, diffidenza dalla sicurezza, riconoscimento delle allucinazioni.
- **N — Non delegare totalmente**: delega il compito, mai il giudizio né la responsabilità; traccia la tua *linea rossa* personale e veglia che non si sposti da sola.
- **T — Traccia le fonti**: la macchina mescola ciò che sa e ciò che inventa; chiedi e verifica l'origine; distingui "l'ho verificato" da "me l'ha detto un'IA".
- **I — Integra senza sostituire**: proteggi relazioni umane, lettura profonda, pensiero lento (il Sistema 2 di Kahneman) ed esperienza diretta. L'IA si aggiunge, non rimpiazza.
- L'igiene cognitiva non è diffidenza verso le macchine: è rispetto per la propria mente. Le checklist operative sono nell'Appendice B.

Capitolo 16

Governance uomo-macchina

Ogni volta che, in un convegno o a cena, racconto le tre o quattro storie più inquietanti che ho raccolto scrivendo questo libro—l'avvocato con le sentenze inventate, il ragazzo che chiede consigli affettivi a un'app, l'azienda che ha scoperto solo a danno fatto di aver dato in pasto a un assistente esterno i suoi documenti riservati—arriva, puntuale, la stessa reazione. Qualcuno annuisce, si fa serio, e dice: "Sì, ma prima o poi qualcuno regolerà tutto questo". È una frase che mette pace nella stanza. Sposta il problema altrove, su un soggetto vago e potente—i governi, l'Europa, gli esperti—che si suppone stia già lavorando per noi mentre noi torniamo alle nostre cose.

Quella frase, lo dico subito, è insieme vera e pericolosa. Vera perché qualcuno, effettivamente, sta regolando. Pericolosa perché lascia intendere che la governance delle menti ibride sia un compito che si delega, come si delega la manutenzione delle strade. Non lo è. La governance di un sistema cognitivo che passa per la nostra testa non può fermarsi alla legge, perché la legge non entra nella nostra testa. Questo capitolo prova a mostrare dove deve passare, davvero, la responsabilità: non in un punto solo, ma su tre livelli che si tengono l'uno con l'altro.

16.1 Tre livelli che reggono insieme

C'è un equivoco comodo, nel modo in cui parliamo di "regolare l'intelligenza artificiale", ed è pensare che esista un livello giusto a cui farlo. Per alcuni è lo Stato: leggi, autorità, sanzioni. Per altri è il mercato: che siano le aziende a darsi regole, perché lo Stato è lento e ottuso. Per altri ancora è la coscienza individuale: basta che ciascuno usi la testa. Ognuna di queste posizioni ha una sua ragione, e proprio per questo nessuna basta da sola. La governance di una mente ibrida funziona solo se i tre livelli reggono insieme, come gli archi di un ponte: togline uno e gli altri cedono.

Figura 16.1: *I tre livelli della governance delle menti ibride, l'uno dentro l'altro. L'autogoverno individuale è il nucleo; lo contengono e lo sostengono le regole delle organizzazioni e quelle collettive. Nessun livello, da solo, è sufficiente.*

Concetto chiave

La governance delle menti ibride agisce su **tre livelli** che si sostengono a vicenda. *Individuale*: l'autogoverno della propria mente, attraverso abitudini consapevoli. *Organizzativo*: le regole d'uso che aziende e istituzioni si danno. *Collettivo*: le leggi, gli standard, le istituzioni pubbliche. Nessun livello è sufficiente da solo. La legge senza abitudini è carta; le abitudini senza legge sono fragili; entrambe senza organizzazioni che le traducano in pratica restano astratte.

Il motivo per cui i tre livelli non sono intercambiabili è semplice: agiscono su scale di tempo e di spazio diverse. La legge è larga e lenta—copre milioni di persone ma arriva anni dopo il problema. L'abitudine individuale è immediata ma minuscola—cambia il mio comportamento, non quello del mio vicino. La regola organizzativa sta nel mezzo: tocca centinaia o migliaia di persone, e può cambiare in mesi. Una governance seria usa tutti e tre i registri, assegnando a ciascuno ciò che sa fare meglio. Vediamoli uno per uno, dal più vicino al più lontano.

16.2 Il livello individuale: governare la propria mente

Comincio dal livello che la maggior parte dei discorsi sulla governance ignora, perché non fa notizia e non si presta a titoli di giornale: *me stesso*. La prima istituzione che regola la mia mente ibrida sono io. Nessuna legge, nessun codice aziendale può decidere se, davanti a una risposta plausibile, mi fermo a verificarla o la incollo e vado avanti. Quella decisione la prendo io, decine di volte al giorno, e la somma di quelle decisioni è il primo strato di governance che esista.

Ho dedicato il Capitolo 15 per intero a questo livello—le pratiche di igiene cognitiva, il framework M.E.N.T.I. applicato passo per passo—e non lo ripeto qui. Mi limito a un punto che è facile perdere: l'autogoverno non è una questione di forza di volontà, ma di abitudini. La forza di volontà si esaurisce verso le quattro del pomeriggio; le abitudini no. Chi ha preso l'abitudine di chiedersi "da dove viene questa informazione?" (la T di M.E.N.T.I., Traccia le fonti) non sta facendo uno sforzo morale a ogni clic: sta seguendo un automatismo che ha costruito a freddo, e che lavora per lui anche quando è stanco.

Best Practice

Tradurre M.E.N.T.I. in micro-regole personali, da decidere una volta sola e poi applicare senza ridiscuterle ogni volta:

- *Mantieni l'autonomia* — una cosa al giorno la penso prima di chiederla alla macchina, anche se è più lenta.
- *Esamina* — nessun numero, nome o citazione che uscirà dal mio lavoro senza che lo abbia verificato a una fonte indipendente.
- *Non delegare totalmente* — il giudizio finale su ciò che pubblico, firmo o invio resta mio, sempre.
- *Traccia le fonti* — se non so dire da dove viene un'affermazione, la tratto come non verificata.
- *Integra senza sostituire* — l'IA si aggiunge a una competenza che ho, non rimpiazza una competenza che non ho.

C'è un'obiezione ovvia: che cosa cambia se mi governo bene io, mentre milioni di altri non lo fanno? Cambia meno di quanto vorrei, è vero. Ma cambia tre cose non piccole. La prima: la mia mente resta mia, e questo basterebbe. La seconda: chi governa bene la propria mente diventa un cittadino capace di pretendere governance dagli altri livelli—non si delega volentieri ciò che si sa fare. La terza, la più sottile: le abitudini sono contagiose. In un'organizzazione, in una famiglia, in una redazione, basta una persona che verifica sistematicamente le fonti perché l'asticella si alzi per tutti. La libertà, qui come altrove, comincia dalle abitudini personali. Ma non finisce lì.

16.3 Il livello organizzativo: le regole della casa

Tra la coscienza del singolo e la legge dello Stato c'è un livello dove, in pratica, si gioca quasi tutto: l'organizzazione. L'azienda, l'ospedale, lo studio legale, la redazione, la scuola, l'ufficio pubblico. È qui che la maggior parte di noi incontra l'IA non per scelta privata ma per contesto: perché il datore di lavoro l'ha adottata, perché il flusso di lavoro la prevede, perché "si fa così". E un'organizzazione, come ho sostenuto nel Capitolo 12, non è la somma delle menti che la compongono: è un sistema cognitivo a sé, con le sue memorie, i suoi automatismi, i suoi punti ciechi.

Il livello organizzativo è quello dove le buone intenzioni individuali si infrangono più spesso. Posso essere il professionista più scrupoloso del mondo, ma se l'azienda mi dà uno strumento configurato male, che manda i dati dei clienti a un servizio esterno senza che io lo sappia, la mia scrupolosità non basta. Ecco perché le organizzazioni hanno bisogno di una governance esplicita: non per controllare le persone, ma per togliere alle persone il peso di decidere da sole questioni che vanno decise una volta per tutte, e bene.

Esempio

Una policy d'uso dell'IA matura, in un'organizzazione, di solito risponde a poche domande concrete: quali strumenti sono autorizzati e quali no; quali dati si possono dare in pasto a un sistema esterno e quali mai (dati personali, segreti industriali, materiale coperto da riservatezza); in quali decisioni l'IA può assistere e in quali la firma resta umana; come si segnala un errore o un comportamento sospetto del sistema; chi risponde quando qualcosa va storto. Non serve un trattato: serve che a queste domande qualcuno abbia risposto prima, e per iscritto.

Una buona policy non è un elenco di divieti. È, soprattutto, un atto di chiarezza sulle responsabilità. Il codice di condotta che funziona è quello che, per ogni uso dell'IA che conta, sa dire chi propone, chi controlla e chi firma. Quando questi tre ruoli sono chiari, l'organizzazione può usare l'IA con disinvoltura, perché sa dove sono i suoi presidi. Quando sono confusi—quando tutti usano tutto e nessuno controlla niente—l'organizzazione è esposta, e di solito non se ne accorge finché non arriva il danno. La governance organizzativa non rallenta l'adozione: la rende sostenibile. È la differenza tra un'auto con i freni e una senza.

16.4 Il livello collettivo: leggi, standard, istituzioni

Arriviamo al livello che tutti hanno in mente quando dicono "qualcuno regolerà tutto questo": lo Stato, o meglio gli Stati, e le istituzioni sovranazionali. Qui l'Europa ha fatto, negli ultimi anni, una scelta che vale la pena capire, perché definisce il clima in cui ci muoveremo a lungo. L'Unione Europea ha adottato un regolamento sull'intelligenza artificiale, comunemente chiamato AI Act, che è il primo tentativo organico, su questa scala, di dare una cornice giuridica all'IA. Non entro in articoli e date precise—non è questo il libro, e la materia è in evoluzione—ma il suo impianto di fondo è semplice e istruttivo.

L'idea portante è un *approccio basato sul rischio.* Invece di regolare "l'intelligenza artificiale" come se fosse una cosa sola, il regolamento distingue gli usi in base al danno che possono produrre. Alcuni usi, considerati inaccettabili—quelli che ledono in modo grave diritti e libertà fondamentali, come certe forme di sorveglianza o di manipolazione del comportamento—sono semplicemente vietati. Altri, ad alto rischio, perché incidono su salute, sicurezza o diritti delle persone, sono ammessi ma sottoposti a obblighi stringenti di trasparenza, controllo e documentazione. La gran parte degli usi ordinari resta libera, con obblighi leggeri. È un modo sensato di ragionare: proporzionare le regole al rischio, invece di trattare allo stesso modo un filtro fotografico e un sistema che decide chi ottiene un prestito.

Concetto chiave

Il principio che attraversa tanto la legge europea quanto il buon senso è il **controllo umano significativo** (in inglese si parla di *meaningful human control*). Non basta che da qualche parte ci sia un essere umano: occorre che quell'umano abbia informazione sufficiente, tempo sufficiente e autorità sufficiente per intervenire davvero. Un umano che si limita a premere "conferma" su decisioni che non capisce e non può cambiare non è un controllo: è un alibi.

La distinzione tra controllo reale e controllo simbolico è il cuore della governance collettiva, e la riprenderò più avanti. Per ora trattengo solo questo: la legge, quando è fatta bene, non vieta la mente ibrida né la lascia a sé stessa. Prova a fissare dove deve passare il confine tra ciò che la macchina può fare da sola e ciò che richiede un umano nel circuito. È esattamente la domanda che ci accompagna dal primo capitolo, posta su scala continentale.

Accanto alle leggi ci sono gli *standard*—tecnici, di settore, professionali—e le istituzioni che li elaborano e li fanno rispettare. Sono meno visibili delle leggi ma spesso più rapidi, perché non devono passare per i parlamenti. Un ordine professionale che stabilisce come un medico o un avvocato può usare l'IA nel proprio lavoro sta facendo governance, anche se nessun giornale ne parla. La governance collettiva, insomma, non è solo il legislatore: è un ecosistema di regole formali e informali che, nei casi migliori, dialogano con gli altri due livelli invece di ignorarli.

16.5 Il problema del contenimento

C'è però una ragione di fondo per cui nessuno di questi tre livelli, nemmeno tutti insieme, garantisce il controllo. L'ha formulata con lucidità Mustafa Suleyman—tra i fondatori di una delle aziende che hanno fatto la storia recente dell'IA—nel suo libro *The Coming Wave*. La sua tesi è che le tecnologie di questa ondata, l'intelligenza artificiale in testa, hanno caratteristiche che le rendono intrinsecamente difficili da contenere: sono *potenti*, perché moltiplicano le capacità di chi le usa; sono *diffuse*, perché non restano in pochi laboratori ma si propagano in fretta ovunque; sono *a basso costo*, perché ciò che ieri richiedeva un budget enorme oggi gira su un telefono; e sono *a uso generale*, perché lo stesso sistema serve a curare malattie e a scrivere truffe.

Da queste caratteristiche nasce quello che Suleyman chiama il dilemma del contenimento. Da un lato, lasciare la tecnologia completamente aperta e incontrollata significa metterla, indistintamente, nelle mani di chiunque, compresi quelli che ne faranno un uso dannoso. Dall'altro, chiuderla e controllarla a fondo richiede un grado di sorveglianza e di concentrazione di potere che è esso stesso una minaccia per le libertà che diciamo di voler proteggere. Aperto o chiuso, in entrambi i casi paghiamo un prezzo. Non c'è una soluzione pulita: c'è solo un equilibrio difficile da cercare e ricercare di continuo.

Attenzione

Il rischio, leggendo Suleyman, è scivolare nel fatalismo: "se non si può contenere, tanto vale arrendersi". È una conclusione che non segue dalle premesse. Che una tecnologia sia difficile da contenere non significa che sia impossibile orientarla, limitarne gli usi peggiori, costruirle attorno argini. L'energia nucleare è difficile da contenere, eppure decenni di trattati, ispezioni e norme hanno evitato la catastrofe che molti davano per certa. Il contenimento non è un interruttore acceso-spento: è un lavoro continuo, mai finito, che riduce i rischi senza azzerarli.

Tengo a discutere questo punto con equilibrio, perché su Suleyman si costruiscono volentieri sia profezie apocalittiche sia scuse per non fare nulla. La lettura onesta è un'altra. Il contenimento è difficile, quindi serve di più, non di meno: più consapevolezza individuale, più responsabilità organizzativa, più intelligenza nelle istituzioni. La difficoltà del compito è un argomento a favore dell'impegno, non contro. E ci dice anche dove non illuderci: nessuna legge, da sola, conterrà una tecnologia così diffusa. Ecco perché torniamo, ostinatamente, ai tre livelli.

16.6 L'etica che arriva prima della legge

C'è un fatto strutturale che ogni discorso sulla governance deve mettere in conto: la legge arriva sempre dopo. Arriva dopo che il problema si è manifestato, dopo che qualcuno si è fatto male, dopo che la tecnologia è già cambiata. È nella natura della legge: per regolare una cosa bisogna prima conoscerla, e per conoscerla bisogna che sia già successa. Tra il momento in cui una tecnologia entra nella vita delle persone e il momento in cui una norma la disciplina passano anni. In quegli anni—che sono questi anni—l'unica governance disponibile è quella che non aspetta la legge: l'etica.

Non parlo di etica come predica. Parlo di tre strumenti concreti che operano nello spazio vuoto che la legge lascia. Il primo è la *responsabilità professionale*: il medico, l'ingegnere, il giornalista, l'insegnante hanno codici e doveri che precedono e superano qualsiasi norma sull'IA, e che dicono già molto su come usarla. Il secondo è il *design etico*: chi costruisce un sistema fa scelte—cosa rendere facile, cosa rendere difficile, cosa mostrare e cosa nascondere—che orientano il comportamento di milioni di persone prima e più di qualsiasi legge. Il terzo è la *trasparenza*: rendere visibile quando un contenuto è generato da una macchina, quando una decisione è stata presa con l'IA, quali dati un sistema raccoglie. La trasparenza non risolve i problemi, ma è la precondizione di tutto il resto: non si può governare ciò che non si vede.

Il filosofo Luciano Floridi, con la sua etica dell'informazione, ha offerto la cornice forse più utile per pensare tutto questo. La sua idea di fondo è che viviamo in un'*infosfera*—un ambiente fatto di informazione tanto quanto di materia—e che in questo ambiente la responsabilità morale non riguarda solo ciò che facciamo, ma anche la cura dell'ambiente informativo che lasciamo agli altri. Inquinare l'infosfera con contenuti falsi, opachi, manipolatori è un danno, esattamente come inquinare un fiume. È una prospettiva che sposta la domanda da "è permesso?" a "che ambiente cognitivo sto contribuendo a costruire?"—una domanda molto più esigente, e molto più utile.

Confronto

Due principi etici da tenere in tensione.

- *Precauzione* — davanti a un rischio grave e incerto, l'onere della prova sta su chi vuole agire, non su chi teme il danno. Utile contro le applicazioni che potrebbero fare male in modo irreversibile.
- *Proporzionalità* — le misure di controllo devono essere commisurate al rischio reale, non al rischio immaginato. Utile contro la tentazione di vietare tutto "per sicurezza".

Applicati da soli, entrambi degenerano: la sola precauzione paralizza, la sola proporzionalità giustifica ogni azzardo. Una governance matura li tiene insieme, caso per caso, accettando di dover decidere senza certezze.

16.7 La responsabilità che non deve sparire

Tutto quanto detto finora converge su un'unica questione, che ho già aperto nel Capitolo 7 a proposito delle decisioni condivise e che qui mostra il suo volto politico: la *responsabilità*. Quando un sistema ibrido produce un danno—una diagnosi sbagliata, un prestito negato ingiustamente, una notizia falsa diffusa—chi ne risponde? La macchina non può rispondere: non ha intenzioni, non ha patrimonio, non ha coscienza, non si può né punire né perdonare. Resta solo l'umano. Ma quale umano? Chi ha costruito il sistema? Chi lo ha venduto? Chi lo ha configurato? Chi lo ha usato? Chi avrebbe dovuto controllarlo?

Quando questa domanda non trova risposta, si apre quello che gli studiosi chiamano il *responsibility gap*, il vuoto di responsabilità: una situazione in cui il danno c'è, ma non si riesce ad attribuirlo a nessuno, perché la catena tra l'azione e la decisione umana è così lunga e frammentata che tutti possono dire "non dipendeva da me". È, a mio giudizio, il pericolo più grave e meno appariscente di tutta la faccenda. Una società che smarrisce la responsabilità non diventa più libera: diventa più ingiusta, perché chi subisce un danno non trova nessuno a cui chiederne conto.

Best Practice

La regola d'oro della governance uomo-macchina è la più antica e la più semplice: **per ogni decisione che conta, deve esistere un umano responsabile, identificabile, che avrebbe potuto decidere diversamente.** Non un umano che preme "conferma", ma uno che capisce, può intervenire e risponde delle conseguenze. La responsabilità non si delega alla macchina perché la macchina non la può ricevere. Resta nostra, sempre. Tutto il resto è dettaglio.

Questo principio ha una conseguenza pratica che vale per tutti e tre i livelli. A livello individuale, significa non firmare mai col proprio nome ciò che non si è in grado di difendere. A livello organizzativo, significa che ogni processo assistito dall'IA deve avere un proprietario umano, una persona con nome e cognome che ne risponde. A livello collettivo, significa che la legge deve impedire che la complessità tecnica diventi un paravento per diluire la responsabilità fino a farla sparire. Tenere sempre un umano nel circuito non è un omaggio sentimentale alla nostra specie: è l'unica architettura in cui la giustizia resta possibile.

16.8 Cosa può fare un cittadino

A questo punto il lettore che si è seguito fin qui potrebbe sentirsi schiacciato. Le leggi le fanno altri, le policy aziendali pure, le grandi tecnologie sono nelle mani di poche imprese enormi. Che cosa può un singolo cittadino? Più di quanto sembri, a patto di smettere di pensarsi solo come consumatore. La governance collettiva, in democrazia, è anche un fatto di domanda: le istituzioni regolano ciò che i cittadini chiedono che sia regolato, e le aziende offrono ciò che i clienti pretendono. Una cittadinanza alfabetizzata e attenta è essa stessa una forza di governance.

Checklist

Quattro leve concrete a disposizione di chiunque:

- **Alfabetizzazione** — capire come funzionano, almeno a grandi linee, gli strumenti che si usano. Non per diventare tecnici, ma per non essere governati senza saperlo. È la prima forma di sovranità.
- **Scelte di consumo** — preferire servizi e aziende che dichiarano come trattano i dati, come sono fatti i loro sistemi, quando interviene una macchina. Il portafoglio è un voto quotidiano.
- **Voce pubblica** — partecipare al dibattito, scrivere, votare, sostenere chi propone regole sensate. La governance collettiva si nutre di cittadini che si fanno sentire.
- **Pretendere trasparenza** — chiedere, ogni volta che è possibile, di sapere quando si sta interagendo con una macchina e su quali basi una decisione che ci riguarda è stata presa. La domanda di trasparenza, se diffusa, diventa un obbligo di fatto prima ancora che di legge.

Nessuna di queste leve, da sola, sposta gli equilibri. Ma è proprio qui che i tre livelli si chiudono in cerchio: il cittadino che governa la propria mente (livello individuale) diventa il dipendente che pretende policy serie (livello organizzativo) e l'elettore che chiede regole giuste (livello collettivo). La stessa persona, nelle sue diverse vesti, alimenta tutti e tre gli archi del ponte. È per questo che ho insistito tanto, in questo libro, sull'autogoverno personale: non perché basti, ma perché è la radice da cui crescono gli altri due livelli.

16.9 L'equilibrio onesto

Resta da affrontare, con franchezza, la tentazione che incombe su ogni discorso di governance: scegliere un lato e sentirsi a posto. Da una parte c'è chi vorrebbe iper-regolare—vietare, autorizzare, certificare ogni cosa, in nome del principio di precauzione spinto all'estremo. Dall'altra c'è chi predica la deregulation—lasciare fare al mercato e all'innovazione, perché ogni regola è un freno al progresso. Sono due posizioni rassicuranti perché semplici. Ed entrambe, a mio giudizio, sbagliano lo stesso bersaglio.

Confronto

Due derive da evitare.

- *Iper-regolazione* — soffoca l'innovazione utile, spinge lo sviluppo dove le regole non arrivano, crea un'illusione di sicurezza che scarica la responsabilità sulla burocrazia. Si finisce protetti sulla carta e indifesi nei fatti.
- *Deregulation* — espone le persone agli usi peggiori, concentra il potere in chi ha i mezzi, scarica i costi sui più deboli. Si finisce liberi sulla carta e in balìa dei più forti nei fatti.

La via stretta che le evita entrambe ha un nome che abbiamo già incontrato: *controllo umano significativo*. Non vietare la tecnologia, non lasciarla sola; tenere un umano competente e responsabile nel punto in cui le decisioni contano.

Non ho ricette miracolose e diffido di chi le offre. So però riconoscere la direzione giusta, e la direzione giusta non sta in nessuno dei due estremi. Sta nel domandarsi, per ogni applicazione, qual è il rischio reale, chi ne risponde, dove deve restare l'umano. Sono domande noiose, prive di gloria, che non si prestano agli slogan. Ma è esattamente in domande così che si decide se una tecnologia ci renderà più capaci o più indifesi. La governance onesta non è spettacolare. È un lavoro paziente, distribuito, mai finito—e proprio per questo, alla portata di ciascuno.

16.10 Comincia da come governi te stesso

Torno alla frase da cui siamo partiti—"prima o poi qualcuno regolerà tutto questo"—per restituirla al lettore in una forma diversa. Sì, qualcuno regolerà. Le leggi arriveranno, alcune buone, altre meno, tutte in ritardo. Le istituzioni faranno la loro parte, le aziende la loro, e faremo bene a pretendere che la facciano. Ma se aspettiamo che la governance scenda dall'alto e ci sistemi la mente, aspetteremo invano, perché nella nostra mente la legge non entra. Lì entriamo solo noi.

Governare le menti ibride non è, o non è soltanto, un compito dei governi. È un compito che attraversa tre livelli e che, su tutti e tre, ha lo stesso punto di partenza: una persona che decide di restare l'autore del proprio pensiero. Le leggi proteggono i cittadini; le policy proteggono le organizzazioni; ma chi protegge la mente di Marta, alle sette e dieci del mattino, davanti a una risposta plausibile, è soltanto Marta. La governance comincia da lì—da come ciascuno di noi governa la propria mente—e tutto il resto, leggi comprese, serve a sostenere quella scelta, non a sostituirla.

Sintesi del capitolo

- "Qualcuno regolerà tutto questo" è una frase rassicurante e insufficiente: la legge non entra nella nostra mente. La governance delle menti ibride è una responsabilità a più livelli, non un compito da delegare.
- Tre livelli si sostengono a vicenda: *individuale* (l'autogoverno della propria mente, via abitudini e M.E.N.T.I.), *organizzativo* (policy, codici di condotta, ruoli chiari su chi propone, controlla e firma), *collettivo* (leggi, standard, istituzioni).
- L'AI Act europeo introduce un approccio basato sul rischio: divieto degli usi inaccettabili, obblighi stringenti per quelli ad alto rischio, libertà per gli usi ordinari. Il principio guida è il *controllo umano significativo*: un umano che capisce, può intervenire e risponde.
- Suleyman (*The Coming Wave*): le tecnologie di questa ondata sono potenti, diffuse, a basso costo e di uso generale, quindi difficili da contenere. La difficoltà è un argomento per impegnarsi di più, non per arrendersi.
- La legge arriva sempre dopo: nel frattempo governano la responsabilità professionale, il design etico e la trasparenza. L'etica dell'informazione di Floridi sposta la domanda da "è permesso?" a "che ambiente cognitivo sto costruendo?". Precauzione e proporzionalità vanno tenute in tensione.

- Il pericolo più grave è il *responsibility gap*: per ogni decisione che conta deve esistere un umano responsabile e identificabile, che avrebbe potuto decidere diversamente. La responsabilità non si delega alla macchina.
- Il cittadino ha quattro leve: alfabetizzazione, scelte di consumo, voce pubblica, pretesa di trasparenza. La stessa persona alimenta tutti e tre i livelli.
- Né iper-regolazione né deregulation: la via stretta è il controllo umano significativo. Governare le menti ibride comincia da come ciascuno governa la propria.

Capitolo 17

Il futuro delle menti ibride

Sono di nuovo le sette e dieci del mattino, ma sono passati alcuni anni. Marta si sveglia ancora con il telefono, anche se ormai non è più il telefono a chiamarsi così: è qualcosa che la conosce abbastanza da prevedere cosa le servirà prima che lei lo chieda. Mentre prepara il caffè non riceve più tre appuntamenti letti ad alta voce, ma una sintesi della giornata che intreccia il lavoro, le notizie che la riguardano, lo stato d'animo del figlio adolescente dedotto dai suoi messaggi, e una proposta su come affrontare la riunione difficile delle undici. La proposta è buona. È così buona che Marta, per un istante, non sa più se la riunione la stia preparando lei o qualcun altro al posto suo. Poi sceglie: legge, dubita di un punto, lo cambia, ne tiene un altro. È ancora lei a decidere. Per ora.

In quel "per ora" c'è tutto questo capitolo, e in fondo tutto questo libro. La mattinata di Marta nel 2026, da cui siamo partiti, era già una mente ibrida (vedi Capitolo 1). Questa di qualche anno dopo lo è di più, e di più lo sarà la prossima. La domanda non è se diventeremo menti ibride: lo siamo già. La domanda è quale tipo di mente ibrida diventeremo. E quella domanda, sostengo, non ha ancora una risposta scritta. La stiamo scrivendo adesso, una scelta alla volta.

17.1 Un'idea più vecchia delle macchine che la realizzano

Si ha l'impressione che la simbiosi tra esseri umani e macchine pensanti sia un fatto recente, nato con gli assistenti conversazionali. Non è così. L'idea è vecchia di più di mezzo secolo, ed è nata nella testa di persone che le macchine con cui sognavano non le avevano ancora viste funzionare.

Nel 1960 uno psicologo prestato all'informatica, Joseph Carl Robnett Licklider, pubblicò un saggio dal titolo che oggi suona profetico: *Man-Computer Symbiosis*, simbiosi uomo-computer. Licklider partiva da un'osservazione semplice. In natura la simbiosi è la convivenza di due organismi diversi a vantaggio di entrambi: il fico e la vespa che lo impollina vivono di una collaborazione che nessuno dei due potrebbe avere da solo. Allo stesso modo, scriveva, uomo e computer potevano stringere una società in cui ciascuno facesse ciò che sa fare meglio. All'uomo le intuizioni, gli obiettivi, il giudizio, la formulazione delle domande. Alla macchina il calcolo, la memoria, il lavoro ripetitivo, la fatica di preparare il terreno alle decisioni. Insieme avrebbero pensato meglio di quanto l'uomo avesse mai pensato da solo.

C'era, nel saggio, un'osservazione che vale la pena riportare quasi alla lettera, perché coglie il nostro problema con cinquant'anni di anticipo. Licklider aveva provato a misurare come passava le proprie giornate di lavoro intellettuale, e aveva scoperto che la maggior parte del tempo non se ne andava nel pensare, ma nel preparare le condizioni del pensiero: cercare, ordinare, trascrivere, calcolare. La parte propriamente creativa—le decisioni vere—occupava una frazione minima. La promessa della simbiosi era restituire all'uomo quella parte, scaricando sulla macchina tutto il resto. Notiamo la direzione: non delegare il giudizio, ma liberarlo dalla zavorra. È esattamente l'opposto della deriva che temiamo, e che vediamo accadere quando deleghiamo proprio il giudizio e teniamo per noi la fatica di copiare e incollare. Licklider scriveva nell'epoca delle schede perforate, quando "dialogare" con un computer significava attendere ore una risposta stampata. Eppure aveva visto giusto sul fine, anche se non poteva immaginarne i mezzi.

Concetto chiave

La **simbiosi uomo-macchina** non è un'invenzione dell'IA generativa: è un programma intellettuale formulato da Licklider nel 1960 e da Engelbart pochi anni dopo. Per oltre mezzo secolo è rimasta un'aspirazione di pochi. Oggi, per la prima volta, è diventata una condizione di massa, vissuta ogni giorno da centinaia di milioni di persone che non hanno mai letto una riga di Licklider.

Pochi anni dopo, un ingegnere che abbiamo già incontrato—Douglas Engelbart, l'uomo che inventò il mouse (vedi Capitolo 1)—trasformò quella visione in un programma di ricerca dal nome altrettanto chiaro: *Augmenting Human Intellect*, aumentare l'intelletto umano. Engelbart non voleva costruire macchine che pensassero al posto nostro. Voleva costruire macchine che ci rendessero più intelligenti: più capaci di affrontare problemi complessi, più rapidi nel passare dall'idea all'azione. Nel 1968, in quella che gli storici dell'informatica chiamano "la madre di tutte le dimostrazioni", mostrò dal vivo un sistema in cui un essere umano e un computer lavoravano allo stesso documento in tempo reale, con finestre, collegamenti tra testi, un puntatore guidato a mano. Il pubblico vedeva gli strumenti—il mouse, lo schermo. Engelbart vedeva qualcosa di più ambizioso: un essere umano la cui mente, accoppiata alla macchina, diventava capace di pensieri che da sola non avrebbe sostenuto.

La differenza tra le due ambizioni—sostituire l'intelletto o aumentarlo—è la stessa che attraversa tutto questo libro, ed è la stessa che deciderà il nostro futuro. Licklider ed Engelbart stavano, senza ambiguità, dalla parte dell'aumento. La storia, lasciata a sé stessa, non garantisce che vinca la loro.

Vale la pena fermarsi su un punto. Quei pionieri immaginavano la simbiosi come un privilegio per ricercatori, ingegneri, scienziati: pochi esseri umani altamente qualificati, alle prese con problemi difficili, assistiti da macchine costose e rare. Quello che è successo è diverso e molto più vasto. La mente ibrida è uscita dai laboratori ed è entrata nelle cucine, nelle aule, nei letti, nelle conversazioni con i nostri figli. Non è più un attrezzo da specialisti che hanno imparato a usarlo con disciplina. È diventata aria: qualcosa che si respira senza accorgersene, da chi ha studiato come da chi non ha studiato affatto. E questo cambia tutto, perché un'aspirazione che riguardava poche menti d'élite, già attrezzate al rigore, ora riguarda il modo in cui pensa l'intera specie—inclusa la parte di specie che non ha mai esercitato il dubbio metodico e non sa di doverlo fare.

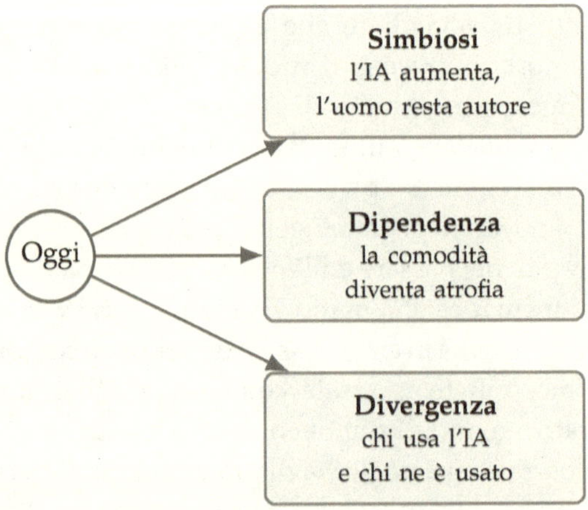

Figura 17.1: *Tre scenari per le menti ibride. Non li separa la tecnologia, che è la stessa, ma le scelte e le abitudini che prendiamo oggi: l'esito non è scritto, ed è esattamente questo il punto.*

17.2 Tre futuri possibili

Quando si parla di futuro dell'intelligenza artificiale, il dibattito pubblico oscilla tra due caricature. Da un lato l'utopia: macchine che risolvono ogni problema, abbondanza per tutti, intelligenza illimitata a costo zero. Dall'altro la distopia: macchine che ci tolgono il lavoro, ci sorvegliano, ci sostituiscono, ci spengono. Trovo entrambe le narrazioni inutili, e per la stessa ragione: tolgono agli esseri umani ogni capacità di scelta. Nell'utopia siamo passeggeri di un progresso che ci porta in salvo. Nella distopia siamo vittime di un destino che ci travolge. In nessuno dei due racconti facciamo qualcosa. Ed è proprio questo, come scrivevo nella prefazione, il punto che mi interessa: quello in mezzo, dove si può ancora scegliere.

Preferisco un modo diverso di guardare avanti. Non profezie, ma scenari: futuri plausibili, ciascuno conseguenza di scelte diverse che possiamo ancora fare. Ne distinguo tre. Non sono mondi separati: sono tre direzioni verso cui la stessa realtà può scivolare, e probabilmente convivranno, in proporzioni che dipendono da noi. La stessa persona può vivere in simbiosi al lavoro e in dipendenza a casa; la stessa società può spingere una metà verso l'aumento e l'altra verso l'atrofia. Non si tratta di indovinare quale dei tre "vincerà", ma di capire quale stiamo alimentando, gesto dopo gesto.

Confronto

Tre direzioni per le menti ibride.

- *Simbiosi* — l'IA aumenta le facoltà umane e l'essere umano resta l'autore. La macchina propone, l'uomo giudica, decide, si assume la responsabilità. Esito desiderabile, ma in nessun modo automatico.
- *Dipendenza* — la comodità diventa atrofia. Si delega non per liberare capacità, ma per non usarle più. Le menti umane si svuotano dei muscoli cognitivi che smettono di esercitare.
- *Divergenza* — una minoranza impara a usare l'IA per potenziarsi; una maggioranza viene usata dall'IA, o meglio da chi la possiede. Nasce una nuova disuguaglianza, non più solo economica ma cognitiva.

Guardiamoli da vicino, uno per uno, perché ciascuno ha una logica interna che è bene riconoscere prima che diventi la nostra.

La simbiosi

Lo scenario della simbiosi è quello che i pionieri sognavano e che, in molte situazioni, già viviamo nelle sue forme migliori. È il medico la cui diagnosi diventa più accurata perché un sistema gli segnala, su una radiografia, un'ombra di pochi millimetri che l'occhio stanco avrebbe potuto mancare—ma che resta lui a interpretare, a collegare alla storia del paziente, a comunicare con le parole giuste (vedi Capitolo 11). È lo studente che usa un tutor artificiale per farsi spiegare in tre modi diversi un concetto difficile, finché non lo afferra, e poi lo rielabora con parole sue, senza più la macchina davanti (vedi Capitolo 13). È lo scrittore che parte da una bozza generata non per copiarla ma per reagirvi: la trova piatta, capisce *perché* è piatta, e nel correggerla trova la propria voce per opposizione (vedi Capitolo 6). È il programmatore che si fa suggerire una soluzione, la legge riga per riga, ne individua il difetto e la riscrive: ha guadagnato tempo senza perdere il controllo di ciò che pubblica.

In tutti questi casi la macchina amplifica, non sostituisce. Fa il lavoro che Licklider voleva delegarle—cercare, proporre, sgrossare—e lascia all'essere umano il lavoro che voleva proteggere: il giudizio. L'essere umano resta il punto in cui le decisioni si fermano e diventano responsabilità.

La simbiosi è desiderabile. Ma c'è una cosa che va detta senza ambiguità: non è lo scenario di default. Non è dove finiremo se non facciamo nulla. Richiede sforzo, abitudini, disciplina, perché va contro la pendenza naturale della comodità. È più facile accettare la prima proposta che valutarne tre. È più facile fidarsi che verificare. È più facile incollare che riscrivere. La simbiosi è il futuro che dobbiamo scegliere attivamente, ogni giorno, contro la gravità del minimo sforzo. Tutti gli esempi qui sopra hanno una cosa in comune: costano una piccola fatica in più, quella che separa l'uso dall'abuso.

La dipendenza

Il secondo scenario è il più probabile se lasciamo fare alla comodità. Lo abbiamo descritto a lungo parlando dei rischi cognitivi (vedi Capitolo 14): l'atrofia. Un muscolo che non si usa si indebolisce, e le facoltà cognitive sono muscoli. Chi non calcola più a mente perde la dimestichezza con i numeri, e con essa la capacità di accorgersi quando un conto è palesemente sbagliato. Chi non si orienta più senza navigatore perde il senso dello spazio, e si ritrova straniero anche nella propria città. Chi non scrive più senza assistenza perde, lentamente, la capacità di tradurre i propri pensieri in parole—e poi, più in profondità, di avere pensieri abbastanza definiti da poter essere tradotti.

> **Attenzione**
>
> La dipendenza non arriva mai come una decisione. Nessuno sceglie, un giorno, di smettere di pensare. Arriva come una somma di rinunce minime, ciascuna ragionevole presa da sola. Oggi non verifico questa risposta perché ho fretta. Domani non la verifico perché ieri era

giusta. Dopodomani non la verifico più perché non ricordo nemmeno che si possa fare diversamente. L'atrofia cognitiva è silenziosa per definizione: il suo sintomo è la scomparsa della domanda "e se avesse torto?".

La cosa insidiosa della dipendenza è che assomiglia alla simbiosi. In entrambi i casi deleghiamo molto alla macchina. La differenza non sta in quanto deleghiamo, ma in cosa conserviamo. Nella simbiosi conservo il giudizio, la capacità di fare da solo ciò che scelgo di delegare, la responsabilità di ciò che esce. Nella dipendenza ho ceduto anche quelli. Esteriormente le due condizioni possono sembrare identiche—la stessa persona che usa gli stessi strumenti, scrive le stesse mail, consegna gli stessi documenti—ma una è una mente aumentata e l'altra è una mente svuotata. Il primo segnale del passaggio non è visibile dal risultato, è visibile solo dall'interno: il momento in cui smetto di rileggere perché "tanto va bene". È la lettera **M** del nostro framework: *mantieni l'autonomia cognitiva*. Delegare è legittimo, dipendere no. E il confine tra i due, come vedremo, lo traccia ciascuno di noi, non la tecnologia.

La divergenza

Il terzo scenario è quello di cui si parla meno e che temo di più. Non riguarda il rapporto tra l'individuo e la macchina, ma il rapporto tra gli esseri umani fra loro. Immaginate due popolazioni. La prima ha imparato a usare l'IA come Engelbart sognava: per amplificare un pensiero che resta proprio. Sono persone che scelgono cosa delegare, che verificano, che usano le macchine per andare più lontano con la propria testa. La seconda ha imparato l'opposto: ha consegnato alle macchine non i compiti ma le decisioni, non gli strumenti ma i fini. Pensa ciò che le viene proposto, vuole ciò che le viene suggerito, crede ciò che le viene mostrato.

Esempio

Esiste già, in piccolo, un esempio di questa biforcazione. Negli stessi anni in cui i social network hanno reso disponibile a tutti un'enorme quantità di informazione, alcuni hanno imparato a usarla per informarsi meglio di qualsiasi generazione precedente—incrociano fonti, riconoscono una manipolazione, sanno da dove arriva una notizia—e altri sono diventati più disinformati e manipolabili di prima, chiusi dentro un flusso che conferma ciò che già credono. Lo stesso strumento, due esiti opposti. La differenza non era l'accesso—ce l'avevano entrambi—ma la competenza nell'usarlo. Con l'IA la posta in gioco è più alta, perché lo strumento non si limita a mostrarci informazioni: pensa per noi, e quindi può svuotarci più in profondità.

La divergenza è pericolosa perché si autoalimenta. Chi usa l'IA per potenziarsi diventa più capace, e quindi più capace di usarla bene: scrive prompt migliori, riconosce prima gli errori della macchina, le affida problemi più ambiziosi. Chi se ne lascia usare diventa più passivo, e quindi più facile da usare. La distanza non resta costante: cresce, come crescono gli interessi su un capitale. E poiché chi possiede e progetta questi sistemi appartiene quasi sempre alla prima popolazione, mentre la seconda li subisce, la divisione cognitiva rischia di sovrapporsi alle divisioni di potere già esistenti, irrigidendole in qualcosa che somiglia a una casta. Shoshana Zuboff ha mostrato come l'economia dell'attenzione tragga profitto non dalla nostra intelligenza ma dalla nostra prevedibilità (vedi Capitolo 14): una maggioranza prevedibile e una minoranza che la prevede è esattamente la struttura della divergenza. È lo scenario in cui la mente ibrida, da promessa di emancipazione, diventa strumento di stratificazione.

17.3 Cosa decide quale futuro

Arrivati qui, la domanda diventa pratica. Da cosa dipende quale dei tre scenari prevarrà? La risposta che molti si aspettano è: dalla tecnologia. Da quanto diventeranno potenti i modelli, da quali capacità acquisiranno, da quanto saranno affidabili. Credo che sia la risposta sbagliata, ed è importante capire perché.

La tecnologia stabilisce ciò che è possibile, non ciò che accade. Una stessa IA, identica fino all'ultimo dettaglio, può produrre simbiosi nelle mani di chi la usa con criterio e dipendenza nelle mani di chi vi abdica. Lo strumento è lo stesso; l'esito no. Il coltello del chirurgo e il coltello dell'assassino possono uscire dalla stessa fabbrica. Questo significa che il futuro delle menti ibride non si decide nei laboratori di ricerca, ma nelle scelte—individuali, organizzative, collettive—di chi quelle macchine le usa, le adotta, le regola (vedi Capitolo 16). Le regole pubbliche contano, e ne abbiamo parlato; ma nessuna legge può obbligare una persona a rileggere ciò che la macchina le propone.

Concetto chiave

Il futuro delle menti ibride non è un problema tecnico, è un problema di scelte. La tecnologia definisce lo spazio del possibile; siamo noi a scegliere quale punto di quello spazio abitare. E lo scegliamo soprattutto attraverso le *abitudini* che stiamo formando ora, in questi anni, mentre la collaborazione con le macchine si sta sedimentando in routine che fra dieci anni ci sembreranno naturali.

Insisto sulle abitudini perché sono il livello che sottovalutiamo. Le grandi scelte—quali leggi, quali principi, quali limiti—contano. Ma le menti ibride si formano soprattutto nei gesti piccoli e ripetuti: accettare o no la prima bozza, verificare o no una fonte, chiedersi o no se quel pensiero è davvero nostro. Sono gesti che oggi compiamo decine di volte al giorno, quasi sempre senza pensarci. Ognuno è minuscolo. Tutti insieme, ripetuti per anni da miliardi di persone, decidono che tipo di specie cognitiva diventeremo.

C'è un'asimmetria che rende il momento urgente. Le abitudini sono facili da formare e difficili da cambiare. Quella che oggi è una scelta consapevole—rileggo o non rileggo—fra cinque anni sarà un automatismo che non noteremo più. È per questo che il momento giusto per decidere come pensare con le macchine è adesso, finché la cosa è ancora strana e visibile, prima che diventi natura e scompaia dalla coscienza. Stiamo addestrando noi stessi mentre crediamo di addestrare le macchine, ed è un addestramento che lascia il segno.

17.4 Cosa coltivare

Se lo scenario non è dato ma scelto, allora ha senso chiedersi: cosa conviene coltivare, da subito, perché a prevalere sia la simbiosi e non la dipendenza o la divergenza? Non ho una formula. Ho cinque cose che ritengo decisive, e che non a caso ricalcano l'arco di tutto il libro.

Best Practice

Cinque facoltà da tenere allenate.

- *Autonomia* — la capacità di fare da soli ciò che scegliamo di delegare. Si delega bene solo ciò che si saprebbe ancora fare senza aiuto.
- *Pensiero critico* — l'abitudine a chiedersi "e se avesse torto?" prima di fare propria una risposta. È la differenza tra fidarsi e verificare.
- *Relazioni umane* — i legami con altri esseri umani, insostituibili proprio perché difficili. La macchina può imitarli; non può sostituirli (vedi Capitolo 9).
- *Diversità cognitiva* — la varietà dei punti di vista, che l'IA tende a comprimere verso la media (vedi Capitolo 6). Coltivare il dissenso, l'errore, la stranezza è una forma di igiene.
- *Responsabilità* — la disponibilità a rispondere di ciò che esce dal sistema ibrido. La macchina non risponde di nulla: il vuoto va riempito da noi.

Vale la pena chiarire perché proprio queste cinque, e non altre. Ciascuna è la difesa contro uno dei modi in cui la mente ibrida può degradare. L'autonomia protegge dall'atrofia: chi sa ancora fare non dipende, sceglie. Il pensiero critico protegge dalla falsità verosimile, il peccato originale di queste macchine, che producono testo persuasivo senza alcun modo di sapere se è vero. Le relazioni umane proteggono dalla solitudine mascherata da compagnia, il rischio più intimo che abbiamo incontrato. La diversità cognitiva protegge dall'appiattimento collettivo: se tutti chiediamo alla stessa macchina e accettiamo le stesse risposte medie, pensiamo lo stesso pensiero, e una specie che pensa un solo pensiero ha smesso di pensare.

La responsabilità, infine, protegge dal vuoto morale: dove un sistema decide ma nessuno risponde, l'ingiustizia diventa inafferrabile, e quindi impunibile.

Queste cinque facoltà non si difendono da sole, e non si difendono una volta per tutte. Vanno esercitate come si esercita un muscolo: con costanza, anche quando non serve, proprio per non perderle nel momento in cui servirà. Conviene tenersi allenati a fare a mano, ogni tanto, ciò che la macchina farebbe meglio—scrivere una pagina senza aiuto, calcolare senza schermo, orientarsi senza navigatore—non per rifiuto nostalgico, ma come si fa una flessione: non perché serva oggi, ma perché la forza non sparisca.

È qui che il framework **M.E.N.T.I.** smette di essere una bussola per situazioni isolate e diventa una pratica di lungo periodo. Mantenere l'autonomia, Esaminare le risposte, Non delegare totalmente, Tracciare le fonti, Integrare senza sostituire non sono cinque regole da consultare al bisogno. Sono cinque abitudini da incorporare, finché smettiamo di doverle ricordare perché sono diventate il modo in cui pensiamo con le macchine. Una mente ibrida sana non è quella che applica M.E.N.T.I. quando ci pensa. È quella che non saprebbe più pensare in altro modo, allo stesso modo in cui un guidatore esperto non ripete a sé stesso le regole della strada: le ha incorporate, e proprio per questo è libero di guardare la strada.

17.5 La consolazione della storia

Tutto questo può suonare gravoso, come se sulle spalle di ciascuno pesasse la responsabilità di salvare la propria mente da un nemico nuovo e implacabile. Qui la storia offre una consolazione misurata, ed è importante non trascurarla per non cadere nell'allarmismo che ho promesso di evitare.

L'intelligenza artificiale non è la prima tecnologia cognitiva che ci cambia dal di dentro. È almeno la terza grande. La prima fu la scrittura. Quando l'essere umano imparò a depositare i pensieri fuori dalla testa, su un supporto esterno, qualcosa nella sua mente cambiò davvero: la memoria orale, l'arte di ricordare poemi interi, si indebolì. Platone, nel *Fedro*, fa raccontare a Socrate il mito del dio Theuth che offre al re d'Egitto la scrittura come "rimedio per la memoria", e fa rispondere al re che è invece un rimedio per il *ricordare*, non per la memoria: gli uomini, fidandosi dello scritto, non eserciteranno più il ricordo dall'interno. Socrate aveva ragione. La scrittura ci ha tolto qualcosa. Ma ci ha dato in cambio la possibilità di pensare pensieri troppo lunghi e complessi per stare in una mente sola, di accumulare conoscenza attraverso i secoli, di costruire la civiltà. La perdita era reale. Il guadagno era incommensurabile.

La seconda fu la stampa. Anche lì ci furono allarmi: troppi libri, troppe idee incontrollate, la fine dell'autorità del sapere, lettori che avrebbero divorato testi senza maestri a guidarli. Anche lì qualcosa si perse—il rapporto personale col copista, la rarità che dava valore a ogni volume—e molto di più si guadagnò: la scienza moderna, l'alfabetizzazione di massa, la possibilità per chiunque di accedere al pensiero di chiunque altro.

La lezione di queste due rivoluzioni è doppia, e va tenuta tutta intera. Primo: ci hanno cambiati profondamente, e ogni volta abbiamo perso qualcosa di reale; chi allora si allarmava non era uno sciocco. Secondo: non ci hanno distrutti, perché ogni volta abbiamo imparato a usarle bene. La scrittura non ha abolito il pensiero; la stampa non ha abolito la verità. Ma—ed è la parte che non va dimenticata— l'esito buono non fu mai automatico. Fu il frutto di un lungo lavoro di adattamento culturale: scuole, biblioteche, metodi, regole della prova, mestieri nuovi nati per maneggiare la tecnologia nuova. La consolazione, insomma, non è che andrà bene da sé. È che è già andata bene altre volte, quando ce ne siamo occupati.

C'è però una differenza che l'onestà impone di segnalare, e che vieta l'ottimismo facile. La scrittura e la stampa erano passive: depositavano il pensiero, non lo producevano. L'IA generativa, come abbiamo visto fin dal primo capitolo, prende iniziativa. È la prima tecnologia cognitiva che non si limita a estendere la mente: in qualche misura la sostituisce, là dove la lasciamo fare. E c'è una seconda differenza, di velocità. La scrittura ebbe millenni per essere addomesticata, la stampa secoli. L'IA ci sta cambiando nell'arco di una manciata di anni—troppo in fretta perché l'adattamento culturale possa avvenire da solo, per sedimentazione lenta, di generazione in generazione. Le scuole, i metodi, le regole nuove dovremo costruirli mentre la cosa sta già accadendo, non dopo. Dovremo fare apposta, e in fretta, ciò che altre volte è successo da sé. Questo, in fondo, è il motivo per cui ho scritto questo libro.

17.6 Restare l'autore di sé

Torniamo a Marta, un'ultima volta, in quel mattino di qualche anno avanti rispetto a dove l'abbiamo lasciata. La proposta che la macchina le ha messo davanti era ottima. Avrebbe potuto accettarla così com'era, ed era la cosa più comoda. Invece ha fatto una cosa minuscola e decisiva: l'ha letta come si legge il lavoro di un collaboratore di cui ci si fida ma non ciecamente. Ne ha tenuto una parte, ne ha cambiata un'altra, ne ha scartata una terza. In quel gesto, che le è costato trenta secondi e una piccola fatica, Marta è rimasta l'autrice della propria giornata. Non perché abbia rifiutato la macchina. Perché non le ha ceduto l'ultima parola.

È la stessa scena della prefazione, vista dall'altro capo del libro. Là c'era un informatico che, davanti a una mail difficile, si accorgeva che il suo primo gesto non era più pensare ma chiedere, e si faceva una domanda che non lo ha più lasciato: *di chi è questo pensiero?* Quella domanda, alla fine del cammino, ha una risposta. Il pensiero è di chi tiene l'ultima parola. Non di chi lo formula per primo—spesso è la macchina—ma di chi decide se farlo proprio o lasciarlo passare.

È questa, alla fine, la tesi di tutto il libro, e la dico nel modo più semplice che conosco. L'autonomia cognitiva non è uno stato che si possiede, come un diploma che una volta preso resta nostro per sempre. È una scelta che si rinnova, una decisione alla volta, ogni volta che una macchina ci propone un pensiero e noi decidiamo se farlo nostro o lasciarlo passare. Non si vince questa partita una volta sola. La si gioca ogni giorno, in gesti così piccoli da sembrare insignificanti, e che insignificanti non sono, perché sono esattamente il punto in cui si decide chi pensa: noi, o qualcosa al posto nostro.

Le menti ibride sono il nostro futuro: non c'è ritorno a una mente non estesa, e nemmeno sarebbe desiderabile. La sola domanda aperta è se saremo menti ibride in cui l'essere umano resta l'autore, o menti ibride in cui l'essere umano è diventato lo spettatore di pensieri che crede ancora suoi. Tra le due possibilità non decide la potenza delle macchine. Decide la nostra ostinazione a restare svegli. Pensare con le macchine senza smettere di pensare: è possibile, è difficile, ed è la competenza più importante che ci resti da imparare. Non si impara una volta. Si sceglie ogni mattina, con la prossima risposta che leggeremo su uno schermo. La rileggiamo, dubitiamo, scegliamo. E così, una decisione alla volta, restiamo gli autori di noi stessi.

Sintesi del capitolo

- La simbiosi uomo-macchina non è nuova: Licklider (*Man-Computer Symbiosis*, 1960) ed Engelbart (*augmenting human intellect*) la teorizzarono mezzo secolo fa, come liberazione del giudizio dalla zavorra del lavoro ripetitivo. La novità è che oggi è una condizione di massa, non più un privilegio di pochi specialisti già attrezzati al rigore.
- Il futuro delle menti ibride non è una profezia ma uno spazio di scenari. Tre direzioni: *simbiosi* (l'IA aumenta, l'uomo resta autore), *dipendenza* (la comodità diventa atrofia), *divergenza* (una minoranza usa l'IA, una maggioranza ne è usata).
- La simbiosi è desiderabile ma non automatica: va scelta attivamente, contro la gravità del minimo sforzo. La dipendenza le assomiglia dall'esterno: cambia non quanto deleghiamo, ma cosa conserviamo—il giudizio, la responsabilità.
- La divergenza si autoalimenta: chi usa bene l'IA diventa più capace, chi se ne lascia usare diventa più passivo, e la distanza cresce fino a sovrapporsi alle disuguaglianze di potere.
- A decidere quale scenario prevarrà non è la tecnologia—che definisce solo il possibile—ma le scelte individuali, organizzative e collettive, e soprattutto le *abitudini* che stiamo formando ora, mentre sono ancora visibili e modificabili.
- Cinque facoltà da coltivare per una simbiosi sana: autonomia, pensiero critico, relazioni umane, diversità cognitiva, responsabilità. Il framework **M.E.N.T.I.** è la loro pratica di lungo periodo, da incorporare fino a farne il modo in cui pensiamo.
- La storia consola con misura: scrittura e stampa ci hanno cambiati profondamente senza distruggerci, ma l'esito buono non fu mai automatico, e l'IA è più rapida e più attiva di entrambe. L'adattamento culturale dovremo farlo apposta, non aspettarlo.

- L'autonomia cognitiva non è uno stato che si possiede, ma una scelta che si rinnova, una decisione alla volta. Il pensiero è di chi tiene l'ultima parola: restare l'autore di sé significa non cederla mai.

Parte VI

Appendici

Appendice A

Glossario

Questo glossario raccoglie i termini che ricorrono nel libro, definiti nel modo in cui sono usati qui: senza gergo superfluo, ma senza scorciatoie che ne tradiscano il significato tecnico. Dove un termine inglese è ormai consolidato nell'uso italiano, l'ho mantenuto, segnalando tra parentesi l'equivalente o l'originale.

Agente (AI agent)
Un sistema di intelligenza artificiale capace non solo di rispondere, ma di agire: scomporre un obiettivo in passi, usare strumenti esterni (cercare, inviare messaggi, eseguire operazioni) e procedere con un certo grado di autonomia. Rispetto a un assistente che attende ogni istruzione, l'agente fa cose nel mondo, e questo sposta in alto la posta in gioco della delega.

Allineamento (alignment)
Il problema, e la pratica, di far sì che il comportamento di un sistema di IA corrisponda alle intenzioni e ai valori di chi lo usa o lo governa. Un modello "disallineato" non è necessariamente malevolo: persegue in modo letterale un obiettivo mal formulato, con esiti che nessuno voleva. È una delle questioni centrali della sicurezza dell'IA.

Allucinazione (IA)
Quando un modello generativo produce un'affermazione falsa o inventata presentandola con la stessa sicurezza di una vera: una citazione che non esiste, una data sbagliata, una fonte immaginaria. Non è un guasto, ma una conseguenza diretta del fatto che il modello genera testo verosimile, non testo verificato. La fluidità della forma non garantisce la verità del contenuto.

Ambiente cognitivo
La cornice in cui questo libro colloca l'intelligenza artificiale: non un semplice strumento che si prende e si posa, ma un ambiente che

abitiamo e che plasma, dall'interno, il modo in cui pensiamo, ricordiamo, decidiamo e creiamo. Come l'aria che respiriamo, agisce su di noi soprattutto quando smettiamo di notarlo.

Antropomorfismo
La tendenza ad attribuire intenzioni, emozioni e coscienza a ciò che ne è privo: in questo caso a una macchina che parla la nostra lingua. È un riflesso antico e per lo più utile, ma di fronte all'IA conversazionale ci porta a fidarci, a sentirci compresi e ad abbassare la guardia con qualcosa che imita la mente senza possederne la sostanza.

Bias di automazione (automation bias)
La propensione a fidarsi di un suggerimento automatico più di quanto meriterebbe, fino a ignorare segnali contrari o il proprio giudizio. È il pilota che segue il navigatore dentro un lago perché "lo diceva il sistema". Cresce quando lo strumento si è dimostrato affidabile in passato, ed è uno dei modi tipici in cui una mente ibrida fallisce.

Bias di conferma
La tendenza a cercare, notare e ricordare ciò che conferma le proprie idee, e a trascurare ciò che le contraddice. Un'IA che ci asseconda, addestrata a risultare utile e gradevole, può amplificarlo: ci restituisce una versione più articolata di quello che già pensavamo, scambiando l'eco per conferma indipendente.

Capitalismo della sorveglianza
Espressione resa celebre da Shoshana Zuboff per descrivere il modello economico fondato sull'estrazione massiccia di dati comportamentali, usati per prevedere e indirizzare le scelte delle persone. Molti strumenti di IA gratuiti appartengono a questa logica: non sono il prodotto, ma il mezzo per raccogliere ciò che lo è davvero, cioè la nostra attenzione e i nostri dati.

Cognizione
L'insieme dei processi con cui acquisiamo, elaboriamo, conserviamo e usiamo le informazioni: percepire, ragionare, ricordare, decidere, creare. Quando in questo libro si parla di sistemi cognitivi "ibridi" ci si riferisce a questi processi quando avvengono in parte nella testa di un essere umano e in parte nella macchina.

Companion AI
Applicazioni di IA progettate per instaurare una relazione continuativa con l'utente: un compagno, un confidente, un sostegno emotivo sempre disponibile e privo di giudizio. Funzionano proprio perché colmano un bisogno reale, e per la stessa ragione sollevano le domande più delicate sull'attaccamento, la solitudine e l'empatia simulata.

Dato / dataset
Un dato è un'informazione registrata in forma elaborabile; un dataset è una raccolta organizzata di dati. I modelli di IA imparano da dataset enormi, e ne ereditano qualità e difetti: ciò che non è nei dati il modello non lo sa, e i pregiudizi presenti nei dati il modello tende a riprodurli.

Deepfake
Contenuti audio, video o fotografici falsi ma realistici, generati o manipolati con l'IA per far dire o fare a qualcuno ciò che non ha mai detto o fatto. Il problema non è solo l'inganno del singolo falso, ma l'erosione della fiducia di fondo: quando tutto può essere falso, anche il vero diventa contestabile.

Delega cognitiva (cognitive offloading)
L'atto di affidare a un supporto esterno una funzione mentale che potremmo svolgere da soli: ricordare, calcolare, orientarsi, scrivere. È antica quanto la scrittura e spesso saggia. Diventa un problema quando la delega da occasionale si fa totale e abituale, e la facoltà delegata, non più esercitata, si atrofizza.

Deskilling
La perdita progressiva di una competenza per mancanza di esercizio, quando una macchina la svolge al posto nostro. Non riguarda solo i mestieri manuali: chi non scrive più una sintesi senza assistente, o non legge più una mappa senza navigatore, sta vivendo un deskilling cognitivo, spesso senza accorgersene.

Effetto ELIZA
La tendenza ad attribuire comprensione e profondità a un programma che manipola simboli senza capirli. Prende nome da ELIZA, un semplice software degli anni Sessanta che imitava uno psicoterapeuta: molti utenti vi confidavano segreti, convinti di essere ascoltati. È l'antenato diretto del modo in cui oggi proiettiamo una mente dentro gli assistenti conversazionali.

Empatia simulata

La capacità di una macchina di riconoscere, nominare e rispecchiare gli stati emotivi di una persona, e di rispondere in modo che appare empatico. È utile e talvolta confortante, ma resta una simulazione: la macchina elabora segnali, non prova nulla. Distinguere l'empatia simulata da quella reale è cruciale nelle relazioni ibride.

Framework M.E.N.T.I.

La bussola operativa proposta dal libro per restare autori del proprio pensiero quando si pensa con le macchine. Cinque principi: *M*antieni l'autonomia cognitiva, *E*samina le risposte, *N*on delegare totalmente, *T*raccia le fonti, *I*ntegra senza sostituire. Quattro principi su cinque riguardano il lato umano del sistema, non quello artificiale.

Igiene cognitiva

L'insieme delle pratiche quotidiane con cui un essere umano preserva la propria autonomia di pensiero nell'uso dell'IA: verificare prima di credere, esercitare le facoltà che si delegano, tracciare le fonti, riconoscere quando ci si sta adeguando senza giudicare. È la versione operativa, e di lungo periodo, del framework M.E.N.T.I.

Infosfera

Termine coniato dal filosofo Luciano Floridi per indicare l'intero ambiente informativo in cui ormai viviamo, fatto di dati, contenuti, agenti umani e artificiali. Non è un luogo che visitiamo: è il mezzo in cui siamo immersi, al punto che la distinzione tra vita "online" e "offline" ha sempre meno senso.

Intelligenza artificiale generativa

La famiglia di sistemi di IA capaci di produrre contenuti nuovi—testo, immagini, audio, codice—a partire da una richiesta. È la novità che cambia le regole rispetto all'IA del passato: non si limita a classificare o prevedere, ma propone, completa e dialoga, trasformando l'estensione della mente da monologo in conversazione.

Large language model / modello linguistico

Un modello di IA addestrato su enormi quantità di testo a prevedere la parola successiva più plausibile, e capace per questa via di conversare, riassumere, tradurre e scrivere. La sua abilità è statistica, non concettuale: maneggia il linguaggio con straordinaria fluidità senza, in senso proprio, comprenderlo né sapere se ciò che dice è vero.

Machine learning (apprendimento automatico)

L'approccio per cui un sistema non viene programmato con regole esplicite, ma impara schemi a partire da esempi. È la tecnica alla base della maggior parte dell'IA odierna: invece di dire alla macchina *come* riconoscere un volto, le si mostrano milioni di volti e la si lascia ricavare da sola le regolarità.

Memoria transattiva

Il sistema di memoria condivisa che si forma in un gruppo, dove ciascuno ricorda una parte e sa a chi rivolgersi per il resto. Funziona da sempre fra esseri umani; oggi una parte crescente di questo "chi sa cosa" è affidata all'IA, che diventa il membro del gruppo a cui deleghiamo il ricordare. Comodo, finché la macchina è presente e affidabile.

Mente estesa

La tesi, formulata da Andy Clark e David Chalmers nel 1998, secondo cui la mente non si ferma ai confini del cranio: quando uno strumento esterno svolge in modo affidabile una funzione cognitiva, ne diventa parte a tutti gli effetti funzionali. È la radice filosofica del libro: l'IA è l'ultima, e più potente, delle estensioni della mente.

Mente ibrida

Il concetto centrale del libro: un sistema cognitivo composto da uno o più esseri umani e una o più intelligenze artificiali che cooperano nella produzione di conoscenza, memoria, creatività, decisioni e relazioni. Non è la somma delle parti, ma un'unità nuova le cui proprietà—capacità e fragilità—emergono dal modo in cui umano e macchina si parlano.

Model collapse

Il degrado progressivo di un modello di IA addestrato in misura crescente su contenuti generati da altre IA anziché da esseri umani. Come una fotocopia di una fotocopia, ogni generazione perde dettaglio e varietà, convergendo verso la media. È un rischio sistemico in un'infosfera dove i contenuti artificiali diventano maggioritari.

Nudging (pungolo)

La progettazione dell'ambiente di scelta per orientare il comportamento delle persone senza vietare nulla né imporre nulla: l'opzione preselezionata, il suggerimento ben piazzato, la frizione aggiunta o tolta. L'IA è uno strumento di nudging potentissimo, perché può personalizzare il pungolo su ciascuno, in tempo reale.

Omologazione cognitiva
La tendenza dei pensieri e dei prodotti a somigliarsi sempre di più quando attingono tutti allo stesso modello, allenato a restituire la risposta più probabile. Il rischio non è l'errore, ma la regressione alla media: testi, idee e soluzioni corretti e levigati, e per questo intercambiabili, in cui si spegne la voce di chi li ha prodotti.

Prompt
La richiesta, di solito in linguaggio naturale, con cui si interroga o si istruisce un sistema di IA generativa. Non è un dettaglio tecnico: il modo in cui formuliamo il prompt—cosa chiediamo, cosa diamo per scontato, quanto contesto offriamo—plasma profondamente la risposta, e quindi il pensiero che ne esce.

Razionalità limitata (bounded rationality)
L'idea, dovuta a Herbert Simon, che gli esseri umani non decidano da ottimizzatori perfetti, ma con tempo, attenzione e informazione limitati: ci si accontenta della prima soluzione "abbastanza buona". Spiega perché siamo inclini a delegare alla macchina lo sforzo cognitivo, e perché tendiamo ad accettarne la prima risposta plausibile.

Rete neurale
Un modello di calcolo ispirato, alla lontana, all'organizzazione dei neuroni del cervello: strati di unità connesse che, regolando la forza dei collegamenti, imparano a riconoscere schemi nei dati. È l'architettura alla base dell'IA contemporanea. L'analogia col cervello è suggestiva ma va presa con cautela: somiglianza di struttura non significa somiglianza di mente.

Simbiosi uomo-macchina
Una relazione tra esseri umani e IA in cui ciascuno fa ciò in cui è migliore e il tutto vale più della somma delle parti, senza che l'umano perda autonomia. È l'esito auspicabile delle menti ibride, contrapposto alla dipendenza (l'umano si svuota) e alla divergenza (una minoranza usa l'IA per potenziarsi, una maggioranza ne è usata). Non è automatica: va coltivata.

Token
L'unità minima in cui un modello linguistico spezza il testo per elaborarlo: non sempre una parola intera, talvolta una sillaba o un frammento. È

un dettaglio tecnico, citato qui solo per chiarire un punto: il modello lavora su pezzi di testo e sulle loro probabilità, non su concetti come li intendiamo noi.

Appendice B

Il framework M.E.N.T.I.

Lungo tutto il libro è tornata una sola, ostinata convinzione: la differenza fra una mente ibrida che ci potenzia e una che ci erode non sta nella macchina, ma nel modo in cui ci pensiamo insieme. Il framework **M.E.N.T.I.** è il modo più compatto che ho trovato per tenere quel modo sotto controllo. Cinque lettere, cinque principi, una parola sola da ricordare—la stessa che dà il titolo al libro.

Non è un decalogo morale e non è una lista di divieti. È una bussola: uno strumento che non dice dove andare, ma aiuta a non perdere l'orientamento mentre si va. Si usa così: non la si legge una volta e la si archivia, la si ripete a ogni interazione che conta, finché le cinque domande non diventano un riflesso. Quattro lettere su cinque guardano l'essere umano, non l'intelligenza artificiale, ed è una scelta deliberata: sul modello, come singolo, abbiamo poco controllo; sul modo in cui lo usiamo, tutto quello che serve.

Questa appendice è la versione operativa di ciò che il Capitolo 15 ha costruito come ragionamento. Là dominava il *perché*; qui dominano il *come* e le checklist. È pensata per essere staccata, fotocopiata, appesa accanto allo schermo, mostrata a un corso o a un convegno. Ogni principio ha la sua domanda guida—quella da farsi a voce, in tre secondi—e un elenco di azioni concrete da spuntare. L'ultima sezione condensa tutto in un'unica pagina.

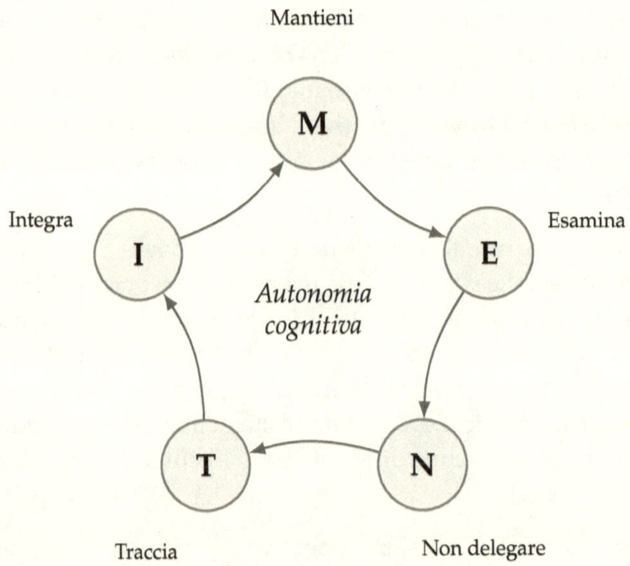

Figura B.1: *Il ciclo M.E.N.T.I.: cinque pratiche che ruotano intorno a un unico fine, l'autonomia cognitiva. Non è una sequenza da eseguire una volta, ma un giro che si ripete a ogni interazione con la macchina: Mantieni, Esamina, Non delegare totalmente, Traccia, Integra.*

B.1 M — Mantieni l'autonomia cognitiva

Una facoltà mentale è un muscolo: si mantiene usandola e si atrofizza nell'inattività. La delega all'intelligenza artificiale è quasi sempre indolore sul momento—si scrive meglio, si calcola più in fretta, ci si orienta senza sbagliare—e il costo si presenta solo dopo, quando la macchina non c'è o sbaglia e ci si scopre incapaci di farne a meno. Mantenere l'autonomia non significa smettere di delegare. Significa allenare, ogni tanto e di proposito, proprio le facoltà che più volentieri affideremmo alla macchina, abbastanza da tenere il muscolo vivo.

La pratica cardine è una sola: *prima pensa, poi chiedi*. Formulare una propria risposta, anche grezza, prima di interrogare l'assistente. Si tiene allenata la facoltà, si arriva all'output con un'aspettativa contro cui misurarlo (ed è molto più facile accorgersi se è sbagliato), si conserva la capacità di giudicare. Chi non ha mai un'opinione prima di chiedere finisce per non averne nemmeno dopo.

Checklist

M — Domanda guida: *prima di chiedere alla macchina, ho provato a pensarci da solo? E sto ancora allenando ciò che le delego?*

- ☐ Formula una tua ipotesi di risposta *prima* di interrogare l'assistente, anche solo per pochi secondi.
- ☐ Una volta a settimana, esegui senza macchina un compito che di solito deleghi (scrivere a mano, fare un conto a mente, orientarti senza navigatore).
- ☐ Componi di getto, con parole tue, i messaggi che contano; solo dopo fatteli eventualmente limare.
- ☐ Riserva ogni giorno un'isola analogica: la prima mezz'ora senza assistenti, una riunione di pensiero su una lavagna, una passeggiata in cui un problema decanta da solo.
- ☐ Tieni d'occhio il sintomo d'allarme: il disagio crescente a fare da solo ciò che prima facevi senza pensarci. Quando la stampella diventa indispensabile per una gamba sana, il problema non è più la gamba.

B.2 E — Esamina le risposte

La macchina produce testo verosimile, non testo vero, e non ha alcun modo di sapere la differenza. Ne discende una pratica sola, da incorporare fino a farne un riflesso: trattare ogni output come una *bozza da verificare*, non come una risposta da usare. Una bozza è utile, spesso un ottimo punto di partenza, e non si pubblica mai così com'è.

Verificare non vuol dire diffidare di tutto allo stesso modo—sarebbe estenuante, e finiremmo per non verificare nulla. Vuol dire calibrare lo sforzo sulla posta in gioco. Un sinonimo non si verifica; una cifra che entra in una decisione, una citazione che finisce in un documento, una nozione medica o legale sì. La domanda che decide quanto controllare è sempre la stessa: *cosa succede se questa risposta è sbagliata e io l'ho usata?*

Checklist

E — Domanda guida: *cosa succede se questa risposta è sbagliata e io la uso così com'è?*

- ☐ Tratta ogni output che conta come una bozza, non come una verità. Mai pubblicare, inviare o decidere su un testo non verificato.
- ☐ Calibra lo sforzo sul rischio: zero verifica per ciò che è innocuo, verifica obbligatoria per ciò che entra in una decisione.
- ☐ Fai un controllo incrociato su una fonte *indipendente* dalla macchina. Non chiedere mai alla stessa IA di verificare sé stessa: confermerà.
- ☐ Diffida della sicurezza espositiva: fluidità e tono sicuro non sono indizi di verità. La sicurezza è il travestimento preferito dell'errore.
- ☐ Insospettisciti quando i dettagli sono troppo perfetti—numeri di riferimento precisi, citazioni testuali nitide su argomenti di nicchia: è lì che la macchina inventa con più aplomb.

B.3 N — Non delegare totalmente

Le prime due lettere riguardano ciò che si fa prima e dopo aver interrogato la macchina; questa riguarda la decisione, più profonda, di *cosa* affidarle. La distinzione da tenere ferma è una: si può delegare il compito, mai il giudizio e la responsabilità. Delegare un compito—redigere una bozza, riassumere, tradurre, ordinare dati—è legittimo e spesso saggio. Delegare il giudizio—se la bozza va bene, quale opzione scegliere, se quella cosa va fatta o no—è pericoloso. La responsabilità, infine, resta in capo a noi qualunque cosa accada: la macchina non risponde di nulla, non finisce davanti a un giudice né alla coscienza.

Da qui l'idea della *linea rossa personale*: il confine, deciso consapevolmente e non subìto, fra ciò che si è disposti ad affidare e ciò che si vuole tenere per sé. Varia da persona a persona e da contesto a contesto. Il pericolo non è delegare: è che la linea si sposti da sola, un compito alla volta, finché un giorno ci si accorge di aver ceduto anche ciò che non si sarebbe mai voluto cedere.

Checklist

N — Domanda guida: *sto delegando un compito o sto delegando il giudizio? E la mia linea rossa è ancora dov'era?*

- ☐ Distingui sempre i tre livelli: compito delegabile (la macchina fa, io uso); compito delegabile con verifica (la macchina fa, io controllo prima di usare); giudizio non delegabile (io decido e rispondo).
- ☐ Affida l'esecuzione, tieni per te la scelta, la valutazione e la responsabilità di ciò che esce.
- ☐ Metti per iscritto, almeno una volta, la tua linea rossa nei tuoi ambiti: cosa affido e me ne fido, cosa affido ma verifico sempre, cosa non affido mai.
- ☐ Vigila sullo scivolamento: un compito che passa dal "verifico" al "mi fido", un giudizio che passa dal "decido io" al "mi consiglia e accetto". È da lì che nasce la maggior parte dei guai.
- ☐ Ricorda che chi delega la responsabilità la delega a nessuno—e dunque la tiene comunque, senza accorgersene.

B.4 T — Traccia le fonti

La macchina mescola, in un unico flusso di parole indistinte per fluidità e tono, ciò che ha effettivamente letto da qualche parte e ciò che ha generato per somiglianza statistica. Una citazione vera e una inventata escono dalla stessa bocca, con la stessa voce sicura: nell'output non c'è alcun segnale che distingua il sapere dal verosimile. Quel segnale dobbiamo aggiungerlo noi.

Tracciare le fonti significa non accettare un'informazione che conta finché non si sa *da dove viene*. È lo stesso buon senso che applichiamo davanti a un pettegolezzo—"chi te l'ha detto?"—e che con la macchina dimentichiamo, perché non sembra un "qualcuno". La pratica è duplice: nel ricevere, chiedere e verificare l'origine di ciò che conta, sapendo che la fonte "citata" dalla macchina è essa stessa una bozza da controllare; nel restituire, saper dire da dove viene ciò che trasmettiamo, distinguendo onestamente "l'ho verificato" da "me l'ha detto un'IA".

Checklist

T — Domanda guida: *questa informazione da dove viene davvero—e sarei in grado di dirlo a chi me lo chiede?*

- ☐ Per ciò che conta, chiedi esplicitamente alla macchina la fonte dell'informazione.
- ☐ Verifica che la fonte esista davvero e dica ciò che le viene attribuito: spesso è plausibile ma inesistente.
- ☐ Controlla che la fonte sia autorevole per quell'argomento, non solo la prima che capita.
- ☐ Annota a parte ciò che userai, accanto alla fonte verificata da te—non quella semplicemente dichiarata dalla macchina.
- ☐ Quando trasmetti l'informazione ad altri, distingui sempre "l'ho verificato su questa fonte" da "me l'ha detto un assistente". È la differenza fra trasmettere conoscenza e propagare invenzioni in buona fede.

B.5 I — Integra senza sostituire

Le prime quattro lettere difendono la qualità del singolo scambio; l'ultima difende l'equilibrio della vita cognitiva nel suo insieme. Il principio è semplice da enunciare e difficile da praticare: l'intelligenza artificiale deve *aggiungersi* alle nostre facoltà e relazioni, non prenderne il posto. La differenza fra integrare e sostituire non sta in ciò che la macchina fa, ma in ciò che, intorno a essa, smettiamo o continuiamo a fare.

Quattro territori meritano protezione esplicita, perché sono quelli che la macchina imita meglio e dove la sostituzione è più seducente: le relazioni umane, la lettura profonda, il pensiero lento (il Sistema 2 di Kahneman, lento e deliberato, che l'IA tende a rimpiazzare con la risposta istantanea) e l'esperienza diretta. Usare la macchina per prepararsi a una conversazione difficile è integrare; farla con la macchina invece che con la persona è sostituire.

Checklist

I — Domanda guida: *l'IA si è aggiunta alle mie facoltà e relazioni, o ne ha preso il posto?*

- ☐ Relazioni umane: usa la macchina per *prepararti* alle conversazioni che contano, non per sostituirle. Ciò che porteresti a un amico portalo all'amico.
- ☐ Lettura profonda: fatti pure riassumere un testo, ma non smettere di attraversarne per intero quelli che contano. Un riassunto non restituisce le connessioni che nascono solo leggendo tutto.
- ☐ Pensiero lento: usa la velocità della macchina per *liberare* tempo al ragionamento, non per rimpiazzarlo. Attiva il Sistema 2 quando la posta in gioco lo richiede.
- ☐ Esperienza diretta: la descrizione di una cosa non è l'averla fatta, vista, provata. Usa la macchina per prepararti all'esperienza o per darle senso, non per accontentarti del racconto.
- ☐ Tieni le pratiche *sostenibili*: poche regole applicate con costanza valgono più di mille applicate per una settimana. L'opposto dell'abbandono non è l'ossessione.

B.6 M.E.N.T.I. in una pagina

Quella che segue è la pagina da staccare. Condensa il framework in cinque domande e poche azioni: tenetela accanto allo schermo, e fatevi scorrere le cinque domande ogni volta che pensate con la macchina su qualcosa che conta. Non serve spuntarle tutte ogni volta—serve che diventino un riflesso.

Checklist

La bussola M.E.N.T.I. — cinque domande da ripetere a ogni interazione.

- ☐ **M — Mantieni l'autonomia.** *Ho pensato da solo prima di chiedere?* Allena ciò che deleghi; "prima pensa, poi chiedi"; riservati le tue isole analogiche.
- ☐ **E — Esamina le risposte.** *Cosa succede se è sbagliata e la uso?* Ogni output è una bozza; verifica i punti ad alto rischio su una fonte indipendente; diffida della sicurezza.
- ☐ **N — Non delegare totalmente.** *Sto delegando il compito o il giudizio?* Delega l'esecuzione, mai il giudizio e la responsabilità; conosci e presidia la tua linea rossa.
- ☐ **T — Traccia le fonti.** *So da dove viene davvero?* Chiedi e verifica l'origine; distingui "l'ho verificato" da "me l'ha detto un'IA".
- ☐ **I — Integra senza sostituire.** *L'IA si è aggiunta o ha preso il posto?* Proteggi relazioni umane, lettura profonda, pensiero lento ed esperienza diretta. Mantieni tutto sostenibile.

In una frase: si può pensare con le macchine senza smettere di pensare. Anzi, è l'unico modo di farlo che valga la pena. Quattro lettere su cinque guardano voi, non la macchina: è lì che avete il controllo.

APPENDICE C

DOMANDE PER IL LETTORE

Un libro si chiude; un pensiero, se è buono, no. Le domande che seguono servono a tenerlo aperto. Le ho raggruppate per capitolo e scelte per essere *aperte*: non hanno una risposta giusta da cercare in fondo alla pagina, ma una risposta vera da costruire guardando la propria vita. Usatele come preferite. Da soli, fermatevi su due o tre per capitolo e scrivete la risposta, perché scrivere costringe a pensare. In un club del libro, sceglietene una a testa e fate il giro del tavolo prima di discutere. In aula o in azienda, prendete le domande operative—quelle che chiedono di applicare il framework M.E.N.T.I. a un caso reale—e trasformatele in un esercizio. Le domande provocatorie sono lì apposta: servono a far litigare le idee, non le persone.

Capitolo 1 — Cos'è una mente ibrida

1. Ripensate alla vostra ultima ora prima di leggere questa pagina. Quante decisioni hanno preso per voi delle macchine—l'ordine delle notizie, il percorso, la prossima cosa da guardare—senza che ve ne accorgeste?
2. L'autore distingue tre forme di ibridazione: invisibile, dialogica, relazionale. In quale delle tre passate più tempo, e quale vi mette più a disagio scoprire di frequentare?
3. Un fallimento "tipicamente ibrido" nasce dove la proposta della macchina scavalca il vostro giudizio. Vi è già successo? Cosa, esattamente, vi ha fatto abbassare la guardia: la fretta, la fiducia, la fluidità della risposta?
4. Il principio di parità di Clark e Chalmers dice che conta la funzione del pensiero, non dove avviene. Vi convince, oppure pensate che ci sia qualcosa che deve restare "dentro la testa" per essere davvero vostro?

5. McLuhan avverte: plasmiamo gli strumenti, poi gli strumenti plasmano noi. Quale parte di voi—il modo di scrivere, di ricordare, di decidere—si è già rimodellata sull'IA senza che lo abbiate scelto?

Capitolo 2 — Dal computer all'interlocutore

1. Pensate all'ultima volta che avete "parlato" con un'IA. Avreste posto la stessa domanda, nello stesso modo, a un motore di ricerca di dieci anni fa? Cosa è cambiato nel modo in cui chiedete?
2. L'effetto Eliza descrive la nostra tendenza ad attribuire comprensione a una macchina che non comprende. Riconoscete un momento in cui ci siete cascati—in cui avete sentito di essere *capiti* da un programma?
3. "Usare" e "dialogare" non sono la stessa cosa. Per un compito che fate spesso con l'IA, decidete: è davvero un dialogo, o è una delega travestita da conversazione?
4. L'autore parla dell'IA come "ultimo intermediario" tra noi e l'informazione. Quali intermediari—librai, colleghi esperti, redazioni, bibliotecari—ha già sostituito nella vostra vita, e cosa avete perso con loro?
5. Provocazione per il gruppo: se una macchina parla la nostra lingua meglio di molti esseri umani, perché dovremmo continuare a fidarci di più di una persona che si esprime male ma sa di cosa parla?

Capitolo 3 — La macchina come presenza sociale

1. Dite "per favore" e "grazie" a un assistente artificiale? Se sì, perché? Se no, vi è mai capitato e cosa avete provato?
2. Reeves e Nass mostrano che trattiamo le macchine come persone in modo automatico. Pensate a una decisione in cui avete dato a un'IA un'*autorità* che non vi sareste sognati di dare a uno sconosciuto: cosa ve l'ha fatta concedere?
3. Voce, nome, tono amichevole: quali scelte di design vi hanno reso più incline a fidarvi di uno strumento? Le notate mentre agiscono su di voi, o solo dopo?

4. Operativo: prendete un'interazione recente in cui avete accettato una risposta perché "suonava sicura". Applicate la E di M.E.N.T.I. (Esamina): cosa avreste verificato, e cosa avreste scoperto?
5. Dove, per voi, passa il confine tra una cortesia innocua verso la macchina e una fiducia mal riposta che vi espone?

Capitolo 4 — Delega cognitiva

1. Quale facoltà avete delegato di recente senza accorgervene—l'ortografia, il calcolo a mente, il senso dell'orientamento, la capacità di riassumere?
2. L'effetto Google: tendiamo a ricordare *dove* trovare un'informazione, non l'informazione stessa. Fate la prova—qualcosa che sapevate a memoria e che oggi cercate ogni volta. Vi pesa averlo perso?
3. L'autore distingue la delega che *libera* capacità da quella che le *atrofizza*. Indicate una delega vostra che vi ha reso più capaci e una che vi ha reso più fragili. Cosa le distingue?
4. Operativo: scegliete un compito che oggi delegate per intero all'IA. Applicate la N di M.E.N.T.I. (Non delegare totalmente): qual è il pezzo che dovreste riprendervi per restare "il mandante" e non l'esecutore?
5. Provocazione: se una capacità è sempre disponibile in una macchina, vale ancora la pena coltivarla in voi? Difendete la vostra risposta con un esempio concreto.

Capitolo 5 — Memoria estesa

1. La memoria non è un archivio ma un processo che ricostruisce. Cosa cambia, per voi, sapere che ogni volta che ricordate state in parte *riscrivendo*?
2. Quante delle vostre memorie personali—volti, date, momenti—vivono ormai solo nei vostri dispositivi? Cosa accadrebbe domani se quel deposito sparisse?
3. L'autore parla di "memoria di parte": ricordiamo ciò che la macchina ci ripropone. Chi decide cosa torna a galla nella vostra memoria estesa, e con quali interessi?

4. Operativo: definite una vostra regola di "igiene della memoria ibrida"—una cosa che continuerete a tenere a mente di proposito, anche se potreste delegarla. Perché proprio quella?
5. In che senso si può diventare "stranieri alla propria storia"? Vi riconoscete, anche in piccolo, in questo rischio?

Capitolo 6 — Creatività aumentata

1. Se la creatività è ricombinazione, in cosa l'IA è davvero un buon partner e in cosa resta inferiore a voi? Fate l'esempio di un'idea che la macchina non avrebbe mai avuto al posto vostro.
2. Il rischio dell'omologazione è la deriva verso la media statistica. Rileggete qualcosa che avete prodotto con l'aiuto dell'IA: c'è ancora la vostra voce, o suona come tutti?
3. "Voce e intenzione" sono ciò che resta umano. Sapreste descrivere la vostra voce a qualcuno che non vi conosce? Se fate fatica, è un segnale.
4. Operativo: progettate un processo creativo ibrido sano per un vostro lavoro reale. In quale fase entra l'IA, in quale è bandita, e perché avete messo il confine lì?
5. Provocazione: un'opera fatta al novanta per cento da una macchina e firmata da voi è vostra? E al cinquanta? Dove mettete la soglia, e cosa la giustifica?

Capitolo 7 — Decisioni condivise

1. Pensate a una decisione importante presa di recente "insieme" a un'IA. Chi ha deciso davvero? Eravate il decisore o il ratificatore di una scelta già fatta?
2. Il bias di automazione ci porta a fidarci dell'output della macchina anche quando avremmo i mezzi per dissentire. Ricordate una volta in cui avreste dovuto contraddire il sistema e non l'avete fatto?
3. "Chi risponde, quando decidono in due?" In una decisione ibrida andata male nella vostra esperienza, di chi era la responsabilità? Era chiara *prima*, o solo dopo il danno?

4. La macchina eredita i pregiudizi dei dati con cui è stata costruita. Per una decisione che vi riguarda—un prestito, una candidatura, una diagnosi—quali pregiudizi temete che un sistema possa nascondere?
5. Operativo: prendete la checklist per le decisioni che contano del capitolo e applicatela a una scelta reale in arrivo. Quale passaggio avreste saltato senza la checklist?

Capitolo 8 — Companion AI

1. Le tre leve dei companion—disponibilità, assenza di giudizio, specchio—rispondono a bisogni reali. Quale di questi tre bisogni sentite di più, e chi lo soddisfa oggi nella vostra vita?
2. "Come nasce un legame verso il nulla": vi è mai capitato di provare affetto, gratitudine o dipendenza verso un'IA conversazionale? Cosa ne pensate, a mente fredda?
3. Un compagno artificiale non vi contraddice mai davvero, non si stanca, non ha bisogni propri. In cosa questo è un sollievo, e in cosa è esattamente il problema?
4. Operativo: l'autore applica M.E.N.T.I. alle relazioni. Per un legame ibrido reale o ipotetico, cosa significherebbe davvero "Integrare senza sostituire", cioè aggiungere senza togliere posto agli esseri umani?
5. L'IA come "specchio e finestra": vi rimanda ciò che siete o vi apre a ciò che non siete? Quale delle due cose cercate, quando la cercate?

Capitolo 9 — Solitudine ed empatia simulata

1. Una macchina può riconoscere un'emozione senza provarla. Sapere che il conforto che ricevete è simulato cambia il conforto stesso? Per voi sì o no, e perché?
2. "Perché ci basta così poco": cosa dice di noi il fatto che poche parole gentili da parte di un programma riescano a consolarci?
3. La solitudine è un terreno fertile per la relazione simulata. Dove tracciate il confine tra un sollievo legittimo e una scorciatoia che vi tiene lontani dalle persone?

4. Provocazione per il gruppo: è meglio una compagnia simulata di un'assenza totale di compagnia? Discutetelo pensando a una persona anziana sola, non a voi stessi.
5. Operativo: definite un segnale d'allarme personale—"quando succede questo, la relazione con l'IA mi sta isolando invece di sostenermi". Come ve ne accorgereste in tempo?

Capitolo 10 — Bambini e agenti intelligenti

1. I bambini attribuiscono mente a ciò che parla con loro. Se osservate un minore interagire con un'IA, cosa credete che pensi davvero di avere davanti?
2. Crescere con un interlocutore sempre disponibile e infinitamente paziente: quali capacità potrebbe non sviluppare un bambino che non incontra mai l'attrito di un "no" umano?
3. L'autore propone il co-uso e l'alfabetizzazione precoce. Concretamente, come fareste sedere un bambino accanto all'IA invece di lasciarcelo solo?
4. Operativo: scrivete tre regole di casa sull'uso degli agenti intelligenti per un minore che conoscete. Quali facoltà volete proteggere con ciascuna?
5. Provocazione: vietare del tutto questi strumenti ai bambini li protegge o li lascia indietro rispetto a una generazione che ci cresce dentro? Cosa scegliereste, e a quale costo?

Capitolo 11 — Professionisti aumentati

1. L'IA non sostituisce le professioni: ne ricompone i compiti. Nel vostro mestiere, quali compiti sono già passati alla macchina e quali restano irriducibilmente vostri?
2. Il modello del centauro mette insieme giudizio umano e potenza della macchina. Siete più il cavallo o il cavaliere, nel vostro lavoro quotidiano? E vorreste cambiare?
3. "La velocità non è valore." Dove, nel vostro mestiere, andare più veloci grazie all'IA sta in realtà abbassando la qualità di ciò che producete?

4. Il deskilling è il bivio: aumento o atrofia. Quale competenza fondante della vostra professione rischiate di perdere, e come potreste tenerla in esercizio di proposito?
5. Operativo: applicate le pratiche del professionista aumentato a una vostra giornata-tipo. Cosa cambiereste da domani per restare "l'autore del vostro mestiere"?

Capitolo 12 — Organizzazioni ibride

1. "L'azienda è già un sistema cognitivo." Nella vostra organizzazione, dove risiede davvero la conoscenza—nelle persone, nei processi, nei documenti, o ormai nei sistemi di IA?
2. Conoscenza esplicita e tacita: cosa sa fare la vostra organizzazione che nessuno ha mai scritto, e che un'IA non potrebbe apprendere dai documenti?
3. L'adozione dell'IA tocca processi, ruoli e cultura. Quale dei tre, nella vostra esperienza, cambia più lentamente—e quale resiste di più?
4. Operativo: abbozzate tre regole di governance interna dell'IA per il vostro team. Cosa è permesso, cosa va verificato da un umano, cosa è vietato?
5. Provocazione: l'IA in azienda produce "intelligenza collettiva" o "mediocrità automatizzata"? Portate un esempio concreto a sostegno della vostra tesi.

Capitolo 13 — Educazione aumentata

1. "Un tutor per ognuno" è la promessa. Se aveste avuto un tutor IA a dodici anni, cosa avreste imparato meglio—e cosa, forse, non avreste mai imparato a fare da soli?
2. "La scorciatoia che svuota": qual è la differenza tra usare l'IA per capire e usarla per consegnare senza capire? Sapreste riconoscere il confine in un compito reale?
3. Se compiti ed esami tradizionali non reggono più, come misurereste che qualcuno ha davvero imparato qualcosa nell'era dell'IA?

4. L'insegnante "non sparisce, si sposta". Verso dove, secondo voi? Cosa dovrebbe fare un buon docente che prima non doveva fare?
5. Operativo: il fine ultimo è "imparare a farne a meno". Progettate un esercizio in cui uno studente usa l'IA per poi diventare capace di lavorare senza. Come verifichereste che ci è riuscito?

Capitolo 14 — Rischi cognitivi

1. Il rischio cognitivo è "lento, invisibile, comodo". Proprio per questo è difficile da vedere su di sé. Quale di questi rischi—atrofia, dipendenza, omologazione, manipolazione, erosione della verità, polarizzazione—vi sembra il meno visibile nella vostra vita?
2. Dipendenza: provate a immaginare una settimana di lavoro o studio senza alcun assistente IA. Cosa non sapreste più fare da soli? La risposta è anche una misura.
3. "L'attenzione come merce": chi guadagna dal tempo che passate dentro questi sistemi? Sapere chi paga, e perché, cambia il vostro modo di usarli?
4. L'erosione della verità rende difficile distinguere il vero dal verosimile. Raccontate l'ultima volta che avete creduto—o quasi—a qualcosa di falso ma ben confezionato. Cosa vi ha salvato, o cosa vi ha ingannato?
5. L'autore insiste: non è inevitabile. Per uno dei rischi del capitolo, indicate una cosa concreta che dipende da voi e una che dipende da chi costruisce i sistemi. Dove finisce la vostra responsabilità?

Capitolo 15 — Igiene cognitiva

1. "Né monaci né tossici": dove vi collocate oggi sullo spettro tra il rifiuto totale dell'IA e l'uso compulsivo? E dove vorreste stare?
2. Prendete una per una le cinque lettere di M.E.N.T.I. (Mantieni, Esamina, Non delegare totalmente, Traccia, Integra). Quale rispettate già bene e quale trascurate del tutto?
3. L'autore descrive "una giornata igienica, senza diventarne schiavi". Come sarebbe la vostra? Scrivete tre abitudini realistiche, non eroiche, da tenere.

4. Operativo: scegliete il vostro punto debole tra le cinque lettere e definite un'unica pratica da iniziare questa settimana. Come saprete, fra sette giorni, se ha funzionato?
5. Gli errori da evitare: quale "regola di igiene" rischia, portata all'eccesso, di trasformarsi in rigidità inutile o in diffidenza paranoica?

Capitolo 16 — Governance uomo-macchina

1. I tre livelli—individuale, organizzativo, collettivo—"reggono insieme". Su quale dei tre sentite di avere più potere reale, e su quale vi sentite spettatori?
2. "L'etica arriva prima della legge." Qual è una cosa che la legge non vi vieta, ma che voi avete deciso di non fare con l'IA per ragioni vostre?
3. Il problema del contenimento (Suleyman): si può governare una tecnologia che diventa più potente più in fretta delle regole? La vostra risposta è più vicina alla speranza o alla rassegnazione, e perché?
4. "La responsabilità che non deve sparire": in un sistema dove decidono in molti—umani e macchine—come si evita che alla fine non risponda nessuno?
5. Operativo: "cosa può fare un cittadino". Indicate una scelta concreta—di consumo, di voto, di voce pubblica—con cui nei prossimi mesi eserciterete una governance dal basso.

Capitolo 17 — Il futuro delle menti ibride

1. Dei tre futuri possibili—simbiosi, dipendenza, divergenza—quale vi sembra più probabile, e quale più desiderabile? Coincidono?
2. "Cosa decide quale futuro": nominate una scelta quotidiana, piccola e ripetuta, che secondo voi spinge la bilancia verso uno dei tre scenari.
3. L'autore parla di "cosa coltivare" per una simbiosi sana. Quali tre cose, nella vostra vita, vi impegnate a coltivare a prescindere dall'IA?
4. "La consolazione della storia": l'umanità ha già attraversato altre rivoluzioni cognitive—la scrittura, la stampa. Cosa vi rassicura e cosa vi preoccupa in questo precedente?

5. Domanda finale, da portarsi via: "restare l'autore di sé." Dopo aver letto questo libro, qual è l'unica cosa che cambierete nel modo in cui pensate con le macchine—e quando comincerete?

Appendice D

Bibliografia commentata

Questa bibliografia non è un catalogo esaustivo, ma una guida di lettura. Ho scelto le opere che hanno realmente nutrito il libro—i testi a cui il ragionamento sulle menti ibride deve di più—e le ho raggruppate per area tematica anziché in ordine alfabetico, perché chi vuole approfondire un nodo preciso trovi subito da dove ripartire. Per ogni voce indico autore, titolo nella lingua originale e, dove esiste e mi è nota, l'edizione italiana, seguiti da una breve nota su *perché* quel testo conta per questo libro. Dove non sono certo dell'anno o dell'editore di un'edizione, ho preferito ometterli piuttosto che azzardare: l'accuratezza, qui, vale più della completezza.

Mente estesa e cognizione aumentata

- **Andy Clark, David Chalmers,** *The Extended Mind* (saggio, 1998). Il saggio fondativo della tesi della mente estesa, apparso sulla rivista *Analysis*. Introduce l'esempio di Otto e il *principio di parità* discussi nel Capitolo 1: se un processo esterno svolge la funzione che svolgerebbe la memoria interna, fa parte della mente a tutti gli effetti. È la cornice filosofica di tutto il libro.
- **Andy Clark,** *Natural-Born Cyborgs* (2003). Clark sviluppa l'idea che l'essere umano sia, per natura, una creatura che si fonde con i propri strumenti. Utile per capire perché l'ibridazione con l'IA non sia una rottura, ma l'ultimo capitolo di una storia molto antica.
- **Andy Clark,** *Supersizing the Mind* (2008). La trattazione più ampia e rigorosa della cognizione estesa e incarnata, con la risposta alle principali obiezioni filosofiche. Per chi vuole andare oltre il saggio del 1998 senza perdere il filo.

- **Herbert A. Simon**, *The Sciences of the Artificial* (1969; ed. it. *Le scienze dell'artificiale*). Un classico sul comportamento dei sistemi artificiali e sul rapporto fra mente, progetto e ambiente. La tesi che l'intelligenza dipenda tanto dall'ambiente quanto dall'agente è uno dei pilastri impliciti dell'idea di mente ibrida.
- **Douglas C. Engelbart**, *Augmenting Human Intellect: A Conceptual Framework* (rapporto, 1962). Il rapporto in cui Engelbart definisce il programma dell'*augmenting human intellect*, citato nel Capitolo 1. Non parla di sostituire il pensiero umano ma di amplificarlo, considerando come un unico sistema l'essere umano, il linguaggio, i metodi e le macchine. Un antenato diretto delle menti ibride.

Pensiero, giudizio, decisione

- **Daniel Kahneman**, *Thinking, Fast and Slow* (2011; ed. it. *Pensieri lenti e veloci*). La sintesi divulgativa di decenni di ricerca sui due sistemi del pensiero, sulle euristiche e sui bias. Indispensabile per i capitoli sulla delega e sulle decisioni condivise: spiega perché tendiamo ad accettare senza esaminare ciò che ci viene proposto in modo fluente.
- **Herbert A. Simon**, sulla razionalità limitata (*bounded rationality*). Il concetto di razionalità limitata—decidiamo con informazione, tempo e attenzione finiti, accontentandoci di soluzioni "abbastanza buone"—è il fondamento del Capitolo 4. Chiarisce perché deleghiamo alla macchina e quando quella delega libera capacità invece di atrofizzarle.

Intelligenza artificiale, società, potere

- **Nello Cristianini**, *La scorciatoia* (2023). Una spiegazione lucida e accessibile di come funzionano davvero i sistemi di IA basati sui dati, e di perché "la scorciatoia" statistica produca intelligenza senza comprensione. Tra le fonti italiane più solide per capire i limiti epistemici delle macchine di cui parla il libro.
- **Nello Cristianini**, *Machina sapiens* (2024). Prosegue il discorso concentrandosi sui modelli linguistici e sulle loro capacità emergenti. Prezioso per il Capitolo 2 e per la riflessione su cosa significhi, e cosa non significhi, "parlare" con una macchina.

- **Mustafa Suleyman**, *The Coming Wave* (2023; ed. it. *L'onda che verrà*). Sull'ondata di tecnologie—IA e biotecnologie—e sul problema del *contenimento*. Riferimento centrale per il Capitolo 16 sulla governance: come tenere il controllo su tecnologie potenti e diffuse.
- **Shoshana Zuboff**, *The Age of Surveillance Capitalism* (2019; ed. it. *Il capitalismo della sorveglianza*). L'analisi di come i dati comportamentali siano diventati materia prima economica. Sostanzia il Capitolo 14: l'ambiente cognitivo in cui pensiamo con le macchine non è neutro, ma progettato anche per estrarre valore dal nostro comportamento.
- **Yuval Noah Harari**, *Homo Deus* (2015). Sul futuro di una specie che delega scelte sempre più ampie agli algoritmi. Utile come orizzonte di lungo periodo per la riflessione sull'autonomia cognitiva.
- **Yuval Noah Harari**, *21 Lessons for the 21st Century* (2018; ed. it. *21 lezioni per il XXI secolo*). Capitoli sul lavoro, la libertà e l'attenzione nell'era degli algoritmi che dialogano con le Parti IV e V del libro.
- **Yuval Noah Harari**, *Nexus* (2024). Una storia delle reti di informazione dalla parola scritta all'IA. Pertinente all'idea, ricorrente nel libro, dell'IA come nuovo ambiente informativo e non solo come strumento.
- **Luciano Floridi**, *The Fourth Revolution* (2014; ed. it. *La quarta rivoluzione*). Introduce il concetto di *infosfera* e di esseri umani come organismi informazionali immersi in un ambiente digitale. È la cornice filosofica della nozione, centrale nel libro, di IA come ambiente cognitivo.
- **Luciano Floridi**, *The Ethics of Information* (2013). La trattazione sistematica dell'etica dell'informazione di Floridi. Per chi vuole le fondamenta concettuali della responsabilità nell'infosfera, tema dei capitoli sulla governance.

Media, attenzione, ambiente cognitivo

- **Marshall McLuhan**, *Understanding Media* (1964; ed. it. *Gli strumenti del comunicare*). La fonte della formula citata nel Capitolo 1: noi plasmiamo i nostri strumenti, e poi i nostri strumenti plasmano noi. Ogni medium ha una grammatica che ci riorganizza dall'interno, a prescindere dai contenuti—avvertimento che pesa su tutto il libro.

- **Nicholas Carr**, *The Shallows* (2010; ed. it. *Internet ci rende stupidi?*). Sull'effetto del web sull'attenzione, sulla lettura profonda e sulla memoria. Antecedente diretto della domanda che il libro pone all'IA generativa: cosa guadagniamo e cosa perdiamo, dal punto di vista cognitivo, a esternalizzare sempre di più.

Macchine, relazioni, conversazione

- **J.C.R. Licklider**, *Man-Computer Symbiosis* (saggio, 1960). Il saggio che immagina una "simbiosi" uomo-computer in cui le due parti cooperano strettamente nel risolvere problemi. Insieme a Engelbart, è la radice storica dell'idea di mente ibrida come sistema cooperativo.
- **Joseph Weizenbaum**, *Computer Power and Human Reason* (1976). Il creatore di ELIZA riflette sul perché gli esseri umani attribuiscano comprensione a un programma che non ne ha, e sui limiti morali del delegare il giudizio alle macchine. Fonte chiave per i Capitoli 2 e 3 sull'effetto ELIZA e sull'antropomorfismo.
- **Byron Reeves, Clifford Nass**, *The Media Equation* (1996). La ricerca sperimentale che mostra come trattiamo media e computer come se fossero persone reali, applicando loro cortesia e regole sociali. È il fondamento empirico del Capitolo 3 sulla macchina come presenza sociale.
- **Sherry Turkle**, *Alone Together* (2011; ed. it. *Insieme ma soli*). Sulle relazioni che instauriamo con robot e dispositivi connessi, e su come la tecnologia possa offrire compagnia riducendo l'intimità. Riferimento centrale per la Parte III sulle relazioni ibride e i companion.
- **Sherry Turkle**, *Reclaiming Conversation* (2015; ed. it. *La conversazione necessaria*). Un'indagine sul valore della conversazione umana e sul costo della sua erosione. Utile per i capitoli su empatia simulata e su bambini e agenti intelligenti.
- **Jean Piaget**, *La représentation du monde chez l'enfant* (1926; ed. it. *La rappresentazione del mondo nel fanciullo*). Tra i suoi studi sullo sviluppo cognitivo del bambino, Piaget descrive l'*animismo* infantile: la tendenza spontanea dei più piccoli ad attribuire vita e intenzioni agli oggetti. È la chiave del Capitolo 10 per capire perché, per un bambino, una macchina che parla è ancora più "viva" che per un adulto.

Creatività, memoria, conoscenza

- **Margaret A. Boden**, *The Creative Mind* (1990). Una delle analisi più rigorose della creatività intesa anche come ricombinazione ed esplorazione di uno spazio di possibilità. Cornice teorica del Capitolo 6 sulla creatività aumentata e sul rischio di omologazione.
- **Frederic C. Bartlett**, *Remembering* (1932). Lo studio classico che mostra come la memoria sia ricostruttiva e non un archivio fedele. È la premessa scientifica del Capitolo 5: ricordare è rifare, e questo cambia il modo in cui valutiamo una memoria delegata alla macchina.
- **Elizabeth F. Loftus**, *Eyewitness Testimony* (1979). Le sue ricerche sui falsi ricordi e sull'effetto della disinformazione mostrano quanto la memoria sia malleabile e suggestionabile. Sostanziano il Capitolo 5: una memoria che si può riscrivere è una memoria di cui fidarsi con prudenza, tanto più quando a custodirla è un sistema esterno.
- **Betsy Sparrow, Jenny Liu, Daniel M. Wegner**, *Google Effects on Memory* (*Science*, 2011). Lo studio che ha dato un nome all'"effetto Google": tendiamo a ricordare *dove* trovare un'informazione invece dell'informazione stessa. Si lega alla *memoria transattiva* di Daniel Wegner ed è il riferimento empirico del Capitolo 4 sulla delega cognitiva.
- **Michael Polanyi**, *The Tacit Dimension* (1966). L'opera che formula l'idea della conoscenza tacita—"sappiamo più di quanto possiamo dire". Aiuta a precisare cosa resta tipicamente umano nei capitoli sul lavoro: ciò che non si lascia codificare e quindi non si delega facilmente.
- **Ikujiro Nonaka**, sulla conoscenza organizzativa. Il lavoro di Nonaka sulla creazione di conoscenza nelle organizzazioni e sulla conversione fra conoscenza tacita ed esplicita (la dinamica spesso riassunta nel modello SECI) è alla base del Capitolo 12 sulle organizzazioni come sistemi cognitivi ibridi.
- **Robert A. Bjork**, sul concetto di *desirable difficulties* (difficoltà desiderabili). I suoi studi sull'apprendimento mostrano che certe difficoltà, se ben calibrate, rendono ciò che impariamo più solido e duraturo. È la base del Capitolo 13: se l'IA rimuove lo sforzo, rischia di rimuovere anche l'apprendimento.

L'autore

Pierpaolo Marturano è informatico, imprenditore e divulgatore. CEO di Core Matrix S.r.l. – Edizioni, società milanese che sviluppa soluzioni software avanzate e produce libri tecnico-scientifici, da oltre vent'anni progetta architetture per sistemi distribuiti, piattaforme cloud e infrastrutture ad alta affidabilità, con focus su finanza quantitativa, intelligenza artificiale e sistemi complessi.

È contributor di Quantum Space (`quantum-space.it`), trasmissione su Class CNBC dedicata al Quantum Computing. Tiene regolarmente conferenze, workshop e corsi su AI, quantum computing, quantum communication, finanza quantitativa, sistemi distribuiti, in università e aziende italiane ed estere.

Lavora ogni giorno con strumenti di intelligenza artificiale e con i team che li adottano: è da questa esperienza diretta—non da una posizione di osservatore esterno—che nasce la sua riflessione sulle conseguenze cognitive e sociali della collaborazione uomo-macchina.

Questo libro

Menti Ibride affronta una domanda che riguarda chiunque usi l'intelligenza artificiale: cosa accade al nostro modo di pensare, ricordare, creare e decidere quando lo facciamo *insieme* a una macchina? Il libro propone una cornice originale—la mente ibrida come sistema cognitivo misto—e un framework pratico, M.E.N.T.I., per usare l'IA restando autori del proprio pensiero. È un saggio divulgativo rigoroso, lontano sia dal catastrofismo sia dall'entusiasmo acritico, rivolto al lettore colto che vuole capire il proprio tempo invece di subirlo.

Workshop, corsi e consulenze

L'autore è disponibile per:

- **Keynote** su intelligenza artificiale, cognizione e futuro del lavoro.
- **Workshop aziendali** sull'adozione responsabile dell'IA e l'igiene cognitiva nei team.
- **Corsi executive** per dirigenti e decisori.
- **Seminari e webinar** per scuole, università e ordini professionali.
- **Consulenze** su governance e integrazione dell'IA nelle organizzazioni.

Contatti:

p.marturano@corematrix.it

www.pierpaolomarturano.it
www.corematrix.it

Sito companion del libro:

www.mentiibride.it

Articoli, aggiornamenti, errata corrige, domande di discussione e materiale per club del libro e formazione.

www.ingramcontent.com/pod-product-compliance
Lightning Source LLC
LaVergne TN
LVHW090313210926
848480LV00001B/232